多層指導モデル MIM

アセスメントと連動した効果的な「読み」の指導

海津亜希子
独立行政法人 国立特別支援教育総合研究所 主任研究員

杉本陽子
公立小学校教諭／特別支援教育士

はじめに

　多層指導モデルMIMの研究が開始されたのが2006年。その後、2010年に『多層指導モデルMIM つまずきのある読みを流暢な読みへ』と題したアセスメントと指導とが連動、パッケージ化されたものが出版されました。

　この間、多くの先生方を通して子どもたちにMIMが届けられるようになり、この上ない嬉しさとともに、襟を正す思いがしています。果たして「MIMは十分に活用されているのであろうか」「課題点はないのか」等、教育現場で広まってきたがゆえに見えてきた課題に対して、開発者として解決していく使命がつきつけられていると認識しています。

　このような課題の中で、最も多く、また重要である課題としてあがってきたことの1つが、つまずきが深刻化しやすく、より個に特化した学びを必要とする、2ndステージ、3rdステージ指導を要する子どもへの効果的な指導のあり方です。

　2ndステージ、3rdステージ指導を効果的に実施するには、時間や空間、人的支援の捻出など、考えなくてはならないことも多いでしょう。その上、教材の活用方法、指導法においても、個に特化した要素がより求められてくるため、指導する側が行き詰まってしまい、結果、実施されなくなってしまったり、効果の上がらない方法で繰り返されたりしてしまうといった危惧も残念ながらあるのが現状です。

　しかしながら、こうしたステージ指導を必要とする子どもたちこそ、早期に効果的な支援を届けなくてはならない存在であり、着実に指導を提供できるよう、教材や実施方法の提案等、環境面の備えを怠ることはできません。それができなくてはMIMの意義は半減してしまうといっても過言ではないからです。

　そこで、本書では、先生方が2ndステージ指導、3rdステージ指導を行いやすく、また効果を上げやすい指導環境を作り出す一助となることを最大の目的としました。あわせて、MIMをより効果的な支援へと昇華させるには、校内での支援体制の構築が不可欠です。2ndステージ、3rdステージ指導と進むにつれ、通常の学級担任の先生お一人の力のみでは限界が生じます。そこで、担任の先生の「子どもに少しでも効果的な指導を届けたい」という気持ちを支持し、子どもたちが学びから楽しみや自信を得られるようにするために、校内全体で先生や子どもを支えていきます。校内での支援体制をいかに築くか、このテーマについても本書では挑んでいます。

　今回、この本の執筆にあたって、全国各地、MIMが多くの子どもたちに届けられる存在になったのだなと深く感じ入る機会となりました。その中で、MIMという核はあるものの、

それぞれの先生方が、目の前におられる子どもたちとのやり取りの間で持ち味を発揮し、随分とカラフルに輝いたMIMに磨き上げられている姿には目を見張りました。

　最近、つくづく思うのです。MIMを実践されている様子を拝見したり、MIMの実践について語っておられる先生方の傍らにいたりすると、「これはMIMだけの話ではない。心がこれほど揺り動かされるのは、きっと、MIMを通して、その先生の"教育観"に触れられているからなのだ」と。先生方が何を大切にしながら授業に臨まれ、どういう観点で子どもたちをみているのか…。それがMIMという共通の窓を通すことで、より鮮明に浮かび上がってくるのです。

　もともと教師になることが小さい頃からの夢であった私にとって、尊く、一つとして同じでない"教育観"に出会える幸せたるや言葉では言い尽くせません。もしかしたら、MIMの研究を変わることのない好奇心で追究できているのは、こうした教育観、先生方との出会いによって、自分があたかも夢であった先生という存在の追体験をしているのかもしれないと思ってしまいます。子どもたちのことを慈しみ、彼・彼女らの未来に思いを馳せ、温かく包み込んでおられる…これからもこのようなかけがえのない先生方とともに、そばにいる子どもたちが笑顔でいっぱいになる嬉しさのお裾分けをもらえればと願っています。

　学ぶ楽しみを子どもたちは欲しています。最初は苦手だったり、苦戦したりしていたとしても、自分自身のがんばりや、先生方による指導の工夫によって「わかったよ！」「こういうことだったのか！」「おもしろい！」「もっとしたい！」といった声に変わる可能性を無限に秘めているのです。それも、ちょっとしたきっかけで…。そんな貴重な一瞬を紡ぎ出すことにほんの少しでもお手伝いができたら幸いです。

　最後になりましたが、MIMを第一線で子どもたちに届けてくださっている共著者である杉本陽子先生をはじめ、栗原光世先生、三澤雅子先生、片山真喜代先生、齋藤忍先生、真木泉先生、原田浩司先生、福岡県飯塚市教育委員会の先生方、そして同じ思いで本書を形にしてくださった学研教育みらいのみなさま、子どもが学んでいくことの偉大さ、おもしろさを近くで感じさせてくれた家族に心から感謝しています。

2016年8月

海津 亜希子

もくじ

はじめに 海津亜希子 ─── 2
この本の趣旨と構成 ─── 6

第1章　多層指導モデルMIMとは　海津亜希子……7

1 多層指導モデルMIM
- 多層指導モデルMIM ─── 8
- MIMが生まれた背景 ─── 9
- MIMで何をどのように教えるか ─── 10
- MIMにおける要素 ─── 11
- MIMの研究からわかったこと ─── 12
- MIMの効果をどのように解釈するか ─── 13

2 早期把握・早期支援
子どもの伸びを捉えるアセスメントMIM-PM ─── 15
- MIM-PMの目的 ─── 15
- MIM-PMの構成 ─── 15
- MIM-PMの実施要領 ─── 16
- MIM-PMの結果と活用 ─── 16
- MIM-PMに基づいた個別の配慮計画 ─── 20

3 MIMの中で用いられる指導法・教材における考え方 ─── 23
- MIMにおける特殊音節や読みの流暢性指導での3つのポイント ─── 23
- MIMの指導法・教材の内容 ─── 24

4 多層指導モデルMIMのステージ別指導の具体例 ─── 30
- MIMのステージ別指導の具体例 ─── 30
- MIMの各ステージ指導内容のまとめ ─── 33

5 効果的な2ndステージ、3rdステージ指導を行うために ─── 36
- MIM実践校22校の報告から見える11のポイント ─── 36
- まとめ ─── 38

6 MIMを効果的に実践するための校内支援体制の構築 ─── 40
- MIM実践校22校の報告から見える6つのポイント ─── 40
- まとめ ─── 41

column1　学年が進むに連れ、広がる基礎的学力の差（1年生から6年生のMIM-PMの得点傾向から）─── 19
column2　MIMデジタル版を有効活用するためには ─── 39
column3　MIMの指導法が教科書に！ ─── 43

第2章　アセスメントをもとにした1st、2nd、3rdステージ指導
～10年間の実践を通して見えてきたもの～　杉本陽子……45

章のはじめに ─── 46

1stステージ指導について……47

- **Ⅰ** 1stステージ指導で大事にしたいこと ─── 47
- **Ⅱ** アセスメントの結果の見方・活かし方 ─── 55

column1　MIMはいつやるの？ ─── 48
column2　MIM-PMだけがMIMじゃない ─── 59
column3　MIM-PMはどうして1分間なの？ ─── 59
column4　拗音さんかくシート ─── 64
column5　CD-ROMデータを「見える化」しよう！ ─── 68
column6　みんなの知恵を結集させよう ─── 69

2ndステージ指導について……70

- **Ⅰ** 2ndステージ指導で大事にしたいこと ─── 70
- **Ⅱ** アセスメントの結果の見方・活かし方 ─── 76

column7　MIM-PMの結果と個別の配慮計画の関係 ─── 72
column8　有効活用のコツ！個別の配慮計画の表示方法 ─── 74
column9　ちょいテク！個別の配慮計画の見方・指導へのつなげ方 ─── 80
column10　机間指導の際の児童観察のポイント ─── 83
column11　時間がないので指導できない？ ─── 85
column12　一斉の中でも環境設定の工夫で、ちょっとした個別支援が可能に ─── 98

3rdステージ指導について……104

- **I** 3rdステージ指導で大事にしたいこと──104
- **II** アセスメントの結果の見方・活かし方──110

column13 子どもたちに、「できた！」「わかった！」の
　　　　喜びを届けよう ────────── 108
column14 専門機関との連携 ─────────── 109
column15 MIMの一年間を終えたあと ──────── 119

章のおわりに ──────────────── 120

第3章　MIMを効果的に行うために……121

- 1-1　通常の学級担任としてのMIM　栗原光世 ───── 122
- 1-2　通常の学級担任としてのMIMの取り組み　三澤雅子 ── 134
- 2-1　通常の学級でのMIMを支える立場として（通級指導教室担当）片山真喜代 ── 142
- 2-2　通常の学級でのMIMを支える立場として（通級指導教室担当）齋藤 忍 ──── 147
- 3-1　管理職としていかにMIMを校内支援体制の中に位置づけたか　真木 泉 ──── 156
- 3-2　管理職としていかにMIMを校内支援体制の中に位置づけたか　原田浩司 ───── 162

第4章　地域ワイドでMIMに取り組む……169

1　MIM実践地域における調査結果から ── 170
- 地域でMIMを広げるために ───────── 170
- MIMの実践における自治体としての支え ──── 170
- MIMに関する研修の実施 ───────── 170
- MIMに関する研修についての参加者の声 ── 172
- 地域ワイドでのMIMを進めてきたことによる成果 ─ 172
- 地域ワイドでのMIMを進める上での課題 ── 174

2　地域ワイドでの実践事例
福岡県飯塚市でのMIMの取り組み ── 176

飯塚市教育委員会からの報告
- 飯塚市における基礎情報 ────────── 176
- 飯塚市におけるMIMの取り組み ─────── 176

- MIM-PMデータの管理システム ──────── 178
- 地域で支える仕組みづくり
  （ブロック会議、他機関との連携）────── 178
- 地域ワイドでのMIMに関する成果 ──────── 179
- 地域ワイドでのMIMに関する課題 ──────── 179
- 今後MIMを実践しようとしている自治体への
  メッセージ ─────────────── 179

MIM地域コーディネーターからの報告（杉本陽子）
- MIM地域コーディネーターの実践 ──────── 179

column1　MIMのWebサイトのご紹介 ────── 185
多層指導モデルMIMの実践を通して　片峯 誠 ──── 186

おわりに　杉本陽子 ──────────── 188
付録CD-ROMの使い方 ───────────── 190

この本の趣旨と構成

　この本は、4つの章から成っています。

　第1章では、"多層指導モデルMIM"について紹介していきます。既に、MIMのパッケージを基に実践されている先生方には重複した内容になるかもしれませんが、今回、コンパクトにまとめ直し、さらには、重要と思われる視点を盛り込み解説しています。本書を通して、はじめて"多層指導モデルMIM"について触れる先生方にはぜひお読み頂きたい部分ですし、既に実践されている先生方にもご自身の実践を振り返る際の視点としてお読み頂ければと思います。

　続く第2章では、MIMの実践の中から見えてきた重要なポイント、質の高い指導・支援の実現のための工夫と実践例について紹介していきます。なかでも、MIMの実践で、最も多く課題としてあがってきた、2ndステージ、3rdステージ指導を要する子どもへの効果的な指導のあり方について丁寧に取り上げています。効果的に2ndステージ、3rdステージ指導を実施するための、アセスメントと指導との連動、時間や空間、人的支援の捻出方法、アセスメント結果に基づいた教材の活用方法、さらには応用教材の提案です。早期に効果的な支援を届けなくてはならない存在である2ndステージ、3rdステージ指導を要する子どもに、着実に指導を提供できるような工夫が満載です。

　また第3章からは、MIMを効果的に行うための視点を多角的に考えていきます。MIMを効果的に実施していくためには、それぞれ異なる立場での特性を最大限に発揮し、力を合わせながら指導・支援体制を構築していくことが不可欠です。そこで、「通常の学級の先生」「通常の学級担任を支える立場としての通級指導教室担当の先生」、そして校内体制の中でMIMに取り組む上で重要な役割を果たす「管理職の先生」という立場から、MIMを行う際の工夫や秘訣の提案を行います。

　そして、第4章では、「地域ワイドでのMIMの実践」について取り上げます。学校としてのMIMの取組を効果的かつ継続的・安定的なものとするためには、地域としての支えが不可欠です。そこで，MIMを実践している地域が、どのように先生方、学校を支えているかについて、調査結果からみえてきた要因を紹介します。さらには、全国に先駆けて市内全ての小学校においてMIMを導入した地域からの具体的で着実な歩みの軌跡は、今後、自治体としてMIMに取り組んでいこうとする地域の温かな後押しとなることでしょう。

　はじめて"多層指導モデルMIM"について触れる先生方には、MIMについての理解を、既に実践されている先生方には、日頃お持ちの課題に対する解決の糸口を本書から導き出して頂ければ幸いです。

第1章

多層指導モデルMIMとは

海津 亜希子

1 多層指導モデルMIM

多層指導モデルMIM

　早期に、子どもがもつ支援へのニーズを把握し、速やかに、かつ根拠に基づいた指導・支援を行うことの意義は大きいといえます。子どもがもつ一次的なニーズ（例えば、学習面でのつまずき）に対する指導・支援効果が期待できるのはもちろんのこと、二次的なつまずき（モティベーションや、自己評価の過剰な低下等）を生み出す危険性を防ぐことにもつながるからです。

　多層指導モデルMIM（Multilayer Instruction Model）とは、通常の学級において、子どもの異なるニーズ、さまざまなニーズに対応した指導・支援をしていこうとするモデルです（海津, 2010；海津・田沼・平木・伊藤・Vaughn, 2008）。子どものもつニーズとは、学力の問題、生活の背景、興味関心等、さまざまあるでしょう。通常の学級において指導を行う際には、こうした多様なニーズが存在することをまずは認識して臨むことが重要です。このように、MIMは、ニーズの高い子どもを含めた全ての子どもの学びを保障する学力指導モデルといえます。

　そして、MIMが大切に考えるもう一つの理念は、子どもが学習につまずく前に、また、つまずきが深刻化する前に指導・支援を提供していくことです。すなわち先回りの支援、予防的支援の観点です。

　これらを実現するために、3層構造の指導体系で考えていきます（図1）。

> 　1stステージ指導では、通常の学級における指導（授業）の中で、質の高い、科学的根拠に基づいた効果的な指導を、全ての子どもに対して実施します。
> 　2ndステージ指導では、1stステージ指導のみでは伸びが十分でない子どもに対して、通常の学級内で補足的な指導を実施します。
> 　3rdステージ指導では、2ndステージ指導においても依然伸びが乏しい子どもに対して、通常の学級内外において、集中的に、柔軟な形態による、より個に特化した指導を行います。

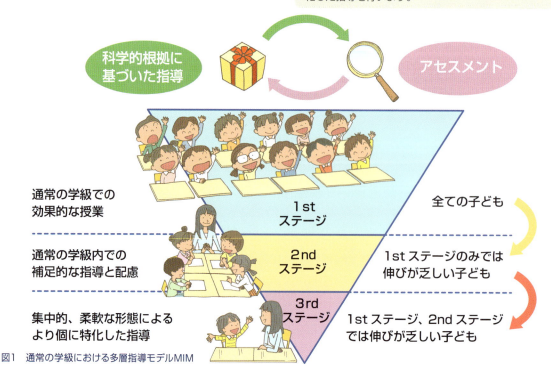

図1　通常の学級における多層指導モデルMIM

これら各ステージ指導の必要性の判断は、アセスメントによって客観的になされます。子どもの支援に対するニーズの根拠をアセスメント結果に求めるため、人や場所、時に依存することなく、着実に必要な支援へとつなげていくことが可能となります。

　MIMの核となるのは、このように、「アセスメントと指導とを連動させることで、全体を対象としながらも、個のニーズを見失わず、根拠に基づいた指導を子どもたちに提供していくこと」といえます。

　なお、MIMは、多層、具体的には3層構造になっていますが、これは習熟度別とは異なります。習熟度別とは、学習内容の習熟具合に応じてグループを作り、指導を行うものです。一方、MIMは、まずは「全員に対して」効果的な指導を行い、「それでも十分でない子ども」には、2ndステージの指導を、さらに、「未だ十分でない子ども」には、3rdステージの指導といったように、時系列に流れていくモデルになります。

　例えば、図2のように1stステージ指導において効果的な指導を行うことができれば、多くの子どもたちは「先生、わかったよ！」「勉強楽しかった！」と笑顔でその指導対象から抜けていきます。つまり、先生が効果的な指導を行えば行うほど、先生から子どもたちへと注がれる光は明るさを増し、多くの子どもたちが照らされ、笑顔になっていくイメージです。

　実際には、そうした1stステージ指導の下でも、なかなか光が届きにくい子どももいます。そうした子どもは、2ndステージ指導において、1stステージで「わかった！」と多くの子どもが対象から抜けていくことで、先生からの光が直接的に当たりやすくなってきます。同様に、2ndステージ指導でも光が当たりにくかった子どもに対しては、3rdステージ指導で（2ndステージ指導で「わかった！」と抜けていく子どもがいる分）先生からの光が当たるようになります。

　一方、その逆もあります。本来、1stステージ指導で抜けていってよいはずの子どもが2ndステージ指導の子どもとして残ってしまうと、本来2ndステージ指導で光が当たるべき子どもへ光が届かなくなってしまいます。

　そこで、その時々のステージ指導を精一杯行うことが重要になってきます。そうすることで、該当のステージで効果的な指導が届けられるべき子どもがしっかりと絞られ、先生からの効果的な指導という光が着実に当てられるようになるのです。

MIMが生まれた背景

　本書で紹介する多層指導モデルMIMは、RTI（Response to Intervention/Instruction：効果的な指導を提供し、子どもの反応に応じて、指導の仕方を変えていきながら、子どものニーズを把握していくモデル）という、米国においても、国家レベルで注目されているモデルを参考に、日本の教育にかんがみて開発してきました。RTIが注

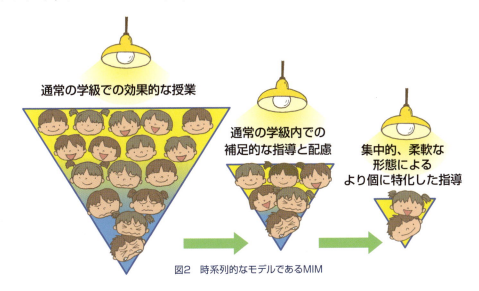

図2　時系列的なモデルであるMIM

目された背景には、こうしたモデルがLDの判定方法として有効ではないかということがありました（海津, 2006）。簡単に言ってしまえば、従来のLDの判定モデルで採っていたIQと学力の大きな差に着目するのではなく、全ての子どもに対し同じような指導法を行い、他の子どもは習得できたにもかかわらず、その子どもだけが習得できなかった場合に、LDの可能性を考えるものです。

しかしながら、日本においては、LDと判断されたからといって、それが予算的な措置や具体的な支援へとつながるといった現状には必ずしもなっていません。また、現在、通常の学級におけるLD等を含む特異な学習の困難を示す子どもへの指導の体系化は、残念ながら未だ確立されたとは言い難い状況にあります。これらに加え、どこでつまずいているのか、どういった進歩がみられたかを、教師によって客観的に把握する学習内容に付随したアセスメントも整っていないのが現状です。

そこで、これらアセスメント、指導法を連動させた多層指導モデルMIMを開発することによって、次のような効果、意義が得られると考えました。

- 子どもの指導への反応の様子をみながら、よりその子どもに合った指導のあり方を探っていくため、子どものつまずきが深刻化することをくい止める迅速なアプローチになりうる
- 子どもにつまずきがみられた際に、すぐに障害（個人の内的要因）に原因が帰結されるのではなく、まずは、指導方法のあり方（適切な指導方法であったか、子どものニーズに応えられているか）の見直し、検討が必要になるため、教師が自身の指導に対するモニタリング（自己評価）の機会が増え、指導力の向上につながる
- まずは、クラス全体への効果的な指導、次に特化した指導等を行うといった時系列的なモデル、枠組があるため、LD等の子どもだけでなく、さまざまな背景から学習に困難のある子ども、ひいてはクラス全体に対する指導効果につながる

MIMで何をどのように教えるか

MIMでは、「該当する領域（課題）を習得していないと、その他の領域（課題）や、その後の学習に大きな支障を来しかねない重要な学習領域（課題）」を取り上げます。

そして、どのように教えるかについては、「これまでの教え方を見直し、教える側も学ぶ側も納得のできる学び」を追究する必要があると考えています。これらの土台となったのは、LDという認知過程の障害を有し、特徴的なつまずきを示す子どもの指導に幸いにも多く関わってこられた経験・知見等に因るところが大きいといえます。

それは、これまで「LDに起因するつまずき（「この子はLDだからこうした課題につまずいている」）と捉えていたことが、必ずしもそうとは言い切れず、「他の子どもにとっても学びにくい内容の存在」があるという発見でした（海津, 2014）。

すなわち、取り立てて疑問を持つことなく、これまで用いられている教え方の中に、実は、教える側にとって「教えにくい」課題、学ぶ側にとっても「学びにくい」課題が存在するということです。

そこで、これまで採ってきた教え方が唯一と思い込まずに、柔軟な発想で捉え直していくことが重要であると考えています。

その一つとして、MIMでは、小学校国語第一学年で扱う促音（「ねっこ」）や、長音（「おかあさん」）、拗音（「でんしゃ」）等の「特殊音節」を取り上げてきました。その際、従来の「正しい表記法（書き方）」に力点が置かれた指導から、「音」の重要性を強調する指導へと転換しています。実際、これまで教科書でも、特殊音節表記の横に記号を用いて説明しているものも見られました。しかし、その記号が何を意味しているのかについて十分に説明されているわけでは残念ながらありませんでした。教師（伝える）側が記号の持つ意味を理解していなければ、まして子どもがその意味を理解することはできないでしょう。

特殊音節を習って一年後の子どもたち（2年生）に行った特殊音節の習得度に関する実態調査では、正答率が50〜80％に留まっていました（海津, 2009）。つまり、現状の教え方では、特殊音節という日々目にし、自分でも使うものであるにも関わらず、完全な習得が達成できていない現状がみえてきたのです。

教師がその都度、子どものノートに赤を入れ、修正しても、また子どもは同様の誤りを繰り返す…。それは何を隠そう、子どもが根本的に理解していないからではないでしょうか。せっかく、何度も目にし、使う機会があるのですから、しっかり理解した上で、正しく繰り返し、定着させていくことが重要です。理解のないまま、子どもに繰り返させることに意味はありません。

具体的には、「目に見えない音をどのように子どもに意識させるか」を重視し、音を動作や記号によって視覚的に示す手法を用いることで、子ども自身が文字と音節とが一対一に対応していない特殊音節のメカニズム（ルール）を認識できるよう配慮しています。これについては後ほど具体的に説明していきます。

MIMにおける要素

まず、MIMを実施するにあたっては、

- ・焦点とするスキルの選択（身につけておくべき内容にしぼる）
- ・アセスメントの作成（プログレス・モニタリングの機能を果たせるもの）
- ・指導法（つまずく危険性のある子どもを想定した指導法）
- ・指導教材（子どもが楽しく、また、一人でも学ぶことのできる教材）

の開発を整えていきます。

そして、各ステージ指導においては以下の要素を取り入れていきます。

1stステージ指導

●1stステージ指導のねらい

全ての子どもを対象とした、効果的な指導を行うステージです。1stステージ指導では、以下の要素を取り入れていきます。

●1stステージ指導のポイント
a）各教科の年間計画の中に位置づけられるようにする。
b）MIMが提案する方法と先生自身が有する指導技術とを絡める。
c）学習内容の習得に向け、豊富な練習（ある程度パターン化された練習を含む）の機会を提供する。その際、正しい方法で繰り返すことが重要である。
d）学習したことを日常生活やゲームの中で活かす機会を提供する。
e）学習した内容を教室内に掲示したり、ノートに貼ったりして、いつでも確認できるようにしておく。
f）授業の中で、ペアやグループ等、柔軟な形態での指導を取り入れる。

2ndステージ指導

●2ndステージ指導のねらい

2ndステージ指導は、1stステージ指導のみでは習得の難しかった子どもに焦点を当てた、通常の学級内での補足的な指導を指します。

2ndステージ指導を授業内で行う場合は、1stステージ指導で学習内容の理解が遂げられた子どもと、未だ達成していない2ndステージ指導の子どもとが併存することになります。

この段階では、重点的に2ndステージ指導対象の子どもの所へ行って理解度を確認し、フィードバック（できている時には、ほめ、誤っている場合には、その場で即修正）ができる環境を整えなくてはなりません。

ただし、基本的な指導法は、1stステージ指導と変わりません。何が変わるかといえば、より個のニーズに特化した学習内容にしぼり、フィードバックを頻繁に行うことのできる環境を整える点です。

そこで、このステージでは、以下の要素を組み合わせながら工夫することが考えられます。

●2ndステージ指導のポイント
a) プリントの活用（プリントの表裏で難易度を変えたりする。ただし、関連のある内容にして、表面ができたら、裏面へとつながるようにする。2ndステージ指導を1stステージ指導の子と共に行う場合、1stステージの子どもはスイスイと表面から裏面へと行ってしまうこともある。それを見ている2ndステージ指導の子どもも、「自分も（表面が）終わったら次（裏面）へ行けるんだ」と前向きな見通しを持てるよう、1stステージの子どもと2ndステージ指導対象の子どもとの指導に連続性をもたせる）
b) 指導・支援、教材の工夫（多様で柔軟な指導・支援、教材の活用、解法の手がかりとなるようなツールの用意）
c) 時間の活用 （朝学習、給食準備の時間、昼休み、隙間時間等の活用）
d) 場所の活用 （教室の角や図書室等の活用）

3rdステージ指導

●3rdステージ指導のねらい
3rdステージ指導は、2ndステージ指導を経てもなお、依然習得が難しい子どもに対して、柔軟な形態で、集中的に、より個に特化した指導を行います。

このステージも、基本的な指導法は、1stステージ指導と同様です。

ただし、3rdステージ指導で重要になるのは、ニーズのある子のみに限定し、対象の子どもに指導の意義を説明した上で、少人数で、集中的に、指導者のフィードバックがたくさん受けられる環境で指導を行うことです。なぜなら、この段階が、いわば通常の学級内で実施可能な最後の砦であり、しっかりと該当する学習内容を習得させる必要があるからです。そこで、このステージでは、以下の要素を組み合わせながら工夫を行うことが考えられます。

●3rdステージ指導のポイント
a) 指導・支援、教材の活用（多様で柔軟な指導・支援、教材の活用、解法の手がかりとなるようなツールの用意）
b) 時間の活用（朝学習、給食準備の時間、昼休み、隙間時間等の活用）
c) 場所の活用 （教室の角や図書室、通級指導教室や特別支援学級等の活用）
d) 人の活用（通級指導教室や特別支援学級、管理職、少人数加配の先生等とのコラボレーション）

MIMの研究からわかったこと

ここでは、これまで行ってきたMIMに関する研究からわかったことについて紹介します。

●支援ニーズがありつつも気づきにくかった子どもへの気づきの実現

早期把握、早期支援を叶えるためには、通常の学級で、全ての子どもを対象としたユニバーサル・スクリーニングを行うことが不可欠です。ただし、通常の学級でこうしたアセスメントを実施するには、通常の学級の先生が、「物理的にも簡便に行えること」「結果からその後の指導指針のイメージが持てること」が重要になってきます。

MIMには、MIM-PM（Multilayer Instruction Model-Progress Monitoring）というアセスメントがあります（海津, 2010；海津・平木・田沼・伊藤・Vaughn, 2008）。MIM-PM（詳細は後

述）は、1分間で実施する2つのテストから成り、集団で一斉に実施することができ、通常の学級においても簡便に行うことができます。

これまでの研究においては、読字力・語彙力・文法力・読解力を含む読みの総合的な力を測ろうとしているアセスメントとの間での相関（海津・平木他, 2008）がみられています。また、小学校第1学年の年度当初5月のMIM-PMの結果と年度末3学期の結果との間での相関（海津・平木他, 2008）もみられ、「読みの力を総合的に反映する可能性があること」「アセスメントが、ある一時点の力のみの反映ではなく、その後の読みの力を示唆する可能性があること」が確認されています。

さらには、聞いたり、話したりといった言語の発達の良さ等によって、本来、読みに支援ニーズがありつつも気づかれにくかった子どもに対する先生方の気づきを促す役割もみられています。具体的には、MIM-PMの結果を見てはじめて、「思ったより得点できていない」と捉えられた子どもがクラスに3～17％おり、そうした子どものニーズへの早期の気づきが可能になりました（海津・平木他, 2008）。先生からみて「思ったより得点できていない」というのは、まさしく「支援ニーズがあるにもかかわらず、先生にとってはそのように認識されていない」ことを表します。こうしたアセスメントを実施しなければ、支援がなされないまま時が経過する危険性をもつ子どもです。それらの子どもに早期の段階でいかに気づけるかが、非常に重要になってきます。

● 通常の学級における効果的指導の実現

MIMを通常の学級で実施することで、異なる学力層の子どもに与える影響・効果を調べました。具体的には、MIMを一年間実施してきた群と、平常の授業を行ってきた群との間での比較です。その結果、MIMを実施してきた群では、特別な教育的ニーズを有する子どもの層だけでなく、他の学力層の子どもにおいても読解力等を含む読みや書きの力が高く、両群の間に有意な差がみられています（海津・田沼・平木・伊藤・Vaughn, 2008）。

また、最もつまずきの重篤化がみられる3rdステージ指導を要した子どもへの効果については、3rdステージ指導という通常の学級内外において、集中的、柔軟な形態による、より個に特化した指導を受けたことで、得点の上昇がみられただけでなく、学習に対する子ども自身の見解にも変化がみられています。具体的には、3rdステージ指導の前後で「読むことが好き」「読むことが得意」と回答していた割合が30～40％台に留まっていたのに対し、いずれも指導中・後には、約80％にまで上昇していました（海津・田沼・平木, 2009）。

読む力が向上していくことはもちろんですが、こうした学習への見解、自分自身の能力への評価が肯定的に変化していくことは、その後の学習や生活を支える上で特に重要と考えます。

MIMの効果をどのように解釈するか

MIMを実践したことで、学ぶことに難しさを持っている子どもだけでなく、学ぶことが得意な子どもにまで学力の向上がみられたことが研究結果から明らかになりました。このような結果をいかに解釈したらよいでしょうか。

● 教師間の共通言語としての学力指導モデル

通常の学級で授業を行う先生の多くは、全体への効果的な指導をいかになし得るかに重点を置いていると想定されます。同時に、配慮が必要な子どもへの対応も忘れてはいません。

しかし、「配慮が必要」といった概念・基準には曖昧さが伴います。それゆえ、そうした子どもへの対応は、先生それぞれの力量や、意識、モティベーションに委ねられてしまうといっても過言ではありません。

MIMにおいては、曖昧な概念・基準の代わりに、何らかのニーズを有する子どもを「MIM-PMアセスメントを通して2ndや3rdステージ指導を要する子ども」として、共通の基準で表します。いかなる環境にも左右されずに、子どものニーズが着実にあがってくる意義は非常に大きいといえます。

このように子どものニーズを捉えるのに際し、いわば共通言語があることで、子どものイメージ

図3 教師間で共通言語をもつ意味

が教師間で共有できることにもつながります。イメージの共有化は、充実した議論を産み出します。充実した議論は、互いの状況に関する理解の表れでもあり、協力関係、チームでの支援へと発展する可能性を持ちます（図3）。

● 教師による自らの気づきと、さらなる工夫への挑戦

　MIMを市内全ての学校で実践している地域を対象にMIM-PMの結果をみて「どのように指導に活かしたか」という質問を行ったところ、「下位の子どもへの配慮」と回答した先生が半数を超えていました（海津, 2013）。このように、アセスメントの結果を基に、自ら課題を明らかにし、解決に向けて行動を起こすことは有意義です。周囲から指摘され、結果、支援を開始するのではなく、自らがデータ等、根拠を基に考察し、それを実行に移すことで、先生自身の指導・支援に対するモティベーション、専門性が向上するのではないでしょうか。

　MIMを開発するにあたっては「どのような条件下であれ、一定の効果が出せるもの」をめざし、実施に際しての手順や教材等、明確化してきました。しかし他方で、そうした標準化された仕様に、先生自身の経験や特性を加味してこそ、目の前の子どもたちに合った唯一のMIMの展開が遂げられると考えます。これがMIMで考える「効果的指導」にあたります（図4）。

● 全ての子どもに通じる指導原理

　MIMの指導の要素は、「多感覚な指導」「多様で、柔軟な指導構造、教材、活用方法」に代表されます。こうした要素が、3rdステージ指導を要する子どもたちには、ひときわ効果をもたらします。換言すれば、これらの要素を入れることで初めて、3rdステージ指導対象の子どもは、学びが達成できる可能性が増します。

　それでは、1stステージ指導の子どもにも効果がみられた点をどのように解釈したらよいでしょうか。1stステージ指導の子どもは、先に挙げた要素が整わなければ、学びが達成できないとは限りません。たとえこれらの要素が含まれない指導であっても子ども自身の能力で学び、理解していくことも可能でしょう。ただし、これらの要素を入れた指導を行うことで、学習に対して意欲的になり、より自身の能力を広く深く発揮する機会の獲得、創造的な学びの実現が成し得るのではないかと考えています。

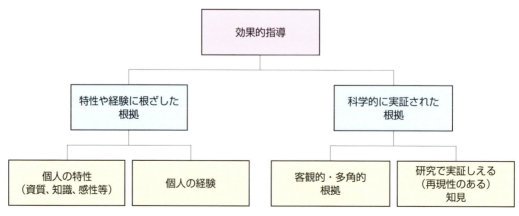

図4　MIMで考える効果的指導（海津, 2015）

2 早期把握・早期支援
子どもの伸びを捉えるアセスメントMIM-PM

MIM-PMの目的

　学習が進んでいくに連れ、つまずきが顕在化する子どもを、つまずく前の段階で把握し、指導につなげていくためのアセスメントが、MIM-PM（Multilayer Instruction Model-Progress Monitoring）です。これは、全ての学習領域に影響し得る早期の読み能力、特に特殊音節を含む語の正確で素早い読みに焦点を当て、計2分で実施するものです。子どもの相対的な位置だけでなく、定期的かつ継続的に実施することで、子どもが真の能力を発揮する機会が多く得られるとともに、子どもの伸びについても把握できるようになっています。

　構成は、**テスト①**「絵に合うことばさがし（3つの選択肢の中から絵に合う語に丸をつける課題）」（図5）と、**テスト②**「3つのことばさがし（3つの語が縦に続けて書いてあるものを読んで、語と語の間を線で区切る課題）」（図6）の2部で構成されています。

MIM-PMの構成

●テスト①「絵に合うことばさがし」

　テスト①は、正しい表記の語を素速く認識できる力をみています。正答以外の選択肢には混乱しやすい要素が入っています。具体的には、形態の類似（例：は－ほ）、濁点・半濁点の有無（例：うさぎ－うさき）、順序の入れ替え（例：りんご－りごん）、音韻の類似（例：だいこん－らいこん）、長音（例：ぼうし－ぼおし）、促音（例：きって－きて－きつて）、拗音（例：いしゃ－いしや－いしゅ）、拗長音（例：きゅうり－きゅり－きゅーり）、注意の問題（例：カニの絵→かめ、いか）等です。問題は、清音、濁音・半濁音、長音、促音、拗音、拗長音、カタカナが1サイクルとなり、それが5サイクル続きます。

　テスト①では、主に、文字と音節との対応や、特殊音節を含め、表記のルールがしっかりと習得されていないと得点があげられない内容になっています。

●テスト②「3つのことばさがし」

　テスト②は、3つの語が縦に続けて書いてあるものを読んで、語と語の間を線で区切っていきます（例：「いぬはないちご」→「いぬ｜はな｜いちご」）。これは、（逐字ではなく）語を視覚的な

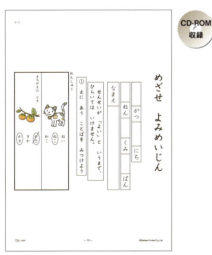
図5　MIM-PMのテスト①「絵に合うことばさがし」

図6　MIM-PMのテスト②「3つのことばさがし」

まとまりとして素速く認識できる力をみるものです。「3つのことばさがし」も、清音、濁音・半濁音、長音、促音、拗音、拗長音、カタカナで1サイクル、計5サイクルで構成されています。

テスト②では、視覚的なまとまりを素速く認識する力をみていますが、それには、そもそもその語自体を知っている必要があります。つまり、語彙力が求められているわけです。

図7 1年生の通常の学級にてMIM-PMが実施されている様子

MIM-PMの実施要領

MIM-PMは、集団で実施でき、所要時間は**テスト①**、**テスト②**ともに各1分です。各自、できるところまで進むようになっています（**テスト①**、**テスト②**ともにB4版の用紙に35問ずつ印刷されています）。実施は、隔週や毎月等、定期的、継続的に実施します。

実施に先立っては、拡大した問題用紙を用いながら実演し、○のつけ方、誤った時の修正の仕方（消しゴムは用いず、斜線で消すこと）を説明します。計11回分のアセスメントが用意されています。いずれも、様式は同じですが、異なる語が出題されます（図7）。

MIM-PMの結果と活用

●採点と入力

MIM-PMは、指導に活かすためのアセスメントです。そのため、先生方にとって、また子どもたちにとっても、実施に際して負担が少ないよう考えられています。

結果の処理（採点やデータの蓄積）も比較的簡便です。**テスト①**、**テスト②**ともに、1問につき1点を与えます。列ごとに同じ要素（清音、濁音・半濁音、長音、促音、拗音、拗長音、カタカナ）の問題が配列されているので、列ごとに得点を算出す

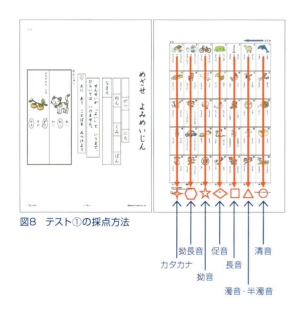

図8 テスト①の採点方法

拗長音
カタカナ　促音　清音
　　　拗音　長音
　　　　濁音・半濁音

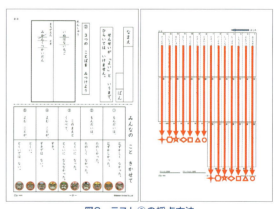

図9 テスト②の採点方法
注）テスト②では、同じ形（要素）同士を足して合計点を算出する。

ることで、各要素の得点が算出できます（図8、9）。およそ一人の子どものMIM-PMの採点に要す時間は30秒から１分です。しがたって、30人学級であれば、15～30分ということになります。

その後の得点入力は、1人につき1分ほどになります。つまり、30人学級とすれば30分程度といったところです。この得点を、付属のCD-ROMのソフトに入力することで、クラスレポート（後述）が作成できます。また、継続して実施することで、個人レポートのプロフィール（後述）も示すことができます。クラスレポート、個人レポートともに、各ステージの基準となる得点が異なる色で示されたり、ラインが入ったりしますので、子どもがどのステージに位置するかが一目でわかります。さらに、子どもの各要素の得点傾向（得意なところと苦手なところ）も示すことができます（後述）。

●クラスレポート

MIM-PMの結果は、クラスの子ども全員の得点傾向がわかる「クラスレポート」（図10）と個人の得点の詳細がわかる「個人レポート」（図11～14）によって表されます。

	1年4組 第10回結果	テスト 総合点	テスト1 正答数	テスト2 正答数	前回との 比較
	はなこ	40	17	23	1
	たろう	35	16	19	8
	まさお	32	14	18	0
1st	みきえ	27	18	9	7
	だいすけ	24	12	12	−1
	あやこ	18	12	6	6
	けんじ	17	10	7	4
	みほ	16	9	7	3
2nd	なおこ	14	8	6	−1
	いちろう	13	6	7	−1
3rd	やすお	11	7	4	−1
	ひであき	9	5	4	1
	平均	21.3	11.2	10.2	2.2

図10 MIM-PMの結果が掲載されたクラスレポート

その内、クラスレポートでは、クラスの子どものMIM-PMの結果を得点順に表すことで、クラスの子どもの相対的な位置の把握、支援を必要とする子どもの明確化、クラス全体としての習得度の把握を促すことを意図しています。具体的には、各得点結果（**テスト①**の得点、**テスト②**の得点、それらを合わせた総合点）、前回と比較しての伸び（差）、各得点のクラス平均が表されます。また、2ndステージ指導に相当する子どもは、名前と得点に黄色いマーカーが、3rdステージ指導対

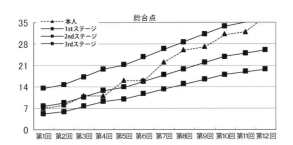

図11　MIM-PMの結果が掲載された個人レポート（総合点）
注）総合点は1回での満点が70点

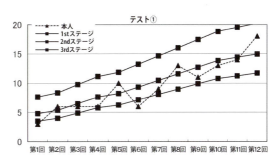

図12　MIM-PMの結果が掲載された個人レポート（テスト①）
注）テスト①は1回での満点が35点

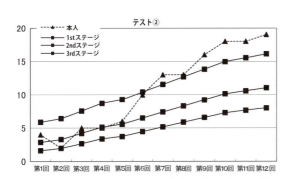

図13　MIM-PMの結果が掲載された個人レポート（テスト②）
注）テスト②は1回での満点が35点

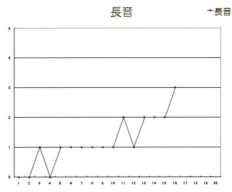

図14　MIM-PMの結果が掲載された個人レポート（要素別得点）
注）要素別グラフは、テスト①または②の各要素の得点で満点が5点

象の子どもは、名前と得点が赤いマーカーで示されます。こうすることで、早期に支援を必要とする子どもに気づき、適切な支援が速やかになされるきっかけを作ります。

●個人レポート

個人レポートでは、各子どもの各回の得点を時系列にプロットし、子どもの伸びの把握を促すことを意図しています。具体的には、過去のデータから算出された1stステージの得点ライン、2ndステージの得点ライン、3rdステージの得点ラインとともに、子どもの得点の軌跡を折れ線グラフで示します。さらに、各要素（清音、濁音・半濁音、長音、促音、拗音、拗長音、カタカナ）についても、初回からの得点の軌跡をグラフで表すことができます（図14）。

●読むことに対する子どもの気持ち

尚、MIM-PMの最後には、「もんだいは難しかったか」「もんだいは楽しかったか」「この前と比べて得意になったか（この項目は、2回目以降に導入）」「読むことは好きか」「読むことは得意か」について尋ねる項目が付されています。

3rdステージ指導を受けるまでは、ずっと「もんだいは難しかった」「もんだいは楽しくなかった」「この前と比べて得意にならなかった」「読むことは好きではない」「読むことは得意でない」と答えていた子どももいました。

MIM-PMの得点が上がることも重要ですが、それだけでなく、子どもの読みに対する見解が肯定的に変化することも大切な要素、目標として掲げて頂ければと思います。ぜひ、こうした子どもの声にも耳を傾けてください。

●個別学習での活用

MIM-PMは、通常の学級の中で、一斉に、かつ簡便に実施することが可能ですが、もちろん、個別学習でも活用することができます。MIM-PMを定期的、継続的に実施し、得点の傾向をみていくことで、1年生や2年生の標準化データとの比較を行い、どのくらいに位置しているかを把握したり、個人レポートを作成することで、各要素の習得状況を把握したりすることができます。また、結果を子どもと共有することで、その後の指導において、子どもとともに目標を掲げていくことも可能です。

●他学年での活用

MIM-PMについては、1、2年生用の基準が用意されています。これらを活用してくださる中で、「（高学年担任の先生が）うちのクラスのあの子ももしかしたらこういう問題は難しいかもしれない」「他の学年でも実施してみたい」といった声が多く寄せられました。

そこで、小学校3年生から6年生についても、MIM-PMの得点がどのようになるかについて調べてみました（海津, 2012）。すると、内容的にも平易で、簡便なアセスメントではありますが、小学校の全学年を通じて得点の差を示すことから、当該学年ではどれくらいの得点をあげておく必要があるのかについて、情報を提供し得る可能性が示されました。こうした情報は、低学年はもとより、中・高学年以降の段階であっても、先生方が知るべき重要な内容と考えます。その理由の一つに、MIM-PMでみているような正確で素速い読みの力と、学年が進むに従って一層重視される読解力との関連については、3年生から6年生という中・高学年であっても、「中程度」から「高い」相関があることが見出されたからです。

表1は、小学校3年生から6年生の1学期におけるMIM-PMの得点です。なお、こちらの得点については、練習と本番の2回のみMIM-PMを実施した場合の得点（いわばスクリーニング）です。中・高学年であっても、学年が始まった早期の段階でこうした簡便なアセスメントを実施し、基礎的学力について押さえておくことは、子どものニーズを見落とさない点でも有用でしょう。

表1 小学校3年生から6年生の1学期におけるMIM-PM得点（海津, 2012）

	3年生	4年生	5年生	6年生
総合点	24	30	37	44
テスト①	13	17	21	25
テスト②	11	13	16	19

学年が進むに連れ、広がる基礎的学力の差（1年生から6年生のMIM-PMの得点傾向から）

図15をご覧ください。こちらは、小学校1年生から6年生まで同様のMIM-PMを実施した際の結果になります。四角い箱の中央のラインが真ん中の値になり、当該学年の約半数が四角い箱の幅に入ります。大まかに言うと、残りの25％が箱から下の線まで、残りの25％が箱から上の線までの幅にいるということです。

MIM-PMのような小学校1年生であっても解答可能な課題ではありますが、小学校1年生から6年生の全ての学年間（例：1年生と2年生、2年生と3年生等）で有意な差がみられました。このように、学年が進むにつれ、得点も伸びていく子どももいる一方で、基礎的な能力においてつまずいている子どもにとっては、この学年進行がますます差を広げることの一因になっていることも推測されます。

また、同一学年内での比較において、箱から伸びる線の上限と下限との差で検討してみると、小学校1年生では19点の差でしたが、6年生になると56点と同一学年内においても大きな差が生じていることが窺えました。こうした学年における得点傾向をみると、読みの基礎的能力が培われている子どもは、年齢発達とともに顕著な伸びがみられますが、基礎的な段階でつまずいている子どもは、年齢相応の伸びがみられず、何らかの効果的指導・支援がなされない限り、その差が縮まるということは考えにくいとの予測が成り立つのではないでしょうか。そして、当該学年との比較における得点自体の低さ（相対的位置の低さ）と、伸びの割合の少なさが重複した場合には、益々こうした傾向が見られると考えます。

この差を生じさせる一つの要因として、MIM-PMで扱われる学習内容（特殊音節等）を終えた小学校2年生以降の場合、（仮名）文字表記の正しい認識ができないというよりは、むしろ、素速く読むといった読みの速度（流暢性の乏しさ）があると考えられます。こうした力に困難をもつ場合、それらが学習全般のつまずきとして派生することは容易に想像できます。

さらに、MIM-PMと読解力等も含む読書力検査との相関をみたところ、3年生から6年生全てにおいて、「中程度」から「高い」相関があることが示唆されました。

早期把握・早期支援を受けた子どもとそうでない子どもとの間には、その後につまずく割合が3倍以上異なっていたという報告、具体的には、早期把握によって子どもの有するニーズが理解され、適切な指導・支援を受けた子どもは、困難に対する有意な改善がみられ、効果の持続性も認められたとの報告もあります（Simmons, Coyne, McDonagh, Harn, & Kame'enui, 2008）。

だからこそ、早期に子どものニーズを把握し、支援を速やかに開始することが不可欠なのです。

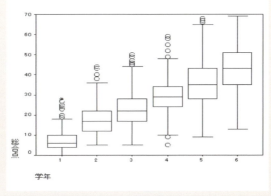

図15　小学校1年生から小学校6年生のMIM-PMの総合点
　　　（海津, 2012）

MIM-PMに基づいた個別の配慮計画

　日常場面での様子と、MIM-PMの結果とを照合しながら、その時々に、その子に合った丁寧な指導・支援を速やかに届けていくことで効果が表れます。また、指導・支援の効果を、MIM-PMの結果によって検証していくことで、提供した指導・支援が真に効果的であったかを科学的根拠をもって評価できると考えます。

　MIMを行っていく中で、アセスメントと指導との連動で重要な役割を果たすのが「個別の配慮計画」です。この「個別の配慮計画」は、2ndステージ指導、3rdステージ指導を成功させる鍵を握っているといっても過言ではありません。

●個別の配慮計画とは（図16）

　1年生の1学期、特殊音節を扱った授業が終了した時点で、特殊音節の読みが未習得の子ども、いわゆる2ndステージ指導に該当する子どもが同定されます。実際には、MIM-PMの結果を入力すると、それを待たずして、それぞれの子どもが、どのステージ指導の対象になる可能性があるかが示されます。しかし、実質的に特殊音節の指導が終わるのは1学期終了時なので、正確にはそれが終わった時点で、2ndステージ指導を対象とする子どもを同定していくことになります。

　このように2学期（9月）からは、2ndステージ指導である「補足的な指導」を開始していきます。例えば、授業の一部や、朝学習の時間、給食の準備時間等を利用して、ルールの再確認等を行います。

　その際、先生が2ndステージおよび3rdステージ指導対象となる子どもへ意識的に教育的配慮を行うことを可能にするため、9月以降から月に一度、個別の指導計画の簡易版である「個別の配慮計画」を作成します。

　この「個別の配慮計画」は、少なくとも作成したい「個別の配慮計画」の月（例：9月）の直前の月（例：7月）を含む2回以上のMIM-PMの結果をCD-ROM内のソフトに入力することで、翌月の「個別の配慮計画」が自動的に作成されます。ただし、なるべく多くのMIM-PMの結果に基づいた方が、子どもの実態をより正確に反映する「個別の配慮計画」となります。「個別の配慮計画」では、**テスト①、テスト②**のいずれかが、過去の2ndステージ指導対象の子どもの同時期の標準得点に相当している場合には黄色のマーカーで、**テスト①、テスト②**のいずれかが、過去の3rdステージ指導対象の子どもの同時期の標準得点に相当している場合には赤色のマーカーで示されます。

　加えて、**テスト①**および**テスト②**の各要素（例：促音）に対して、正答率が低い印として■マークが付されます。つまり、子どもがどこでつまずいているのかが具体的にわかるようになっています。

●個別の配慮計画における配慮項目

　先生が配慮を行いやすいよう、予め考え得る「読み（書き）」の指導に関する配慮の項目が列挙されています。

個別の配慮計画

校1年2組					テスト①						テスト②					
名　前	総合点	テスト①	テスト②	清音	濁音・半濁音	長音	促音	拗音	拗長音	清音	濁音・半濁音	長音	促音	拗音	拗長音
佐藤　花子	12	6	6			■	■	■	■			■	■	■	■
山本　次郎	3	2	1		■	■	■	■	■		■	■	■	■	■
鈴木　太郎	17	8	9					■							■

図16　2ndステージ指導、3rdステージ指導を成功させるための個別の配慮計画

①学習の様子の再観察

〈読む場面で〉
- ☐ 音読時、きちんと目で文字を追いながら口を動かして読んでいるか？
- ☐ 音読時、つかえたり、誤って読んだりなどしていないか？
- ☐ 音読時、まとまりで読むことができているか？たどたどしくないか？

〈書く場面で〉
- ☐ ひらがななどの文字がなかなか覚えられなくないか？
- ☐ 文を書くうえで、特殊音節などの表記に誤りはないか？
（おじいさん→おじさん、きっぷ→きぷ、ぎゅうにゅう→ぎうにう）

〈話す場面で〉
- ☐ 語彙が少なくないか？

〈算数など他の学習場面で〉
- ☐ 他の学習（算数など）の理解の具合はどうか？

②座席の配慮
- ☐ 教師のそばの座席にする。

③机間指導の重点化
- ☐ 机間指導の際、指示や発問の内容を理解しているかを確認し、適宜説明を補う。

④個別や小集団指導の実施
- ☐ 個別や小集団の形態で読みの指導を行う。

⑤特殊音節などのルールの再確認
- ☐ 朝学習や国語の時間などを活用して、表記のルールの確認をする。
- ☐ 日常場面で特殊音節が出てくる折に、ルールを確認する。

⑥家庭との連携（宿題も含めて）
- ☐ 家庭と連携して、読みの練習をする。
- ☐ 事前に読むところを伝え、家で練習してきてもらう。

● 個別の配慮計画を基にした指導への活かし方

> チェックのつけ方は二通りあります。
> ・一ヶ月を通して、各配慮を各対象の子どもに対して行った場合に、チェック（✓）をつける（指導実践記録としての活用）。
> ・はじめに、実施しようと思う配慮の項目に事前にチェックをしておく。一ヶ月後、実際に行った配慮には、予めつけられたチェックに丸（⊘）をする（指導計画および実践記録としての活用）。

そして、個別の配慮計画は以下のような視点と方法で取り組むとよいでしょう。

〈視点〉
① 多くの子どもの間で、同様の要素（例：拗音）に正答率の低さを表す■マークがつく場合、再度授業の中でその課題について、クラス全体でルールの再確認を行います。
② 個別の配慮計画では、クラスレポートではわからない個々の子どものつまずきの特徴が表れます。例えば、赤や黄色のマーカーはつかなくても（1stステージ指導対象）、正答率の低さを表す■マークがつく場合があります。これは、（読むこと自体はそれほど遅くなくても）特定の要素（例：拗長音）

9月分

| 備考 | 名前 | 個々の子どもに対し、これらを実施した場合には、チェックを入れる ||||||
		学習の様子の再観察	座席の配慮	机間指導の重点化	個別や小集団指導の実施	特殊音節のルールの再確認	家庭との連携（宿題も含めて）
	佐藤　花子						
	山本　次郎						
	鈴木　太郎						

のルールが完全に習得できていないことが考えられるため、それに対してルールの再確認を行います。
③たくさん■マークがつく子どもについては、すぐにでも個別または小集団の指導を行う必要があります。

〈方法〉
①まずは、**テスト①**の欄についた■マークを減らすことをめざします。なぜなら、**テスト①**は、特殊音節表記の正しいルールが理解できていないと解けない課題だからです。この力がついていないと、**テスト②**で要求している「語をまとまりで捉える力」や「語彙の量」にも影響してきます。**テスト①**の■マークについては、ルールの再確認が有効です。
②**テスト②**の■マークについては、速さとともに、語彙を増やす指導を行うことが有効です。

2ndステージ指導や3rdステージ指導対象の子どものマーカーの色を、一気になくしていくのはなかなか難しいことです。そこでとにかく、**一つでも多くの■マークをなくしていくことを考えていきましょう**。それがひいては、2ndステージや3rdステージ指導対象の子どもを減らすことにつながっていくはずです。

このような指導・支援を行ってみた後、以下の点について確認します。

・（該当の子どもの）点数が前回に比べて伸びているか。
・クラスの伸びの平均をその子も同様にみせているか。
・個別の配慮計画のつまずきを示す■マークは減ったか（なくなったか）。
・（クラスレポートの結果で）2ndステージや3rdステージ指導対象のマーカーがつかなくなったか。

それでも、依然伸びがみられない場合には、より手厚い個に特化した指導（小集団指導や個別指導等）の実施と同時に、以下のようなチームでの支援につなげていく必要が出てきます。

・特別支援教育コーディネーターや通級指導教室担当の先生、特別支援学級の先生、スクールカウンセラー等、専門的知見を有するスタッフと話し合う。
・保護者と話し合う。

それでも依然伸びがみられない場合には、以下のことを検討する必要が生じてくるかもしれません。

・通級指導教室や特別支援学級など、特化した指導の可能性を考える。
・外部の相談・指導機関との連携について考える。

なお、詳細については、第2章「アセスメントと連動させた1st、2nd、3rdステージの指導について」をご覧ください。

3 MIMの中で用いられる指導法・教材における考え方

MIMにおける特殊音節や読みの流暢性指導での3つのポイント

　MIMという学力指導モデルを機能させる上で重要な役割を果たすものの一つが、効果的な指導法・教材の存在です。MIMのアセスメント・指導パッケージを活用しながら、仮名文字の学習でつまずきやすい課題である「特殊音節（小さい「つ」の促音、「きゃ」「きゅ」「きょ」などの拗音等）」の習得を全ての子どもが確実に遂げていくことをねらっています。

　多くの子どもにとって初めはつまずきやすい課題であっても、徐々にそのつまずきは解消されていくであろうと考えられるこうした基礎的な課題については、ともすると「理屈ではなく、繰り返し行うことで、そのうち習得される」と捉えられがちです。

　しかし一方で、特殊音節につまずきを示すのには理由があります。それは、日本語の仮名文字は、基本的に一文字一音節（例えば、「あ」は〔a〕としか読みません）で対応できる中、そのルールが適用されないのが特殊音節（例えば、「らっこ」といったように、小さい「つ」は、書いてはありますが、実際に発音はしません）だからです。音と文字との対応が難しい子どもにとっては、こうしたルールの違いに困難を示しやすくなります。そこで、「経験や繰り返し」のみに頼るのではなく、子どもに明確なルールとして伝えていくことが重要です。

　MIMでは、特殊音節や読みの流暢性指導における3つのポイント（図17）に基づき指導法・教材を開発しています。そして明瞭にかつ、体系的な指導をめざしています。

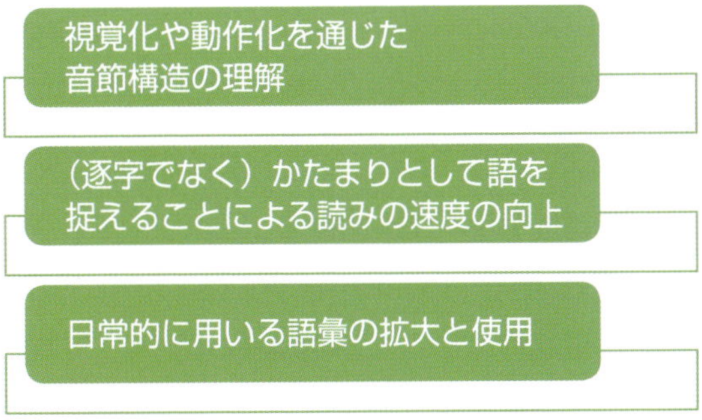

- 視覚化や動作化を通じた音節構造の理解
- （逐字でなく）かたまりとして語を捉えることによる読みの速度の向上
- 日常的に用いる語彙の拡大と使用

図17　MIMの指導における3つのポイント

●かたまりとして語を捉えることによる読みの速度の向上

　「視覚性語彙（逐字でなく、かたまりとして語を捉える）を増やすこと」について説明しましょう。視覚性語彙とは、英語で言うところのサイト・ワード（sight word）にあたります。私たちは、普段よく目にする語、例えば「りんご」「こんにちは」「ニューヨーク」等の語は、ひとつひとつの文字を読むというよりは、ぱっと一目見ただけで、その語が何と読むのか、何を意味しているのかを認識することができます。一方、「もえぎいろ」「たけだけしい」「シリキルリズスメダイ」等、普段、目にする頻度が低い語については、一字一字たどることになります。

　読むことが苦手な子どもの中には、日常、頻繁に目にする視覚性語彙であっても、ぱっと見てそれが何を意味しているかが認識できず、一字一字たどる、いわゆる逐字読みをする傾向があります。これにより、時間も要し、エネルギーも使うため、読んでいる本人が疲労感を相当に感じやすくなっていることが想像できます。そこで、視覚性語彙を子どもの中に増やすことによって、読みのスピードが増し、読むことへの疲労感を軽減できるのではないかと考えます。

●日常的に用いる語彙の拡大と使用

　読むことは、単に文字を音に変換するだけの活動ではありません。その語や文が何を意味しているのか、どのようなメッセージを発しているのかを受け取り、理解することです。そこで、目にし

	促音	長音	拗音	拗長音
視覚化	きって → ●・●	ぼうし → ●ー	おもちゃ → ●●●	ちきゅう → ●●ー
動作化	清音、濁音等の1文字については、手を1回たたき、促音に対しては両手にグーを作る。例：「きって」：手をたたく→両手にグーを作る→手をたたく	清音、濁音等の1文字については、手を1回たたき、長音に対しては、合わせた手をそのまま下に伸ばす。例「ぼうし」：手をたたき、合わせた手をそのまま下に伸ばす→手をたたく	清音、濁音等の1文字については、手を1回たたき、拗音に対しては、2つの手のひらをねじって1回たたく。例：「おもちゃ」：手をたたく→手をたたく→2つの手のひらをねじってたたく	清音、濁音等の1文字については、手を1回たたき、拗長音に対しては、2つの手のひらをねじって1回たたき、合わせた手をそのまま下に伸ばす。例：「ちきゅう」：手をたたく→2つの手のひらをねじってたたき、合わせた手をそのまま下に伸ばす
その他	同様の文字を使うが、促音の有無によって意味の違いの生じる語を用い、説明する。（例：「ねこ」と「ねっこ」、「まくら」と「まっくら」）	長音表記の原則（例：「ろうか」は伸ばした音が「お」のように聞こえても、書くときは「う」と各といった原則）をまずは明確に伝え、それ以外（例：こおり）は、例外として基本原則が習得された上で伝える。	「拗音さんかくシート」を使って、2つの文字を徐々に早く読むことで、2文字が1音を校正していることに気づかせる。逆に、拗音を徐々にゆっくりと読むことで、1音が2文字で校正されていることに気づかせる。	同様の文字を使うが、（拗）長音の有無によって意味の違いの生じる語を用い、説明する。（例：「にんぎょ」と「にんぎょう」）

図18 特殊音節表記ルールの明確化（視覚化と動作化）（ガイドブック P30）

た（読んだ）語が、何を意味しているのか、いかに自分の中でイメージできるかが、理解を深める上でも重要になってきます。語や、文を読んで、自分の中でイメージを豊かに描くためにも、語彙を増やし、自由に操る力を養うことが重要です。

また、知っている語であれば、パッと見ただけで認識できる可能性も高まります。そうすれば、先の視覚性語彙のところでも述べたように、読みのスピード、理解力が増し、読むことへの疲労感も軽減できます。このことは、「もっと読みたい！」という気持ちにもつながっていくはずです。

MIMの指導法・教材の内容

●視覚化（特殊音節のルールの明確化）

特殊音節のルールを明確に提示することを目的に、まず、文字に入る以前に、音のイメージを、視覚的に、より簡略化して捉えられるよう、記号で音の特徴を表します（図18）。いわば「音符♪」のようなものです。

視覚化について、具体的な流れを促音の指導を例に説明します。

まず、「ねこ」と「ねっこ」の絵を提示し（図19）、音声の確認を行います。次に、音に合わせて、記号をおき、音と視覚的手がかりである記号とを一致させます。初めは、「ねっこ」に対しても、視覚的な記号（ドット）を2つのみおき、「ねこ」と同様にして提示します。ここで、子どもたちに音とドットとのズレに気づかせ、「ねこ」と「ねっこ」には、音の違いがあることを確認します。その際、真ん中のつまる音に対しては、「発音しないけれど、何かある」ことを意識さ

図19 促音の視覚化

せ、その印として小さいドットをおくことを提案します。拗音の指導においては、「拗音さんかくシート」を用います（図20）。これは、2つの音がどう混成して1音になり（読む際に必要となる力）、1音がどう分解されて2音になるのか（書く際に必要となる力）を視覚的に理解することを目的としています。

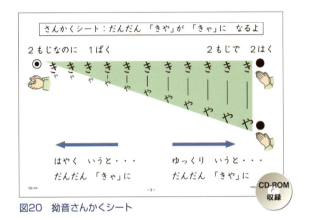

図20　拗音さんかくシート

● 動作化（特殊音節のルールの明確化）

視覚化と同様、特殊音節のルールを明確に提示することを目的に動作化を取り入れています。動作化することにより、目に見えない音の特徴を、顕在化、体感することができます。また、このように、明確にルールを示すこと、さらには、特に道具を使わず、自分の体を使ってルールの確認ができるようにしたことで、時や場所を選ばず、迷った時に子ども自身がルールの確認ができることも意図しています。具体的な流れを促音の指導を例に示します。

「ねこ」と「ねっこ」について、記号（ドット）を用いながら、音の特徴を視覚化した後、清音、濁音・半濁音については、手を1度たたき、小さいドットのところは、両手をグーに握り音を出さないようにします（図21）。このように、音の特徴に合わせて動作化できるようにすることで、その後の表記の理解・定着が速やかになされていくと考えます。

● ことば絵カード
　（アセスメントと指導とのリンク）

MIMを機能させるために必要不可欠なのが、MIM-PM（めざせよみめいじん）というアセスメントです。これは2つのテストから成り、各1分の計2分で実施していきます。1分という短い時間なので、用意された全35問（1つの下位検査につき35問ずつなので、計70問）を全て解くことは小学校1、2年生にとっては難しいでしょう。そこで、やり残した問題への再挑戦や、自分の解答の確かめを実現するため、「ことば絵カード」（図22）が用意されています。

これは、表面がMIM-PMの**テスト①**に対応しており、3つの選択肢の中から絵に合う語を選択する課題になっています。その答えをあえて番号で示さず、裏面に正答が含まれた短文を示すことで、子どもが再度、正答の語を自分で見つけて文字として確認できるようになっています。また、語から文へつなげられるよう、文は、絵の内容を端的に表した内容にし、暗唱できるほどの長さになっています。さらには、表面の語の意味も裏面には示してあります。表記のみでなく、語の意味

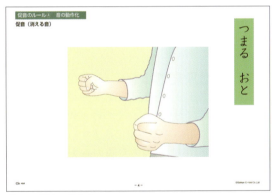

図21　促音の動作化

図22　MIMことば絵カード（表面と裏面）

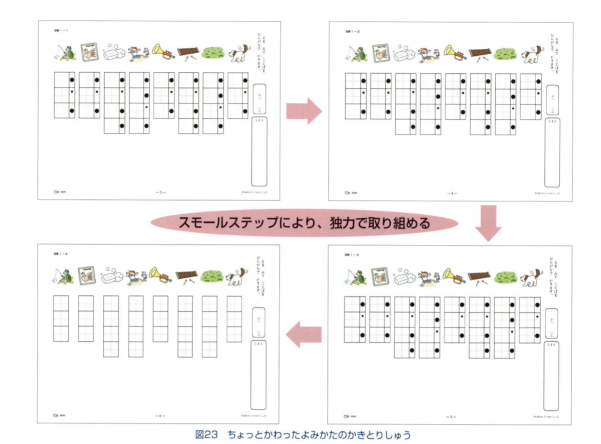

図23　ちょっとかわったよみかたのかきとりしゅう

についても獲得することをめざしたためです。

　これらは、1st、2nd、3rdステージと、異なるステージ指導においても、その時々のニーズに合わせ、多様に用いることができます（例：表面を使っての3択問題、裏面の意味のみを聞いて、その意味が何を表しているか（表面の語）を考える課題等）。また、授業や指導時間以外であっても、教室内に置いておき、休み時間等、子どもが自由に手にし、友だちと問題を出し合ったりして遊べるようになっています。

　ちなみに、「MIMことば絵カード」については、これまでさまざまな使い方の報告がなされています。例えば、「助詞の理解が苦手な子に、裏面の短文の助詞の部分にシールを貼り、何の助詞が入るかを考えさせる課題」「裏面の短文を読んで聞かせ、書き取らせる課題」等です。

　また、CD-ROMに入っている「ことば絵カード」のデータをA3版で印刷すれば、通常の学級での一斉指導においても使用することができます。

● ちょっとかわったよみかたのかきとりしゅう
（スモールステップで着実な表記の習得）

　この教材は、正確で素速い読みから、正しい表記へとつなげていくことをねらっています。

　この「ちょっとかわったよみかたのかきとりしゅう」では、特殊音節の表記の特徴を視覚化した手がかり（記号）と、文字、絵が対応しています。また、1つの表記に対して4段階のプリントが用意されており、まずはなぞることから始め、次に特殊音節の部分のみを記入、続いて、視覚化の手がかりを用いて全てを記入、最後には視覚化の手がかりなく、全てを記入するというように、スモールステップ化されています（図23）。

　授業時間内でも、また宿題としてでも取り組めるようになっており、一人で取り組んだ場合でも、わからないときには、前ページを見ながら確認して取り組めるようになっています。このように、読み書きにニーズのある子どもであっても、一人で取り組めるよう配慮しています（逆に、習

得間近の子どもには最終ステップの形式のみを実施してもよいでしょう）。

● MIMはやくちことば（日常的に既習内容に触れる機会を豊富に用意）

　MIMでは、学習したことを日常の場面と関連づけること、さらには、日常的に触れる機会を増やすことを意図し、身近に手に取れるもの、掲示物等の作成・活用を考えています。

　そこで、特殊音節の要素別に、はやくちことばを作成し、文集を作ったり（図24）、それをポスター版（図25）にして掲示できるようにしたりしています。

　その際には、子どものモティベーションが高められるよう、また、はやくちことばの内容をイメージできるよう、イラストもつけてあります。早口で3回続けて言えるよう促し、リズムに合わせて唱えること、ゲーム性をもたせることで、楽しんで特殊音節を習得できるようにしてあります。

　また、「MIMはやくちことば」の法則（特殊音節を含む4語が連ねてあること）を説明することで、子どもにも「はやくちことば」を作ってもらうことができます。子どもならではのユニークな発想には驚かされます（図26）。

● ちょっとプリント（指導の多層化を実現）

　「ちょっとプリント」（図27、28）も、アセスメントであるMIM-PMと連動しています。「ことば絵カード」と同様、MIM-PMの復習として用いることができること、1枚に掲載されている問題数が少ないことから、隙間時間などで柔軟に活用できます。また、分量的にも子どもにとって負担の少ないものになっています。

　この「ちょっとプリント」は、その時々のニーズ、それぞれの子どものニーズに合わせ、多様に用いることができます。

　例えば、一斉指導で用いる場合「ちょっとプリント」の「絵に合うことばさがし」（図27）の方は、このような基礎的な問題をしっかりと解いていくことで、まだ習得に至らない子ども（2nd・3rdステージ指導対象）のルールの獲得をめざします。一方、早く解き終わってしまった子ども（1stステージ）は、余白に、問題作成の意図を理解した上で自分も同様の問題を作成します。こうした想像（創造）力を働かせる課題に挑むこともできます。このように指導の多層化が実現できるようになっています。

　また、「ちょっとプリント」の「3つのことばさがし」（図28）の方は、「2つのことば」を区切る問題が用意されていたり、区切ることばのイメージが湧きやすいよう、絵も付されていたりします。3つのことばを区切るのが難しい子どもにとっては、こうした手がかりを得ながら徐々に理解できるようになると考えています。一方、早く終わってしまった子どもは、裏面に「しりとり」が用意されています。知っている語だけでなく、ことば絵じてん等も利用しながら、語彙を広げていくことを促します。

図24　はやくちことばしゅう（文庫版）

図25　はやくちことばしゅう（ポスター版）

図26　子どもが作ったはやくちことば

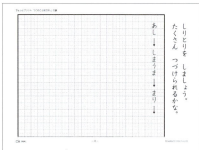

図28　ちょっとプリント（「3つのことばさがし」の表面と裏面）

図27　ちょっとプリント（「絵に合うことばさがし」）

●多層指導モデルMIMにおける読み書きに関するゲーム集（指導の多層化を実現）

ゲーム性のある課題を通じ、特殊音節等を含むことばの学習が進められるようになっています。学習の導入や定着など、目的に合わせて用いることができます。それぞれの課題では、MIMにおける各ステージ指導での具体的な用い方についても紹介されています（図29）。

●MIM教材の指導のねらい別活用例

これまで、MIMの指導法・教材について説明してきましたが、これらは、指導の目標（ねらい）によって、さまざまな使い方ができます。そこで、図30には、「ルールの理解」、「ルールの定着」、「発展」といった指導のねらいごとに、同様の教材でも異なる使用例を提案しています。

図29　「多層指導モデルMIMにおける読み書きに関するゲーム集」の中の一例

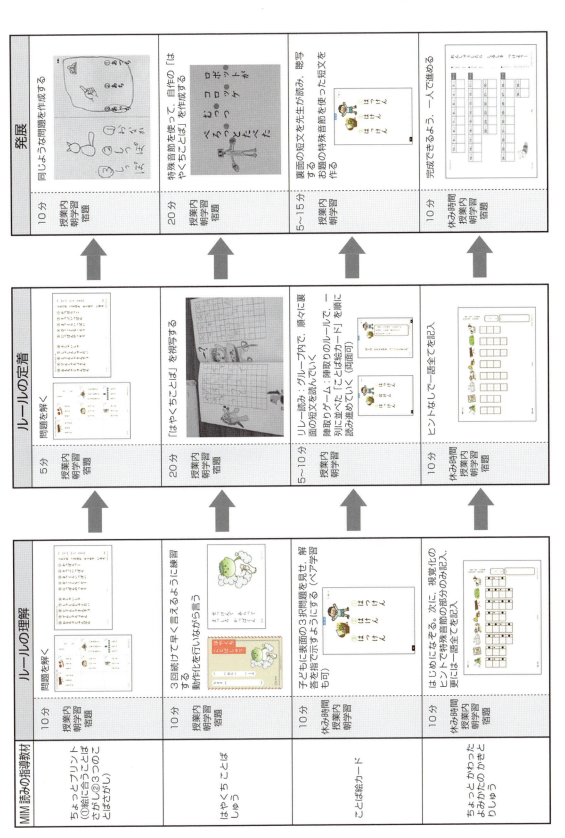

図30　MIM教材の指導のねらい別活用例（ガイドブック P39）

4 多層指導モデルMIMのステージ別指導の具体例

ここでは、多層指導モデルMIMにおける各ステージ指導の具体例についてみていきましょう。

MIMのステージ別指導の具体例

●1stステージ指導の具体例

1stステージ指導では、特殊音節に関するルールについて明確に説明を行っていきます。それが視覚化や動作化です。これらについてわかりやすく説明を行った後、「はやくちことばしゅう」や「ちょっとかわったよみかたのかきとりしゅう」さらには、「ことば絵カード」「ちょっとプリント」等を用いて、確実にルール理解を遂げていきます（図31、32）。

●2ndステージ指導の具体例

2ndステージ指導では、1stステージ指導で学習内容の理解が遂げられた子どもと、未だ達成していない2ndステージ指導の子どもとが併存するステージです。それゆえ、子どもたちのニーズも多様化しており、最もMIMの特徴・理念を反映し得るステージともいえます。また、先生方、各学校の工夫、特色が出やすい、いわば教師としての指導の質・創造性が問われるステージでもあります。確かに、多様化したニーズに対応していくのは容易いことではありませんが、ちょっとした工夫で有益な2ndステージ指導が展開されていきます。2ndステージ指導の時間設定の仕方、指導

ルール理解をめざした1stステージ指導の例

	時間(分)	内容
必須	15	視覚化 （音を視覚化したもので、清音との違いを強調する）
	10	動作化 （視覚化と動作化とを対応させ、特殊音節の特徴を明確にする）
選択	10	はやくち ことばしゅう （「はやくち ことば」の中に出てくる特殊音節の語を、動作化を用いて確認する。ポスター版については、教室内等の日常的に目にする場に掲示する。）
	10	ちょっと かわった よみかたの かきとりしゅう （該当ページを練習。はじめは、なぞる。次に、視覚化のヒントで特殊音節を含めた語を記入する。）

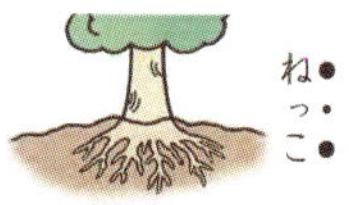

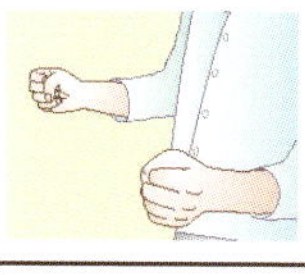

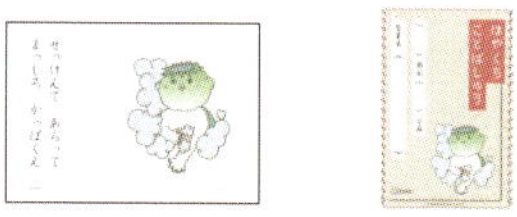

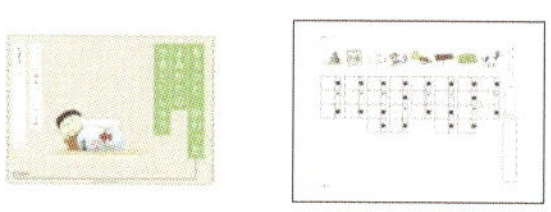

図31　特殊音節表記のルール理解をめざした1stステージ指導の例（ガイドブック P58）

Part1　特殊音節等，正しい語の読みから流暢性を高める指導

A.　促音

促音の指導の流れ

○ルールの明確化

a)「ねこ」と「ねっこ」の絵カード(絵だけの側)をボードに貼る。
(T:「これは何？」そうだね，これは「ねこ」，こっちは「ねっこ」だね)

b)音に合わせて，マグネットを置く。
(「ねこ」には2つのマグネット，さらに「ねっこ」にも2つのマグネットを置き，わざと誤ってみせる。「あれ？どちらも2つのマグネットだけど，よいかな？」)←視覚化

c)子どもに正しいかどうか尋ね，子どもの意見を聞いた後，修正する。
(●•●　大きなマグネット2つの間に小さなマグネット1つを貼ることを提案)

d)みんなでリズムをとりながら，読んで確認する。
(マグネットに合わせ，「ねこ」は手を2回たたく。「ねっこ」は間の「っ」を両手をグーにし，音を出さないようにしようと提案)←動作化

e)文字の入ったカードを見せ，確認する。←音声と文字との対応

f)「まくら」と「まっくら」についても，同様の手順で行う。

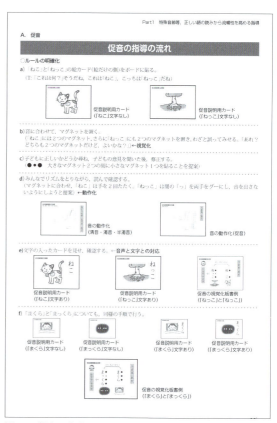

図32　促音の指導の流れ（ルールの明確化）

者の体制、指導法・教材例の紹介については第2章を中心に詳しく紹介していきます。

　ここでは、2ndステージ指導の一例を示しました（図33）。時間は一単位時間にしてありますが、朝学習や給食準備の時間を活用する場合には、「特殊音節のルール確認」を5分、「ちょっとプリント」や「ことばあつめプリント」を15分で行うこともできます。

　図33の指導例で重要なのは、「ちょっとプリント（絵に合うことばさがし）」の場合、まず、プリントの表面の5問を解く時間を設け、ここでつまずく子ども（2ndステージ指導対象と思われる子ども）に先生がなるべく近くにいって指導ができるようにすることです。そのためには、1stステージ指導の子どもには静かに、なおかつ、彼らの更なる学びを保障する機会を整える必要があります。そこで、5問正答できた子どもは、「ちょっとプリント」の空欄に自分で同様の問題を作成していきます。問題を作成するということは、自分で問題の趣旨をよく理解してないとできない活動です。また、どのような語彙を選び問題にするか等、自分の背景知識を総動員する必要もあります。付加的に問題を表す絵を描くという楽しみもあります。こうした知的好奇心を触発する課題は、子どもにとって自然に集中できる時間を紡ぎ出します。問題が作成できると、子どもたちはきっと「こんな問題ができました！」と先生や友だちに伝えたくなるでしょう。そうした気持ちをきちんと受け止めるためにも、また、その時間は2ndステージの子どもたちにしっかりと関わることのできる時間を確保するためにも、「作ってくれた問題は、後で発表してもらいますね」「みんなの問題を集めて、1年○組の"めざせよみめいじん"を作りましょうね。その時、問題が使われるかもしれないから今は秘密にしておいてね」といった声かけをし、安心して、落ち着いて学習に取り組めるようにしていくことが大切です。

　「ことばあつめプリント」（図34）についても、

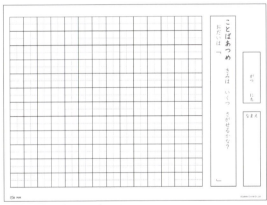

図34　ことばあつめプリント

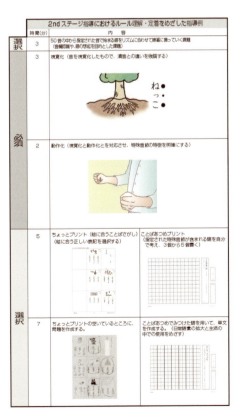

図33　2ndステージ指導におけるルール理解・定着をめざした指導例

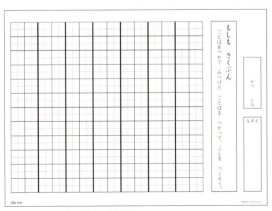

図35　もしもさくぶんプリント

指定された特殊音節の含まれた語を書くことができた子ども用に、裏面に「ことばあつめプリント」で集めた語を用いて単文を書くようになっています。先の「ちょっとプリント」と同様、表面の「ことばあつめ」の段階で苦戦している子どもに先生が時間を費やせるよう、1stステージ指導の子どもは、ことば集めが終わったら、単文づくりに取り組むようにします。この単文は、「もしもさくぶん」（図35）でも良いことになっており、想像を楽しみながら、文章化していくことができます。

いずれにしても、プリントの課題に連続性をもたせています。1stステージ指導、2ndステージ指導の子どもを対象とするプリントが全く異なるものではなく、2ndステージ指導の子どもにとっては「この課題が終わったら、ああいう課題に取り組むんだ」という見通しがもてること、取り組む内容に連続性があることを大切にしています。

● 3rdステージ指導の具体例

3rdステージ指導は、より個に特化した形態で実施することが必要になってきます。したがって、個別または小集団で、子どもに頻繁にフィードバックできる環境を整えます。これまで、給食の準備時間に図書室や通級指導教室で行われたり、放課後に特別支援学級で行われたりする例などもみられました。校内リソースを最大限に活用し、先生同士の連携、役割分担を行うことが、3rdステージ指導を成功させる鍵になります。

今回の指導例は、いずれも20分で組んであります（図36、37）。3rdステージ指導対象の子どもにとっては、ルールの説明も実質3度目になるので、比較的速やかに行うことが可能になるでしょう。指導については、集中的に、頻繁に行うこと

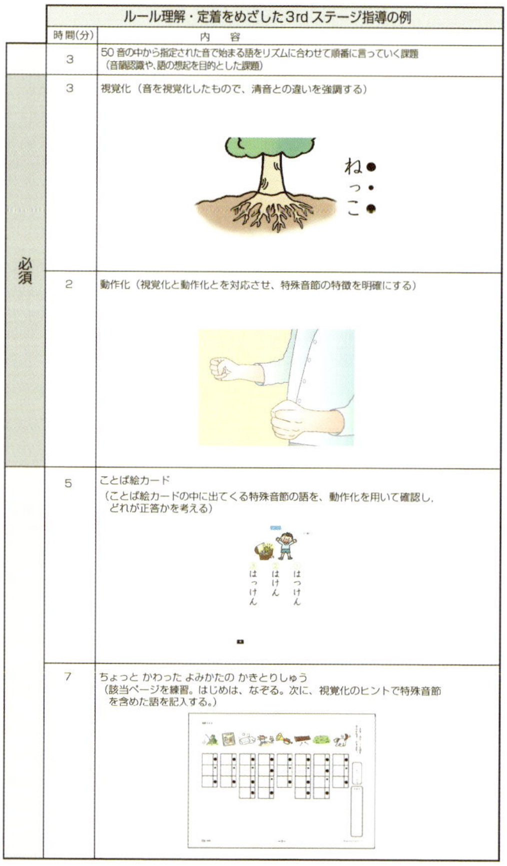

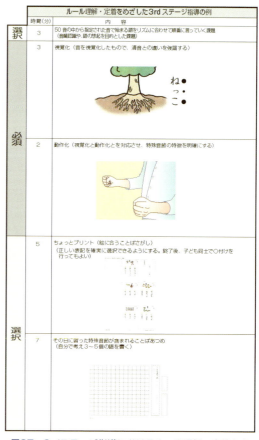

図36　3rdステージ指導におけるルール理解をめざした指導例（ガイドブック P63）

図37　3rdステージ指導におけるルール理解・定着をめざした指導例（ガイドブック P63）

が重要になります。短時間でも継続して頻繁に行えるよう、テンポ良く指導できる工夫を考えていく必要があります。

3rdステージ指導を効果的なものとするには、子どもに寄り添った視点での指導・支援体制作りが重要です。

以下に3つのポイントを示しました。

- 3rdステージ指導に進んだ子どもへの3rdステージ指導に対する誠実で納得のいく説明
- 指導効果の実感
- 周囲から見ても、楽しく、充実感にあふれ、自分も参加したくなる環境作り

一つめの「3rdステージ指導に進んだ子どもへの3rdステージ指導に対する誠実で納得のいく説明」についてです。過去に3rdステージ指導を行った折、参加した子どもに対して、「みんなは人一倍『読むことが得意になりたい！』という気持ちが強く、先生もぜひ一緒に勉強したいと思ったんだよ」と伝えたところ、とても嬉しそうな表情をみせてくれたことがありました。3rdステージ指導を開始する前に、めざすところを子どもと共有しておくことは大切です。

二つめの「指導効果の実感」ですが、こちらについては、「子ども自身が3rdステージ指導を受けることで、『わかった！』『できた！』という実感を持つこと」です。例えば、MIM-PMを先生と一緒に採点し、自分で毎回の得点を記録していくのもよいでしょう。そうすることで、先生にほめられるのとはまた別の、数値という客観的根拠による"伸び"を実感でき、自信につながることもしばしばです。これは年齢段階の高い子どもにも有効です。

三つめは、「周囲から見ても、楽しく、充実感にあふれ、自分も参加したくなる環境作り」です。ともすると周囲から「あの子は読むことができないから、先生に教えてもらっている」といった認識もされるかもしれません。そのような時大切なのは、先生自身が、周囲に対しても「得意になりたいという強い気持ちをもって、がんばっていることは、とてもすばらしいこと」という敬意を表し、他の子どもも参加したくなるような指導の空間を作ることです。

そのような空間になったかどうかは、3rdステージ指導を受ける子どもが、嬉しそうに走って指導へと向かっていく姿や、充実感をみなぎらせた表情で教室に戻ってくる姿が証明してくれます。このような3rdステージ指導の子どもの様子を見て、周囲の子どもの3rdステージ指導に対する見方も変化していくことでしょう。

少し飛躍するかもしれませんが、小学校低学年段階で、こうした「苦手なことを克服できた経験」や、「わからないことがあっても、教えてもらえるという安心感」を抱けることは、3rdステージ指導を受けた子どもは元より、周囲の子どもに対しても、学ぶことへの安心感、先生への信頼感につながっていくと思うのです。

最初から偏見を持つ子、劣等感を持つ子はいません。それはおとなの姿勢が映し出されたと言っても過言ではないかもしれません。先生自身が、3rdステージ指導を行う際、「3rdステージの子だけを取り出して、傷つかないか」「周囲が何か言わないか」等、躊躇するのではなく、大切なのは、「子どもに『わかった！』『できた！』という実感をもたせること」「安心して次の段階に進める力をつけること」であることを忘れてはなりません。

MIMの各ステージ指導内容のまとめ

最後にMIMの特殊音節指導に関する各ステージ指導の内容をまとめました（表2）。これを基にしながら、各先生、各学校に合うやり方で進めて頂ければと思います。

また、1stステージ指導のポイントのところでも、「MIMを年間計画に位置づけること」が指摘されていました。

そこで、図38に国語の年間計画にMIMの内容を盛り込んだものを示しました。これを参考に、各学級、各学校の状況に合わせて作成してみてください。

	1stステージ	2ndステージ	3rdステージ
定義	通常の学級内での効果的な指導。主に、通常の授業の中で、課題となるスキルの習得をめざして実施される効果的な指導をさす。ターゲットとなる課題に対する子どもの進捗状況を継続してみていくプログレスモニタリングを含む。	基本的に、通常の学級内での補足的な指導があわされても、依然、習得が困難な子どもに、補足的な指導として通常の学級内で実施される。1stステージに比べ、より個に特化した指導として実施する必要がある。プログレスモニタリングを含む。	さらに補足的に、集中的に、柔軟な形態で行われる特化した指導。2ndステージの補足的な指導によっても、依然、習得が困難な子どもに、少人数による指導や、より個に特化した指導として実施される。通常の学級内だけでなく、時間や場所についても、校内のリソースを活用する必要がある。より頻繁なプログレスモニタリングを含む。
対象	全ての子ども	課題となるスキルの習得が安定しない子どもで、1stステージのみでは伸びが乏しい子ども	課題となるスキル習得が著しく困難で、1stステージ、2ndステージでは伸びが乏しい子ども
指導	通常の授業の中で実践するとともに、教室内の掲示や日常場面との結びつけ等、課題となるスキルを学習する機会を多く設定する。例：特殊音節の構造を表した図も付す。「動作化」では、清音・濁音・半濁音一文字に対しては手を一回たたく、「きって」であれば「手をたたく→両手をグーにする→手をたたく」といった一連の動作を行う。いずれも、音節構造を目に見えるかたちにし、また動作と結びつけることで認識しやすくする。日常的に触れる機会を増やす（例：特殊音節のルールや、特殊音節を用いたことばを教室内に提示し、いつでも見られるようにする等。	（朝学習での実践例）1stステージでのルールをより簡潔にして理解を促す。ルールが習得できたかをプリントにして確認する。この間、相間指導で対象の子どもに対し、重点的に回る。既に習得できている子どもに対し、プリント課題終了後、ターゲットとなる特殊音節を入れた短文作りや、問題作り等、異なる教材や、より高度な課題に取り組む。これにより、1stステージと類似した形態で実施することができる。（給食の準備時間での実践例）給食に合うことばを3つの選択肢から選ぶといった特殊音節のことばのカードを用い、子ども同士で問題を出し合いながら、特殊音節のルールを確認する。	1stステージの指導に加え、朝学習の時間等を利用し、学習した内容の再確認を行う等、補足的な指導としても設定する。一斉指導の中でも、グループ化等、柔軟にしたり、教材を数種類、用意したり等の配慮が必要。	明確に、ターゲットとなる課題にしぼって、系統的な指導として設定する。
指導者	通常の学級の担任	通常の学級の担任や学校が決定した人員	学校が決定した人員（通常の学級の担任を含む）
場所	通常の学級	通常の学級	学校が決定した適切な場所
時間	通常の授業内	通常の授業内や、朝学習、給食の準備時間等	給食の準備時間や放課後等
特殊音節表記の読み書きに関する指導内容	明確なルール、覚えるためのストラテジー（視覚化や動作化）を提供する（例：「視覚化」では、「きって」といった音節構造を表した文字も付す。「動作化」では、清音・濁音・半濁音一文字に対しては手を一回たたく、「きって」であれば「手をたたく→両手をグーにする→手をたたく」といった一連の動作を行う。いずれも、音節構造を目に見えるかたちにし、また動作と結びつけることで認識しやすくする。日常的に触れる機会を増やす（例：特殊音節のルールや、特殊音節を用いたことばを教室内に提示し、いつでも見られるようにする等。	（朝学習での実践例）1stステージでのルールをより簡潔にして理解を促す。ルールが習得できたかをプリントにして確認する。この間、相間指導で対象の子どもに対し、重点的に回る。既に習得できている子どもに対し、プリント課題終了後、ターゲットとなる特殊音節を入れた短文作りや、問題作り等、異なる教材や、より高度な課題に取り組む。これにより、1stステージと類似した形態で実施することができる。（給食の準備時間での実践例）給食に合うことばを3つの選択肢から選ぶといった特殊音節のことばのカードを用い、子ども同士で問題を出し合いながら、特殊音節のルールを確認する。	2ndステージの内容と基本的に同じだが、柔軟な形態で、集中的に行い、より個の子どもに対応できるようにする。1名の教員に対し、4名前後の子どもの参加が望ましい。

表2 MIMの特殊音節指導に関する各ステージ指導の内容（ガイドブックP65）

1年生国語の年間指導計画（指導事項・授業時数等）とMIM指導　（第一次試案）　作成者：森　和彦・海津亜希子
（東京書籍　平成27年度版）

巻	月	学期	教材・教材名	学習指導要領の内容 C 読むこと	学習指導要領の内容 伝統的な言語文化と国語の特質	単元合計	予備時間	MIMの指導 授業で取り上げる 主として	MIMの指導 授業で取り上げる 確認として（表記のルール理解がなされているか等）	MIMの指導 定着に向けて指導する 環境の利用	MIMの指導 定着に向けて指導する 日常の中で みんなで	MIMの指導 定着に向けて指導する 日常の中で 個々のペースで	アセスメント MIM-PM 月に一度実施(1分間のテスト2種類) 説明・配布・回収で10分程度	月	学期	学期
1年上	4月（16時間）	前期（110時間）	みんなのせかい	(1)ウ	(1)イ(ア)	4							MIM-PMの実施①	4月（16時間）	一学期（86時間）	前期（110時間）
			はきはきあいさつ		(1)イ(ア)	2										
			よろしくね		(1)イ(キ)	2										
			じをかこう		(1)ウ(ア)	3										
			ほんがたくさん	(1)カ(2)アイ		3		<1stステージ>								
	5月（23時間）		あいうえおのうた	(1)ア	(1)イ(イ)ウ(ア)	5		★50音定着（清音の視覚化・動作化）		・ルールを学習後に掲示して、いつでも確認できるようにしておく。（同じ形式のカードも用意し、必要に応じて手元で確認したり、宿題 ・早口言葉を日常的に目に付く場所に掲示し、特殊音節を含んだ文章のリズムや表記に日常的に触れる。●「はやくちことば」 ・カードを教室の中の決まった場所に置き、休み時間などにも友達同士で問題を出し合ったりできるようにする。●「ことば絵カード」 ・言葉集めの掲示をして、目に触れるようにしておく。●「読み書きに関するゲーム集」	・帰りの会でゲーム的に取り入れる。●「読み書きに関するゲーム集」 ・学級活動の時間などに、ゲームとして取り入れる。●「読み書きに関するゲーム集」	・朝学習や課題が早く終わった時間を活用し、個別のペースで学習できる機会を持つ（早口言葉集・プリントの活用）●「はやくちことば ・給食待ちの時間を利用して、個別の指導や練習を行う。●ちょっとプリント ・国語の授業の始めや連絡帳を書く際に、MIMことば絵カードからの聴写を行う。●「ことば絵カード」	MMIM-PMの実施②	5月（23時間）		
			あめですよ	(1)ア	(1)ウ(ア)	4			・語のまとまり、ことばのリズム							
			ふたとぶた		(1)イ(イ)ウ(ア)	3		★濁音・半濁音								
			ともだちにはなそう		(1)イ(ア)	4										
			とんこととん	(1)アウ(2)ア	(1)イ(キ)	5										
			ねことねっこ		(1)イ(イ)(エ)	3	3	★促音								
	6月（32時間）		ことばあそび		(1)イ(イ)ウ(ア)	3							MIM-PMの実施③	6月（32時間）		
			あひるのあそび	(1)ア	(1)ウ(ア)	4										
			ぶんをつくろう		(1)イ(オ)(カ)	3										
			おばさんとおばあさん		(1)イ(イ)(エ)	3		★長音								
			きいてつたえよう		(1)イ(ア)	2										
			「は」「へ」「を」をつかってぶんをかこう		(1)イ(エ)(オ)(カ)	4										
			どうやってみまもるのかな	(1)イエ(2)ウ	(1)イ(カ)	6										
			いしやといしゃ		(1)イ(イ)(エ)	3		★拗音・拗長音								
			こんなことしたよ		(1)イ(カ)	4			・正しい表記（ルールの確認）							
	7月（15時間）		おおきなかぶ	(1)アウカ(2)イ	(1)イ(キ)	8			・語のまとまり、ことばのリズム				MIM-PMの実施④	7月（15時間）		
			ほんのひろば	(1)カ(2)ア		1										
			えにっきをかこう		(1)イ(エ)	4			・正しい表記（ルールの確認）							
	9月（24時間）		あるけあるけ／木	(1)アウ	(1)ウ(ア)	3			・語のまとまり、ことばのリズム				MIM-PM実施⑤ 個別の配慮計画の活用の開始	9月（24時間）		
			はなしたいなききたいな		(1)イ(ア)	5										
			かんじのはなし		(1)ウ(イ)	5	0									
			かいがら	(1)ウオ(2)ア	(1)イ(キ)	6										
			かぞえうた		(1)イ(ウ)ウ(イ)	5										
			一　おはなしをよもう サラダでげんき	(1)ウエオ(2)エ	(1)イ(カ)	15			・正しい読み（ルールの確認）							

図38　国語の年間計画にMIMの内容を付加したもの（一部）　CD-ROM収録

5 効果的な2ndステージ、3rdステージ指導を行うために

MIM実践校22校の報告から見える11のポイント

　福岡県飯塚市（4章をご覧ください）では、平成23（2011）年度より市内全校（22校）でMIMに取り組んでいます。初年度から既に5年が経ちました。毎年、年度末には、共通したテーマについて各学校での実践報告がなされます。ここでは、「2ndステージ、3rdステージ指導をいかに効果的に行うか」について各校がまとめた報告を紹介します。

　このテーマは、MIMを実践していく上で必ずぶつかるテーマ、壁であり、MIMの実践を積んできたからこそ浮上するテーマとも言えます。

　2ndステージ、3rdステージは、特別な教育的ニーズを持ち得る子どもへの対応が問われるステージであり、多様な指導実践をいかに展開し、効果を上げていけるか、まさにMIMの根幹に関わるステージといえます。このテーマに挑むことは、MIMをどう捉えているか、MIMで何を大切にしているかといった問いへの答えでもあるように思います。

　各校における報告を読んで、共通した知見が多いことに驚きました。各校での取組にこれだけ共通した部分があるということは、それはまさに、普遍的で一般的な知見、ポイントとなるもののように思われました。そこで、効果的な2ndステージ、3rdステージ指導を行うためのポイントを11にまとめてみました。

①日々の積み重ね

　毎日少しの時間でも、2ndステージや3rdステージ指導に充てる時間を確保すること。それは、毎日の課題（宿題）といったかたちでもかまいません。日々の積み重ねの重要さを指摘する学校は少なくありませんでした。

②明確なルールの提供

　MIM全体を通して重要視されていることに、「明確なルールの提示」があります。たとえば、「伸ばした時に『お』と聞こえても、書くときは『う』と書きます」等、MIMの中では、わからなくなったときに、子どもがどこを見て確かめればよいか、どう考えたらよいかが明白なよう、いわば考え方のルールを示します。そうした明確なルールの提示が、特に2ndステージや3rdステージ指導を要する子どもにとって記憶から検索する上でも重要であり、それが効果につながっているようです。

③楽しみながら学ぶ

　学びの中に「楽しい」要素を取り入れることで、子どもの学習への意欲が増します。学びは楽しいものであり、楽しいからこそ、学んだことが自らのものとなる様子が多くの事例からうかがえました。

④アセスメントの活用

　MIM-PMの結果を基に、必要となる教材の準備や、個別の支援方法について教師間で話し合い、効果を上げている（実感している）学校が多くみられました。アセスメントにより子どもの実態が詳細に見えてくることで、その子に合った指導方法の工夫へとつながったことを指摘する学校もありました。

　たとえば、3rdステージ指導を要する子どもへ、MIM-PMの**テスト①**（絵に合うことばさがし）と**テスト②**（3つのことばさがし）を最後まで解かせ、「間違いが多かったのはどの要素か」「時間をかければできるのか」といったアセスメントの視点をもち、子どもの実態を分析した学校もありました。まさに、データに基づいた指導、科学的根拠に基づいた指導が実践されていたのです。

⑤2ndステージ、3rdステージ指導におけるグループ編成への工夫

　2ndステージや3rdステージ指導を行う際、指

導グループをどのように編成するかについても悩むところです。ある学校では、初めは単純に２、３人のグループになるよう編成していましたが、次第に「MIM-PMの**テスト②**（３つのことばさがし）を苦手としている子どものグループ」「情緒面でも特別な支援を要する子どものグループ」等、子どものニーズ別編成へと変化させ、効果を実感していました。

⑥3rdステージ指導という場の魅力的な環境作り

3rdステージ指導を行う段になって、「支援を受ける子どもは抵抗を示すのではないか」「周りの子どもはどう思うか」といった懸念は、多くの先生方が感じるところでしょう。しかし、実際に指導した先生方の多くは、学力自体の向上に加え、子どもの「学習意欲が高まった」「自尊感情が高まった」等、その効果を指摘しています。それには、3rdステージという指導の空間を魅力的な場・環境にすることが何よりも重要と考えます。

「なぜ、3rdステージ指導が必要なのか、流暢な読みをめざした指導が重要なのかについて子どもに丁寧に伝えること」「楽しそうな、参加してみたくなるような雰囲気を作ること」「子ども同士が互いに支え合ったり、励まし合ったりできること」等、学習面だけでなく、その子どもを包括的に支える姿勢が重要です。

⑦指導における教師間の連携

2ndステージ、3rdステージ指導ともなると、個別や小集団での指導等、指導（形態も含め）の多様化がより一層進み、担任の先生一人ではどうしても対応しきれなくなります。そこで、先生方の連携、チームでの支援が不可欠になります。それを行えるか否かが、2ndステージや3rdステージ指導の成功の鍵を握っているといっても過言ではありません。

先生方の連携がうまく取れている学校では、担任の先生を中心にしながら、管理職、専科、指導方法工夫改善教員、ICT支援員等の先生方と連携して指導体制を組み、多様な子どものニーズに応えようとしている様子がみられました。

⑧人・場所・時間の活用

人の活用については先述の「⑦指導における教師間の連携」においても触れていますが、こうした先生方の連携に留まらず、他学年の子どもたちを、いわばミニ先生のような役割で協力を仰ぐ学校もありました。

場所の活用については、「学習室（少人数学習スペース）」「相談室」「職員室」「校長室」等、「利用できる部屋は全て使用した」とする学校もありました。

時間についても同様に、「朝学習」「給食の準備の時間」「掃除の後の時間」「中休み」等、たとえ短時間でも、さまざまな時間を活用して指導が行われている様子が報告されています。

⑨校内における共通理解

先述した「⑦指導における教師間の連携」を実現させる上でも重要なのが、「校内における共通理解」です。これについては疑う余地はありませんが、特記すべきは、各校における研修を実践者である１年生の担任の先生自らが行っていることでした。

自分自身がMIMというものを理解・実践するだけでなく、それを周囲にいかに伝えるかということを通じて、自分の知見を深めることにもつながっているようです。研修は何も資料を用いてプレゼンテーションを行うことだけではありません。なかには、MIMの指導の様子を全職員にみてもらう機会を作ったという学校もありました。伝え方にはさまざまあることがわかります。

こうした共通理解が進むことで、一年生におけるMIMの指導が充実することは勿論ですが、あわせて、他学年において特別な教育的ニーズのある子どもの気づきや、そうした子どもへの実際の支援へとつながっているケースも多くみられました（具体的には、中・高学年でのMIM-PMの実施やMIM教材を用いた指導の提供等）。

⑩校内支援体制の工夫

各校からの報告で課題として多く挙がったことの中に、「校内支援体制の構築」がありました。逆に言えば、MIMを成功させる上で「校内支援体制の構築」が不可欠であることをうかがわせます。

そこである学校では、校務分掌の中にMIM研修・指導担当を明確に位置づけたり、MIMを一

年生だけの取り組みとしないよう一年生の担任以外でMIM担当者を決めたりといった工夫がみられていました。

その学校の手腕が試される効果的な2ndステージおよび3rdステージ指導を確実に行うために、「誰に対して」「いつ」「どこで」「誰が」「何を用いて」ということを具体的に計画している学校もありました。

⑪家庭との連携

家庭との連携を考える上でのキーフレーズは、まさしく「理解・啓発から協力へ」です。

前段の「理解・啓発」については、4月の懇談会でMIMの説明をしているところがありました。また、授業参観でMIMを取り上げ、実際の指導の様子を保護者に見てもらう機会をつくったり、学校通信等でお知らせしたりといった学校もありました。こうした「理解・啓発」が土台となって、後段の「協力」面において、宿題等で保護者に採点（修正）をお願いしている学校もみられました。

さらには、毎月のMIM-PMの結果を家庭に伝えることで、保護者の関心が高まったとする報告もありました。ただし、結果を伝えることについては、伝える側（学校）がその意図（なぜ伝えるのか）を明確に持っていることが重要です（例：早期支援の重要性、家庭での学習における効果等）。

まとめ

以上、飯塚市内全小学校22校がまとめた報告「2ndステージ、3rdステージ指導をいかに効果的に行うか」から見えてきたポイントについて紹介しました。

3rdステージ指導で効果を上げることが、結果的にクラス全体の学力の達成度を上げることにつながっていきます。一方で、1stステージ指導で成果を出すことが、それに続く2ndステージ、3rdステージ指導の対象を適切に絞り、実践しやすいものにするといった意味でも不可欠になります。あらためて、1stステージからの系統的、連続的な指導の重要性をうかがわせます。

22校の実践報告からは、3rdステージ指導を受けた子どもの気持ちの変容に触れる学校が多くありました。「今まで難しかったけど、できるようになった！」「もっとできるようになりたい！」といった声です。このような「がんばりたい！」「もっとできるようになりたい！」といった声は、3rdステージ指導等で、たとえ少しずつでもできるようになった経験があったからこそ、そして、学びの中で手応えを感じられたからこその声でしょう。

できるようになった経験、学びの中での手応えなくしては、子どもの意欲、自己効力感の向上は決して望めません。

column 2　MIMデジタル版を有効活用するためには…

　MIMデジタル版は、平成26（2014）年度より文部科学省の委託（障害のある児童生徒の学習上の支援機器等教材開発事業）を受け、研究を行ってきた「読みにつまずきのある子ども向けアセスメント・指導モデルの開発」の成果をもとに作成されました（図39）。

　開発にあたっては、MIMの実践を豊富に積まれている先生方をメンバーに迎え、委員会を組織し、検討してきました。さらには、MIMデジタル版の実証協力校ならびに自治体のご協力により、実際に使用して頂いたご意見を基に改良を重ねてきました。

　これまでMIMを実践する上で多くの学校が抱える課題として挙げられたのが、「読みにつまずきのある2ndステージや3rdステージ指導を要する子どもへの指導をいかに実施していくか」ということです。MIMでは、こうしたつまずきのある子どもへ指導効果を届けることこそ、最大の目的としていますが、それらが成し遂げられずにいる現状が浮かび上がってきたのです。

　その背景には、指導環境の問題（誰が、いつ、どこで、どのように指導にあたるのか）もありました。その際、このMIMデジタル版を活用することで、そうした厳しい課題を解決する一手になるのではないかと期待しています。先生が直接的に子どもに指導する部分と、子どもがタブレット端末等を活用し、自分自身で学ぶことができる部分とを合わせることで、2ndステージや3rdステージ指導がより実施しやすくなると考えています。

　ただし、「このデジタル版を子どもに渡せば読みの力が向上する」と考えるのは誤りです。あくまでも、先生が子どもにまずは直接的に、明確に、大切なポイントを伝え、その後、子どもが理解を深めるために、「楽しく繰り返し、学習する」ツールとしてデジタル版を活用してこそ、効果が見込まれると考えています。

　そこで、MIMデジタル版を使用する前に、まずは、指導する側が、MIMの「さまざまなニーズのある子どもへ対応すること」「つまずく前に支援すること」といった理念とともに、「特殊音節を含めた読みの流暢性の指導の重要さ、要点を認識すること」が不可欠になります。

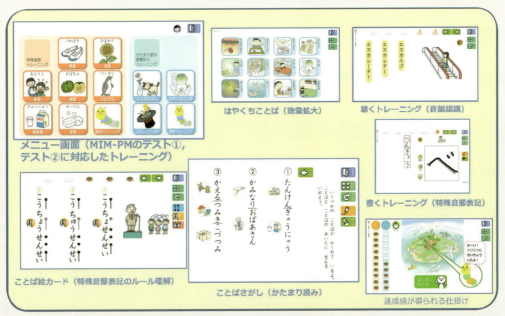

図39　MIMデジタル版

6 MIMを効果的に実践するための校内支援体制の構築

MIM実践校22校の報告から見える6つのポイント

　先に挙げた「2ndステージ指導、3rdステージ指導をいかに効果的に行うか」といった課題とともに、MIMを実践していく上で多く挙げられるのが、「MIMを効果的に実践するための校内支援体制の構築」です。

　MIMは、決して特殊音節の指導法だけを表しているのではなく、また1年生だけのものでもありません。したがって、1年生の担任の先生だけが行えばいいものでも勿論ありません。2ndステージ、3rdステージ指導と子どもの有するニーズが個別化、重篤化するに連れ、担任の先生だけでは効果的な実践を繰り広げることは難しくなるからです。

　そこで、校内で支援体制を組み、「皆で一年生を支える」体制を作っていかなければなりません。過去の実践校をみてみると、校内支援体制を築きながらMIMに取り組んだ学校は、自ずと効果も上がってきています。

　皆で支えた一年生は、しっかりと土台を作り上げ、次の学年、次の学年へと進んで行く中で、学んだことを着実に積み上げ、自分のものとする力がついてきます。いずれ出会う（担任する）かもしれない一年生を皆で支えていくことは、将来の楽しみにもつながるはずです。

　そこで、ここでは市内全小学校でMIMに取り組んで5年が経つ福岡県飯塚市において、「MIMを行う上での校内支援体制作り—管理職としていかにMIMを支えるか—」についての報告を紹介します。重要と思われる6つのポイントは以下の通りです。

①全職員へのMIMに対する共通理解の促進

　校務運営等の重点課題としてMIMを取り上げたり、年間計画へ位置づけたりすること、また、年度当初の職員会議で「MIMの取組は一年生担任だけの取組ではないこと」を全職員に周知していました。

　同時に、全職員を対象に、MIMについての校内研修を行う学校も多くみられています。MIMの実践授業を初任者研修等の一環として行っている学校もありました。

②MIMに関する校内支援体制の構築

　MIMを校内で組織的に推進していくために、役割分担を明確化している学校が多くありました。例えば「月ごとのMIM-PM結果の把握・分析担当」「教育的ニーズのある子どもの一覧表の作成と支援計画の立案担当」「研修計画・実施担当」等に分け、教頭や主幹、研究主任等の先生方がこれらの役割に積極的に関わっていました。校内でMIMのコーディネーターを決めたり、校務分掌に位置づけたりすることで、年度当初から計画的にMIMを実施できるといった意見も聞かれました。

　「①全職員のMIMに対する共通理解の促進」とも関連しますが、MIMに関する年間計画の立案や、これらの役割分担を年度当初に行うことが重要であったと指摘する学校も多くみられています。

　さらには、毎月の学力向上委員会等において、MIMの進捗状況を報告したり、点検したり、交流したりし、定期的に評価しながら取組を進めている学校もありました。これに付随して、校内委員会でMIMの協議時間を取り、「支援が必要な子どもと具体的な今後の取組」「専門家や外部機関との連携」について検討しているところもありました。

③管理職をはじめ全職員が2ndステージ、3rdステージ指導のスタッフ

　管理職の先生方が、2ndステージ指導や3rdステージ指導の指導者として関わること、職員室や校長室等の場の提供を行うこと等は多くの学校で

報告されています。具体的には、朝学習の15分間や給食準備時間の15分間等を活用し、2ndステージや3rdステージ指導を要する子どもたちに直接的に、管理職の先生等が指導していました。

④協働してMIMの教材づくり

MIMで使用する教材や、MIM-PMの印刷等を教頭先生や担任外の先生方が行っていた学校もありました。

⑤MIMはやくちことば担当を通して子ども理解

「MIMはやくちことば」検定を実施し、その聞き役として校長先生があたっている学校が多くありました。このような役割を担うことで、子どもの実態に直接的に触れられ、効果的な支援体制を構築する一歩になったようです。

⑥家庭との連携

入学式でのMIMの説明、PTA総会や、学校便りでのMIMの紹介の他、授業参観でMIMを取り上げる学校も多くありました。

家庭学習にMIMのプリントを配付し、採点を保護者に依頼している学校もありました。家庭学習においては、保護者とともにMIMを学ぶ機会が持てたことは有意義であったと指摘しています。特に、2ndステージ、3rdステージ指導になると、MIMのプリントを宿題として出し、家庭と連携しながら学習を進めていくことで効果を上げた学校もありました。

まとめ

以上のような取組を行った結果、各学校においてどのような成果が得られたのでしょうか。

今回ご紹介した多くの学校では、MIMを実践するにあたり、学校特有のゴールを設定していました。例えば、「年度末には、2ndステージや3rdステージの子どもを作らない」「全児童を1stステージ到達へ」といった具合です。そして実際にそれらを達成している学校もありました。

その他の成果としても、「MIMについて全職員が共通理解できているため、朝学習や給食準備の時間等に、少人数または個別の指導を全教職員がいつでも指導できた」「全教職員が共通理解することで、他学年での実施にもつながり、効果をあげた」といった指摘もみられました。まさしく、「皆で1年生を支える」だけでなく、「皆で全児童を支える」ところまで実践された好例だと思います。

ともすると、教材準備等については負担を感じやすい面も否めませんが、「担任外の先生方でMIMの教材を作成したことで、協働的意識の高まりがあった」とする前向きな意見も聞かれました。同じ作業をするにしても、こうした気の持ちようは、きっとMIMの実践にも影響するのではないかと感じました。

さらに、「保護者の協力も得られたことで、2ndステージや3rdステージ指導対象の子どもを減らすことができ、子どもも楽しみながら学習を進めることができている」といった嬉しい報告も聞かれています。

MIMの取組年数が増えるにつれ、教材のストックができ、1年生担任による次年度への引き継ぎがスムーズになったとする学校がある一方、これら引き継ぎに関する課題を挙げている学校もありました。

そこで、MIMに関する校内支援体制を構築する際には、横断的のみでなく、縦断的にMIMをみられる人の存在の重要性が浮かび上がりました。実際に、年度を超えてMIMに関わる立場を作ったことで、昨年度までのデータや、実践上の工夫等を1年生担任にスムーズに伝えることができ、効果的だったとする声もあります。

こうした管理職の先生方をはじめとしたMIMに関する校内支援体制の構築により、実際に1年生の担任の先生方からも、「顕著なつまずきを示す子どもに対して、校内で支援体制ができたことがとても有難い」「チームでのMIMの取組が、2ndステージや3rdステージの子どもを引き上げるのにとても有効であった」「組織的な取組により、3rdステージ指導の子どもをなくすことができた」「MIMの教材がいつでも準備されているため、1年生以外でもすぐに活用できている。他学年の指導にも有効であった」といったさまざまな効果が実感されています。

家庭との連携についても、具体的に保護者からの声が寄せられていました。いくつかご紹介する

と、「毎回、子どもの結果を知らせて頂くので、どれくらいできているかがわかります。だから家でも関わることができます」「親子でどちらが速くできるかを競争して、楽しく取り組むことができました」等々です。他にも、1学期末の個人面談で、保護者へMIMについての理解・啓発を行ったことで、2ndステージや3rdステージ指導対象の子どもの家庭と連携して学びを促すことができたとの意見もありました。

　他学年への効果については、ある6年生のエピソードが紹介されています。6年生ということで、飯塚市でも当時1年生にはMIMは導入されておらず、MIMを経験していなかったお子さんです。しかしながら、校内支援体制を構築したことにより、6年生という段階でMIMの指導法に触れ、自信をつけていった様子が印象的でした。その子自身、「（本の中の言葉が）いきなり見え出してきた」と語ったそうです。

　どこで、誰が、MIM（の指導）を待っているか、わかりません。しかし、着実にそういう子どもたちがいるのであれば、確実に届けていけるとよいなと思うのです。

【文献】
- 海津亜希子（2006）．日本におけるLD研究への示唆－米国でのLD判定にみられる変化をうけて－．LD研究, 15(2), 225-233.
- 海津亜希子（2009）．通常の学級における学習につまずきのある子どもへの多層指導モデル（MIM）開発に関する研究．2006-2008年度文部科学省科学研究費補助金若手研究（A）（課題番号18683008，研究代表者：海津亜希子）研究成果報告書．
- 海津亜希子（2010）．多層指導モデルMIM 読みのアセスメント・指導パッケージ─つまずきのある読みを流暢な読みへ─．学研教育みらい
- 海津亜希子（2012）．読みの流暢性に関する発達的検討─Multilayer Instruction Model-Progress Monitoring(MIM-PM)を用いて─．LD研究, 21, 238-250.
- 海津亜希子（2013）．通常学級のLD等へ科学的根拠のある指導提供をめざした多層指導モデル汎用化の構築．2010-2012年度JSPS科研費若手研究（A）（課題番号22683015，研究代表者：海津亜希子）研究成果報告書．
- 海津亜希子（2014）．高い実践性を有する多層指導モデルMIMの創造をめざして．LD研究, 23(1), 41-45.
- 海津亜希子（n.d.）．すべての子どもたちに使いやすい教科書であるために～「新編新しい国語」における特別支援教育への対応．東京書籍．https://ten.tokyo-shoseki.co.jp/text/shou/about/files/web_s_kokugo_ud1.pdf（2016年7月7日）．
- 海津亜希子（2015）．RTIとMIM．LD研究, 24, 41-51.
- 海津亜希子・平木こゆみ・田沼実畝・伊藤由美・Vaughn, S.（2008）．読みにつまずく危険性のある子どもに対する早期把握・早期支援の可能性─Multilayer Instruction Model-Progress Monitoringの開発．LD研究, 17(3), 341-353.
- 海津亜希子・玉木宗久（2011）．発達障害のある子どもの国語科におけるつまずきと支援．平成23年度用「新しい国語」教師用指導書（研究編）巻頭解説（小学校1～6年上巻）．3-7，東京書籍．
- 海津亜希子・田沼実畝・平木こゆみ（2009）．特殊音節の読みに顕著なつまずきのある1年生への集中的指導─通常の学級でのMIMを通じて─．特殊教育学研究, 47(1), 1-12.
- 海津亜希子・田沼実畝・平木こゆみ・伊藤由美・Vaughn, S.（2008）．通常の学級における多層指導モデル（MIM）の効果─小学1年生に対する特殊音節表記の読み書きの指導を通じて─．教育心理学研究, 56, 534-547.
- 小森茂（代表）（2015）．新編あたらしいこくご─上．東京書籍．
- Simmons, D. C., Coyne, M. D., Kwok, O., McDonagh, S., Harn, B. A., & Kame'enui, E. J. (2008). Indexing response to intervention: A longitudinal study of reading risk from kindergarten through third grade. Journal of Learning Disabilities, 41(2), 158-173.

column 3 MIMの指導法が教科書に！

　今から数年前のことです。平成23（2011）年度用の小学校国語の教師用指導書（研究編）に、「発達障害のある子どもの国語科におけるつまずきと支援」と題して文章を寄せることになりました（海津・玉木, 2011）。その打ち合わせを兼ねてお会いした当時の小学校国語の編集長の方に、「指導書の中でこうしたつまずきのある子どもの支援について取り上げることも重要ですが、次回の教科書改訂時には、ぜひ『教科書』自体を子どもたちにとって、よりわかりやすいものにしてください」と僭越ながら申し上げたことがあります。その際、「小学校１年生で学ぶ特殊音節の重要性」とともに「そのつまずきやすさと要因」、さらには、特殊音節のつまずきを予防・克服するために取り組んでいた「MIMの指導法」についてお話しました。

　それから数年後のこと、突然連絡があり、「次期教科書改訂の際、1年生の国語の教科書に MIMの指導法を取り入れたい」とおっしゃってくださったのです。あの日、私が申し上げたことを大切に心に留めていてくださったことに深く感動しました。立場は違えども、子どもたちに少しでも良いものを届けたいとの想いがつながった瞬間でした。

　平成27（2015）年度用の小学校国語1年生の教科書では、「促音」「長音」「拗音」「拗長音」といった特殊音節が、MIMの指導法で用いている視覚化や動作化とともにわかりやすく示されています（図40）。授業の中で、子どもの学力の基盤を作るであろうこうした大切な要素を、科学的根拠に基づいた指導法を用いながら、しっかりと教えるという意図および意志がここからは伝わってきます（海津, n.d.）。

　従来の教科書では、なかなか十分に学びきれなかった子どもたちから発想・開発されたMIMの指導法が、「すべての子どもたちが学ぶ教科書」に採用され、より一層の学びやすさの追求に貢献したことは非常に誇らしいことだと思うのです。

図40　『新編 あたらしい こくご一 上』

第2章

アセスメントをもとにした
1st、2nd、3rdステージの指導
～10年間の実践を通して見えてきたもの～

杉本 陽子

章のはじめに

　2章では、MIMの具体的な実践について紹介します。
　1st～3rdまでそれぞれのステージごとに、つぎのような視点を大切にして書いていきます。

> Ⅰ　大事にしたいこと
> Ⅱ　アセスメントの結果の見方・活かし方

　特に大事にしたことは、「アセスメントの結果を具体的な指導につなぐ」ということです。
　各ステージでの指導方法の紹介では、MIMアセスメント指導パッケージに収録されている教材のいろいろな活用方法も数多く紹介しています。
　さらに、MIMの実践を通して筆者が新たに作成した教材やMIMの指導を行う以前から特殊音節の指導で作成し、活用していた教材を使った指導についても紹介しています。
　子どもの実態はさまざまです。アセスメントの結果を活かして、それぞれの実態に応じた指導を行うのですから、一つの教材であっても使い方は、子どもによっていろいろ違ってくると思います。
　MIM指導パッケージの中にある教材だけにこだわらないのは、パッケージが提案している基本的な指導方法に加えて、その考え方に基づいた「その子にとって必要な応援」を考えることも大事にしたいという思いからです。
　この章を読まれた方が、「そうだ、この教材はAちゃんにはこんな使い方をするとうまくいくかも？」と指導のアイデアが広がっていくようなヒントをつかみ、いろいろな方法で子どもの学びを支える手助けができるようになることを願っています。
　今、何を目的にどんな指導を誰にするのか、子どもの実態から出発するためには、アセスメント結果を指導に活かすことが不可欠です。そのために、アセスメントの見方や活かし方についても触れています。
　また、本章には、一つ一つの指導の中に、子どもを丁寧に育てていく視点がちりばめられています。
　この章が、みなさんの日常の指導に活かされ、子どもたちの「できた！」の自信と「わかった！」の笑顔に繋がることを願っています。

1st ステージ指導について

1stステージ指導で大事にしたいこと

大事にしたいこと・その1
授業は、視覚化・動作化を取り入れて

　1stステージでは、教科書の単元に沿って特殊音節の指導が出てきたときにMIMのパッケージを活用し、視覚化・動作化を大事にしながら指導をしていきます。

　耳で聞いただけでは消えてしまう音を目で見て確認できるように視覚化したり（図1）、手の動作で音を体感できるように動作化したりしながら（図2）、音と文字を丁寧につないでいく指導を行います（図3）。

図1　視覚化：音の特徴を見て確認

  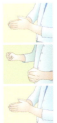

図2　動作化：音の特徴を動作で確認

図3　視覚化・動作化を通して音から文字につなぐ

大事にしたいこと・その2
ことば遊びやことばに触れる機会を意図的に作る

　生活経験、ことばに対する興味の度合い、語彙の量など、子どもたちはそれぞれ違いがあります。そこで、ものの名前に興味をもたせたり、いろいろなことばがあることを知らせる機会を作っていきたいものです。そのときには、そのことばのもつ意味についても丁寧に説明していきます。
　そこで、よく行うゲームを2つ紹介します。教師が、学習したことばを日常に使う場面を意図的に作り、多くのことばにふれさせ、楽しめる時間を大切にします。

トントンしりとり

ねらい
・音を意識して、ことばを思い浮かべることができる。
・リズムに合わせて、ことばを言う。
・語彙を増やす。

所要時間 10分
活用場面 隙間時間など
準　備 なし

進め方
①しりとりの順番を決める
②教師は、「これからしりとりはじめるよ」と子どもたちに言って、「しりとりの『り』どうぞ」と一番の子どもを指します。
③1番の子どもから順にしりとりを言っていきます。例えば、1番の子どもが「りんご」と言ったら、みんなで手を2回たたきながら、「トントン、ゴ」と一番最後の音を言います。すると、次の子どもが「ごりら」や「ごま」などと続けていきます。手を2回トントンと叩く間に、しりとりを考えながら自分の順番が来たらしりとりを言っていきます。
※しりとりの途中で子どもから普段使いなれないことばや、難しいことばが出てきたときは、全体にそのことばがどんな意味かを知らせていきます。

MIMはいつやるの？

　研修会に行くと「いつ、MIMをやるんですか？」という質問を多く受けます。
　福岡県飯塚市の例をあげると、1学期（1stステージ）は、教科書の単元の中に特殊音節の指導が出てきた時点で実施します。視覚化や動作化を用いながら丁寧な指導をし、『ちょっとプリント』などを用いた宿題や、隙間の時間を活用したゲームなどで定着を図っています。
　2学期からは、教科書には特殊音節の指導を単元としたものは出てこないので、教師が意識的にアセスメントであるMIM-PMの結果を活かしながら、年間を通じて指導を行っていくことが大切です。

アセスメントをもとにした
1st、2nd、3rdステージの指導

1st

■ ○○なぁに？ ゲーム

ねらい
・リズムに合わせて、ことばを言う。
・求められた要素に合わせて、ことばを想起する。
・語彙を増やす。

所要時間 10分

活用場面 隙間時間

準 備 なし

進め方
①子どもたちはゲームの順番を決めます。
②例えば、教師が「今日は赤いものなぁに？ ゲームをします」と言います。
③教師は、1番の子どもに「赤いものなぁに？」と聞きます。
④子どもは、赤い色のものを考えて「いちご」と答えます。
⑤他の子どもたちは、いちごが赤いものだと思ったら、「あるあるいちご」と返事をします
⑥教師は、次の子どもに「なぁに？」とリズムよく尋ねます。
⑦次の子どもは「ポスト」と答えます。
⑧他の子どもたちは、ポストが赤いと思ったら「あるあるポスト」と答えます。
⑨もしもお題に合わないものの名前を言う子どもがいたら、全員で「どうして？」と尋ね、その理由を聞きます。答えた子どもにはその子どもの考え方や言い分もあるはずなので、大事にしてあげます。

第2章 アセスメントをもとにした 1st、2nd、3rdステージの指導

1st

大事にしたいこと・その3
単元の中だけの指導ではなく、
機会をとらえて既習の特殊音節の定着を図る

　特殊音節の単元で視覚化や動作化を用いた指導が終わったら、教師は日常の授業の中でこれらを使う場面を意図的に増やしていきます。そうやって子どもたちに視覚化・動作化を定着させることが大切です。
　「視覚化・動作化を取り入れ、丁寧に指導をしたので誰もがわかっているはず」ではなく、機会を上手にとらえ繰り返すことで、理解が十分ではなかった子ども、できるまでにもう少し練習が必要な子どもを支援していきます。
　例えば、教科書の中に特殊音節が出てきたら、
①動作化をさせる
②特殊音節のことばを抜き出して視写や聴写をさせる
③特殊音節のことば作りをさせる
などの方法があります。
　ここでは、ちょっとした時間を使って、子どもたちが楽しく繰り返しながら、特殊音節の定着を図ることができるゲームを2つ紹介します。

■ **パンッとクイズ**（『多層指導MIM 読みのアセスメント・指導パッケージ』ガイドブックP97-98より）

ねらい	動作化によって、促音・長音・拗音・拗長音の特徴が理解できる。
所要時間	5分
活用場面	隙間時間
準　備	・さまざまな特殊音節の入ったことばの絵カード（図4） ・MIM「ことば絵カード」（文字の部分には最初は紙を貼っておく）
進め方	①指導者が、選択肢となることばの絵カードを数枚提示する。 ②①を手の動作化のみで示し、どのことばかを子どもに当てさせる。
ひと工夫	このゲームは「促音」の定着を図るゲームです。 ●促音のことばを選ぶときには次のことに注意をします。 ・「っ」の付く場所が同じことばは選ばない（「ばった」「しっぽ」「かっぱ」は動作が同じになるため） ・一つのことばの中に、他の特殊音節が混じらない（「がっこう」「がっしょう」等は動作が複雑になるため） ●「ことば絵カード」の下を付箋紙などで隠して、問題を提示することもできます。 ●教師が問題を出したり、子どもに問題を出させたりして進めることもできます。 ●促音だけでなく、他の特殊音節でもゲームができます。 ●ゲームの最後には、絵カードに合わせてそれぞれのことばを視覚化し、もう一度みんなで動作化をするなどして、理解を図ることも大事にします。

図4　パンッとクイズ

ちっちゃい「っ」のつくことば集めゲーム

ねらい 動作化によって促音の特徴を理解する。
所要時間 10分
活用場面 隙間時間
準 備 なし

進め方
①指導者が、「ちっちゃい『っ』のつくことば集め」と言うと、子どもたち全員で「スタート」と言う。
②1番の子どもから促音のことばを言いながら動作化をする。
③他の子どもは1番の子どもが言った促音を復唱しながら動作化する。
④2番の子どもが促音のことばを言いながら動作化する。
⑤②～③を順に繰り返す。

ひと工夫 短い時間でできるゲームです。促音のことばにふれる機会を増やしたり、動作化したりすることで、子どもたちが楽しく促音の定着を図ることができます。
- すぐに促音のことばが思い浮かばない子どもには、MIM「ことば絵カード」を準備しておきます。ことばが出てこなかったときは、その場で子どもに「ことば絵カード」の促音表記のカードを見せヒントにします。そうすることで、どの子も安心してゲームに参加することができます。
- この他にも「ちっちゃい『ゃ』のつくことばあつめ」「のばす音のことばあつめ」など、バリエーションを変えたゲームもできます。

II アセスメントの結果の見方・活かし方

5月のMIM-PMアセスメントの見方・活かし方

◆初回のMIM-PMの結果より

図5は、ある小学校のA学級の5月のMIM-PMクラスレポートです。この学級では、5月からMIM-PMをスタートしています。

1回目のMIM-PMを実施する時期は、まだ授業の中で全ての特殊音節の指導が終わっていません。そこで、この時期に丁寧に見ていきたいところは、まず下位の子どもの得点についてです。

A小学校	1年〇組		実施日 20XX年5月14日	
氏名	テスト総合点	テスト①正答数	テスト②正答数	前回との比較
まさお	28	15	13	28
たろう	25	14	11	25
あやこ	20	13	7	20
みきえ	17	8	9	17
だいすけ	15	8	7	15
まゆみ	14	3	11	14
けんじ	13	10	3	13
かつみ	12	8	4	12
じゅんこ	11	5	6	11
はなこ	10	2	8	10
なおこ	10	4	6	10
ゆうき	9	4	5	9
たかゆき	8	4	4	8
きょうこ	8	5	3	8
ひであき	8	7	1	8
いちろう	7	4	3	7
しんいち	7	3	4	7
みほ	7	2	5	7
はじめ	6	3	3	6
みのる	6	3	3	6
やすお	5	1	4	5
かおる	5	2	3	5
まさし	5	3	2	5
けいすけ	5	2	3	5
りえ	4	1	3	4
あきえ	2	0	2	2
かおり	2	1	1	2
やすひで	2	0	2	2
たつや	1	1	0	1
しげる	0	0	0	0
りょうた	0	0	0	0
ともこ	0	0	0	0
平均	8.5	4.3	4.3	8.5
同時期平均	11.8	7.2	4.6	
同時期平均の最高点	17.1	10.0	7.1	
同時期平均の最低点	8.2	5.0	3.2	

図5 A学級のMIM-PM5月（初回）の結果

1st

　元気が良く、行動面で気にならない子どもは、いろいろなことが「できる」と思われがちです。また授業中に活発に発言する子どもは、勉強がわかっていると思われてしまうこともあります。でもそんな子どもの中にも、読みにつまずきを示す子どもがいるかもしれません。

　また、MIM-PMの結果が良くなかった理由として、読めなかったから得点が低かったわけでなく、他の問題が影響していることもあります。

　5月は、最初のアセスメントだからこそ、日ごろ自分が把握している子どもの様子と、MIM-PMの結果を照らし合わせてみることが重要になってきます。

　では、A学級の結果をみていきましょう。

　下位児童であるしげるさん、りょうたさん、ともこさんは**テスト①**、**テスト②**の両方とも0点でした。また、**テスト①**は1点取れていても、**テスト②**は0点の子どももいることがわかります。このことから、これらの子どもには、次のことを確認する必要があります。

1. テストのやり方がわかっているのか？

　　もしも、テストのやり方がわからなくて得点がとれていない（＝問題を解いていない）のであれば、その子の実態を知ることができません。そこで、初回テストでは、得点が低かった子どもの中にテストのやり方がわからなかった子どもはいないかを検討する必要があります。

2. できるけれど、ゆっくりなペースの子どもか？

　　各テストは1分間で子どもの力を見ていきます。もしも時間制限のことを考えることなくマイペースに問題を解いていたらできる子もいるのかもしれません。できるけれどマイペースでやったのでできなかったのか、全く手がつけられなくてできなかったのかをつかんでおくと今後の指導に役立てられます。

3. 例えば、わかっているけれど、わからない問題に直面したときに、手が止まってしまう子か？

　　MIM-PMの**テスト②**の1番には「ふくろけしきかたち」を3つのことばに区切るという問題があります。

　　もしも「ふくろ」を「ふく」で切って「ふくろ」に気づかない、また「けしき」ということばを知らなかった子どもは、そこで手が止まってしまいます。このように1問目がその子にとって難しい問題だったとき、タイムオーバーになってしまう可能性もあります。たまたま難しい問題で手が止まり先に進めなかったのか、他の問題も同じようにできないのかを確認する必要があります。手が止まっただけの子どもには「難しい時は先に進む」というルールを丁寧に教えます。

4. モチベーションに影響されやすい子か？

　　低学年の子どもたちなので、テストの直前の出来事でモチベーションが変わる場合もあると思います。テストの直前に「この子が気持ちよくテストに向かえない出来事がなかったか？」ということなども合わせて見ていくとアセスメントの結果を数字だけで判断することなく、より子どもの実態に和えあせた解決ができます。

　1〜4のような子どもたちへの指導では、まず子どもたちがMIM-PMに向かう時の様子をじっくりと観察します。

　そのようなときにお勧めなのが「プリントじゃんじゃん」です。

プリントじゃんじゃんで子どもの姿を観察しよう

ねらい 時間を気にせず、じっくりと課題に取り組む。
所要時間 5〜10分
活用場面 授業時間
準備
- 初回アセスメントで使用したMIM-PMの問題を印刷したプリント
- **テスト①**を表に、**テスト②**を裏側に両面印刷する（図6）。

図6

進め方
①プリントを配布する。
②テストのやり方を説明する。
③時間制限なしで**テスト①**に取り組ませる。
④教師は、下位の子どものところを机間指導し、どのように問題を解いているのかを確認する。
⑤課題に応じた指導を行う。

課題に応じた指導

1. テストのやり方がわかっていなければ…
プリントじゃんじゃんの時間を使って、机間指導の際に個別にやり方を説明する。

2. ゆっくりペースの子どもであれば…
「○」や「／」を書くのに時間がかかる子→テスト①では「○」の書き方、テスト②では「／」を入れるときの様子を観察し、答えはわかっているのに「○」や「／」を書くのに多くの時間をかけていないかを確認します。時間がかかっているとしたら、スピードに乗って回答していくことを指導します。

急ぐ気持ちがない子→「1分間で○番まで解けるようになろう」と具体的な数値目標を提示して問題に取り組む練習をさせます。

3. わからない問題になったときに、じっと手が止まっている子…

わからない問題があるときは、「1年生が終わるまでにできるようになればいいんだよ」と伝え、今は飛ばしていくことを丁寧に教えます。子どもの様子を観察し、「次をしよう。ここは後で考えよう」など、子どもの手が止まっているタイミングで声をかけるようにします。

4. MIM-PMに対するモチベーションが低い子…

問題がいっぱいあってやる気になれない、**テスト②**の問題が見えづらいなど、他の要素でうまくいってないかどうかの視点も持っておくことが必要です。

これらを指導してもなお、まったくプリントに手がつけられない子どもがいたとしたら、やはり日常の授業の様子を再観察し、支援が必要なときには確実に支援ができるようにしなければなりません。

特に、音読をするときは、文字が読めているかどうかを確かめ、書いてある内容がわかるように説明しながら伝えていくことも大切です。

column 2 MIM-PMだけがMIMじゃない

　以前「MIMを何回やっても成績が上がりません。どうしたらよいでしょうか？」との質問を受けたことがあります。

　子どもの実態や指導内容について確認したところ、この学級は毎月のMIM-PMだけをしていて、その結果を日常の指導に活かすことがうまくできていませんでした。

　MIMは、MIM-PMをすることだけではありません。

　MIM-PMの結果を活かして、子どものニーズに応じた指導を行い、子どもたちが楽に読んだり書いたりできるように指導をすることが大切です。その指導を行うときに参考となるのがMIM-PMで、MIM-PMをするだけで子どもに力がつくわけではないのです。

column 3 MIM-PMはどうして1分間なの？

　ある小学校の先生に、初めてMIM-PMをしたときの様子を聞かせてもらったことがあります。この先生は前日にMIM-PMのやり方を『MIM-PMアセスメント用プリント集』のP3～14までを入念に確認して、当日を迎えたそうです。

　ところが、当日子どもたちにアセスメントプリントを配布しようとしたとき、「あれ？ このテストは1分間で良かったかな？」とふと不安になってきたそうです。その理由は、1分間で子どもたちが解き切るにはあまりにも問題数が多すぎる！ ということが頭をよぎったからだとのことでした。

　この話を聞いた時、「なるほど」と思いました。通常私たちは、子どもが時間内に解き切れることや、やり終えられることを目安に問題の数や時間を設定します。この考え方でMIM-PMの問題数を見ると、確かにほとんどの子どもが終えられる時間設定ではありません。

　ではなぜMIM-PMは1分間という設定で35問もの問題を出しているのでしょうか？

　これには、意図があります。

　それは、だれもが解き終わらない問題数にしているからです。

　もしもテストの度に、やり終える子どもといつもできない子どもがいたらどうでしょう？ 子どものモチベーションは…？

　そこで、テストのときには「このテストは1年生だけでなく6年生までもするテストです」などの説明も加えて、レベルは違っても、どの子も「1問でも多く解くぞ！」という同じ思いを共有しながら、気持ち良くMIM-PMができるようなしかけがしてあるのです。

6月のMIM-PMの結果の見方・活かし方

◆6月のMIM-PMの結果より

図7は、6月のA学級の、MIM-PMのクラスレポートです。

6月になると、清音だけでなく、濁音・半濁音、長音、促音などの指導も終わっている頃なので、そろそろ赤や黄色のマーカーの数が気になり、赤や黄色のマーカーの数だけを見てがっかりしたり、喜んだりすることが出てくるかもしれません。

しかし、赤や黄色のマーカーの数に一喜一憂しているだけでは、子どもたちに本当に必要な支援を届けることができません。

学級全体として必要な指導は何か、個々に目を向け、この子にとって必要な指導は何かを考えることが重要です。そこで、こうした視点を持ちながら結果をどう見ていくかについてご紹介します。

氏名	テスト総合点	テスト①正答数	テスト②正答数	前回との比較
はなこ	欠席			
たろう	33	16	17	8
まさお	31	17	14	3
みきえ	27	12	15	10
だいすけ	21	9	12	6
あやこ	20	13	7	0
けんじ	19	11	8	6
みほ	17	9	8	10
なおこ	16	10	6	6
いちろう	15	7	8	8
やすお	15	10	5	10
ひであき	15	6	9	7
みのる	14	7	7	8
りえ	14	7	7	10
しんいち	13	6	7	6
けいすけ	13	8	5	8
まゆみ	12	6	6	-2
かおり	12	6	6	10
かつみ	12	5	7	0
きょうこ	12	7	5	4
まさし	11	5	6	6
たかゆき	11	5	6	3
やすひで	10	6	4	8
たつや	10	6	4	9
はじめ	9	6	3	3
しげる	9	8	1	9
ゆうき	9	4	5	0
あきえ	9	6	3	7
じゅんこ	9	5	4	-2
かおる	7	2	5	2
りょうた	5	4	0	4
ともこ	3	3	0	3
平均	13.9	7.5	6.5	5.5
同時期平均	14.4	9.6	4.8	
同時期平均の最高点	20.7	13.2	7.5	
同時期平均の最低点	9.8	6.8	2.6	

図7　A学級のMIM-PM6月の結果

◆個々の子どもの伸びを確かめましょう

5月に比べて個々の子どもの得点が伸びているかを、確認しましょう。

たとえマーカーがついていたとしても、それぞれに伸びがあれば、まずはそれぞれの子どもの読みが育ってきていると判断して良いと思います。

●子どもの伸びが確かめられたら…

1点でも伸びていたら、その子に伸びを伝えてあげましょう。特に、下位の子どもたちの励みになると思います。

●前回との比較でマイナスがついている子どもがいたら…

問題自体を確認します。どんな風に解いたのか、練習用のプリントで子どもの様子を再観察し、どこでつまずいているかを確認することも大切です。

◆学級全体の特徴をつかみましょう（テスト①が低い場合）

総合点、**テスト①**、**テスト②**の得点が児童ごとに記入してありますが、その枠の下の学級平均や同時期平均にも目を向けてみましょう。

例えば、A学級は、**テスト①**の学級平均が7.5に対して同時期の平均は9.6になっています（図8）。

けいすけ	13	8	5	8
まゆみ	12	6	6	-2
かおり	12	6	6	10
かつみ	12	5	7	0
きょうこ	12	7	5	4
まさし	11	5	6	6
たかゆき	11	5	6	3
やすひで	10	6	4	8
たつや	10	6	4	9
はじめ	9	6	3	3
しげる	9	8	1	9
ゆうき	9	4	5	0
あきえ	9	6	3	7
じゅんこ	9	5	4	-2
かおる	7	2	5	2
りょうた	4	4	0	4
ともこ	3	3	0	3
平均	13.9	7.5	6.5	5.5
同時期平均	14.4	9.6	4.8	
同時期平均の最高点	20.7	13.2	7.5	
同時期平均の最低点	9.8	6.8	2.6	

図8　A学級のMIM-PMクラスレポートの学級平均と同時期平均

一方、**テスト②**の学級平均が6.5に対して、同時期平均が4.8となっています。つまり、A学級は**テスト①**の得点が思うように伸びていないことがわかります。この結果は、ルールの理解が十分でないことを示しています。

◆同時期の平均と比較して、テスト①のクラスの平均点が落ちていたら

　テスト①の得点が低いのは、ルールの理解が確かでない可能性があります。そこで、MIMガイドブックの指導方法を再度確認し、子どもたちにもう一度ルールの確認をさせましょう（図9）。

●長音ルールの指導例

　長音の特別ルール（基本的には「お」と伸ばしても、書く時には「う」と書きますが、例外では「お」と伸ばして、そのまま「お」と書くものがあります）を教える際には、紙芝居を読んであげたり、みんなで歌を歌う場面を意図的に多くもつことで、長音の特別ルールを確かにすることができます。「おおかみと ほおずきと こおろぎ」（井上、杉本, 2011）という紙芝居も、長音の特別ルールが適用される登場人物（例：おおかみ）等が出てきます。楽しみながら学べることをねらっています。

図9 「長音」の特別ルールの指導例

●拗音ルールの指導例

　拗音さんかくシートを使って、文字と音がどう混ざり合い（速く言う）、どう分解するか（ゆっくり言う）の再確認を行います（図10、11）。

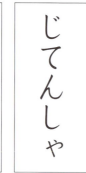

図10　拗音の文字カード

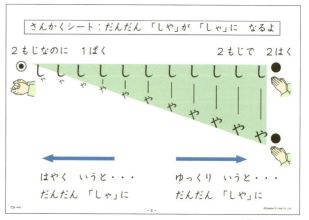

図11　拗音さんかくシート

第2章 アセスメントをもとにした 1st、2nd、3rdステージの指導

①先生が拗音のカードを黒板に提示し、みんなで読む。

②ちっちゃい「ゃ」「ゅ」「ょ」の文字のところに、視覚化の記号を貼る。

③拗音さんかくシートで読み方を確認する。みんなで読む。

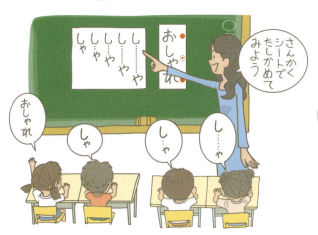

個別に指導

このように、文字を見て音がわからないときは、どのようにして読み方を思い出したらいいのかをルールを押さえながら丁寧に指導していきます。

拗音さんかくシート

　拗音さんかくシートは、とても使い勝手の良い教材です。「プリントじゃんじゃん」の机間指導の際、私は必ずこのさんかくシートを持ち歩きます。うまく読めないときはすかさずこのシートを子どもに見せて、音を作っていきます。シートは、図12のようにそれぞれの音を1枚ずつ提示するやり方もありますが、子どもによっては、「や」「ゆ」「よ」が全部見えた方が良い場合もあります（図13）。そこで、さんかくシートは、2つのタイプをそろえておくと便利です。

　また、さんかくシートは読み方がわからない時だけに使うものではありません。例えば、「ちゃわん」と書きたいのに、書き方がわからない時はさんかくシートを使ってゆっくり言わせましょう。そうすると、「きゃ」は、「き」と「や」でできていることがわかり、「きゃ」と表記することがわかるようになっていきます。

図12
拗音さんかくシート
（1枚版）

図13
拗音さんかくシート
（「や」「ゆ」「よ」版）

●MIM特殊音節ルールの覚え方—「ちょっとかわったよみかたのうた」—（図14）

　この歌には、「促音」「長音」「拗音」のルールが含まれています。この歌を歌うことで、それぞれのルールが速やかに思い出せるようになっています。

　歌を歌った後、促音のことばを手でたたいたり、さんかくシートを提示しながら拗音のことばを読んだりしながら丁寧に指導していきます。読めない特殊音節に出会ったときに、子どもたちが自分の力でルールを思い出すことができるようにしています。

図14　ちょっとかわったよみかたのうた

第2章 アセスメントをもとにした 1st、2nd、3rdステージの指導

　図15は、6月のMIM-PMの結果を受けて、授業の中でルールの押さえ直しをしたあとの7月のA学級のMIM-PMの結果です。**テスト①**の結果が伸びていることがわかります。マーカーの数も少し減っています。

図15　A学級の6月と7月のMIM-PMクラスレポートの比較

1st

■7月のMIM-PMの結果の見方・活かし方

◆7月のMIM-PMの結果（テスト②が低い場合）より

図15をもう一度ご覧ください。A学級は、6月の結果を受けて、特殊音節のルールを丁寧に指導してきた結果、**テスト①**は、同時期の平均を上回りました。

テスト①の理解は深まってきたようですが、**テスト②**では、学級平均が7.0に対して、同時期の平均が7.4。一見するとそんなに差がないようにも思えますが、個々の**テスト②**の得点を丁寧に見ていくと次のようなことが見えて来ます。

1stの子どもであっても、テスト①に対してテスト②の正答数の差が大きい子どもがいる

正答数の差は、**テスト①**の同時期平均と**テスト②**の同時期平均の差で見比べています。例えば、7月の同時期の**テスト①**と**テスト②**の平均は、11.8と7.0です。そこでその差は4.8になります。1stステージ児童の中にも、2つのテストの差が4.8以上ある子どもが、学級全体の46%になっています。特に、1stステージの子どもにこの傾向が高くなっています。

MIMのガイドブック52ページの1年生の標準得点表（月単位）を参考にみていきましょう。7月の標準得点表では、**テスト①**は8点以上で1st、**テスト②**は6点以上で1stとの判断になります。なおこさん、きょうこさん、かおりさん、はじめさん、じゅんこさん、たつやさんは、**テスト①**は1stの得点が取れているのに対して、**テスト②**は**テスト①**の半分も点が取れていません。つまり、**テスト②**の得点がもう少し上がると黄色のマーカーが取れ、1stステージになる可能性がでてきます。

このようなことから、A学級は、特殊音節のルールは定着してきましたが、**テスト②**の特徴である、かたまり読みの力や語彙が少ない傾向にあることが推測されます。

そこで、1学期は、ことばに興味を持たせることを大切にしたい時期でもあるので、ことば遊びを意識的に多く取り入れるようにしていきます。

このように、自分の学級がいまどれくらいの力を付けているのかを確かめるには、「学級平均」や「同時期平均」の数値を比較する方法もあります。

■ MIMことば絵カードでクイズ

MIM「ことば絵カード」（図16）の赤枠のなかのことばの説明を使って、クイズをします。

- **ねらい** ・説明を聞いてことばを想起する。
  ・語彙を増やす。
- **所要時間** 5〜10分
- **活用場面** 授業時間
- **準備** MIM「ことば絵カード」

図16　MIM「ことば絵カード」

進め方
① 教師が、枠の問題を読む。
② 教師が説明したものが何であるかを子どもが答える。
③ 答えが合っていたら、一緒に例文を読んだり、ことばの意味について説明したり、短文作りをするなどの活動をします。
④ 問題を友達同士で出し合ったりしながら、いろいろなことばにふれさせていきます（図17）。

| としした の おとこ の きょうだい。 | なかみ の きいろい おおきな やさい。 ウリ の なかま。 | いろいろな おとを くみあわせて うたったり、がっきで えんそう したり して あらわす もの。 | もりや はやしに すむ とり。 くちばしが するどく、みき の なか の むし を ほりだして たべる。 |

図17

ひと工夫 ことばによる説明だけではわかりづらい場合、ヒントとなる絵（MIM「ことば絵カード」のイラスト部分）を手がかりとして見せても良いでしょう。

MIM「ことば絵カード」で3ヒントゲーム

ねらい
・適切にことばを説明する。
・語彙を増やす。

所要時間 5〜10分

活用場面 授業時間

準備 MIMのパッケージの中のCD-ROMデータから、MIM「ことば絵カード」を一人35枚（7種類×5枚）ずつ印刷（図18）。

進め方
① MIM「ことば絵カード」を35枚ずつリングでまとめたものを一人に1束ずつ配る。
② 2人一組になり、カードの中から交代で3ヒントの問題をだす。

図18
MIM「ことば絵カード」の1セット

ヒント1
「き」からはじまることばです

ヒント2
4時間目が終わったらやってきます

ヒント3
みんなで「いただきます」と言って食べます

67

column 5　CD-ROMデータを「見える化」しよう！

　MIMのパッケージの中にあるCD-ROMには、あると助かるさまざまなデータが入っています。けれども、日々時間に追われる中で、「そのデータをゆっくり見る時間が持てません」「そんなデータがあのCD-ROMの中に入っていたのですか？」と言われる先生もいます。

　せっかくのデータをうまく使いこなすためにお勧めしたいのが、「まずはCD-ROMデータの中身を全てプリントアウトする！」ことです。担任だけでは大変かもしれませんが、教頭先生や教務等の先生、支援員さんなどがこの作業をしている学校も多くあります。

　私の学校では支援員さんにお願いして、全部のデータをプリントアウトし、ファイルにまとめてもらいました。ちなみにこの作業にかかった時間は、プリントアウト 45分、ファイルにとじる 10分でした（図19）。

　一度この作業を行っておけば、以後１年生の担任及びMIMのパッケージを活用する人は皆、このファイルを使って必要な資料をすぐに取り出すことができ、指導に活かすことができるようになります。

　例えば、「こんなプリントがあったら印刷したいなぁ」「宿題に、長音のトレーニングを出したいなぁ」「MIM-PMのデータの入力ってどうしたら良かったかな？」「ちょっと時間があるので、授業でゲームをやってみたいなぁ」「他の学校では、どんな指導をしているんだろう？」などと思った時、すぐに必要な情報をファイルから探し出すことができます。

　CD-ROMでは、どのホルダーに入っているのかがわからなくて、カチカチとクリックする時間が必要になってきますが、目に見える形で情報を印刷しておくことで、時間をかけずに見つけることができるようになります。また、一つの探し物をしながら、別の有効なプリントが目に入ったりすることもあります。データはぜひ「見える化」での保管をお勧めします。

　また、足立区のMIM推進委員（MIM実践者と教育委員会が連携して作った組織）のみなさんは「MIMデータライブラリー」の一覧表を作成しています（図21）。これは、MIMのCD-ROMデータの中のタイトルホルダーの中身がどんなデータになっているのかを簡単にまとめたものです。

　それぞれが使い勝手のいいように、またパッケージを余すことなく使うために、必要なものを作りだす視点も持っておくのはどうでしょうか。

図19　MIMのパッケージ内のCD-ROMの「見える化」

第2章 アセスメントをもとにした 1st、2nd、3rdステージの指導

　MIMデータライブラリーのCD-ROMをパソコンで見てみると、図20のように表示されます。でも、これでは、どこに何が入っているのかわかりません。足立区のMIM推進委員の皆さんが作成した一覧表（図21）は、図20の赤枠で囲んだ部分について、どこに何が入っているかが一覧で具体的にわかるようにしています。これにより、例えば「cyotto」と表示されているフォルダは、「ちょっとプリント」のことで、その中には「絵に合うことばさがし」や「3つのことばさがし」のデータが入っていることがわかります。

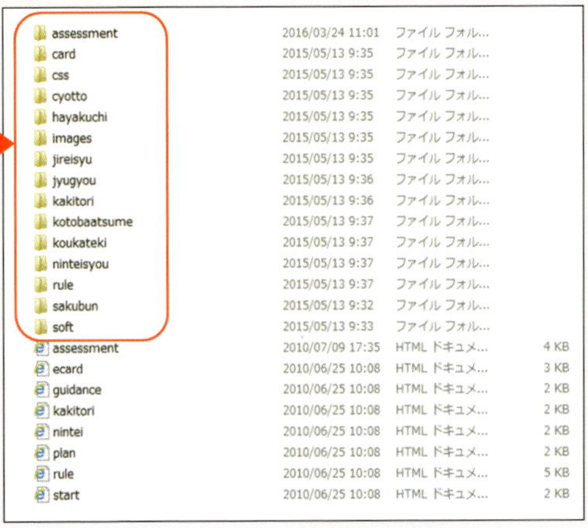

図20　「MIMデータライブラリー」の一覧表

図21　「MIMデータライブラリー」の一覧表（一部改変）

column 6　みんなの知恵を結集させよう

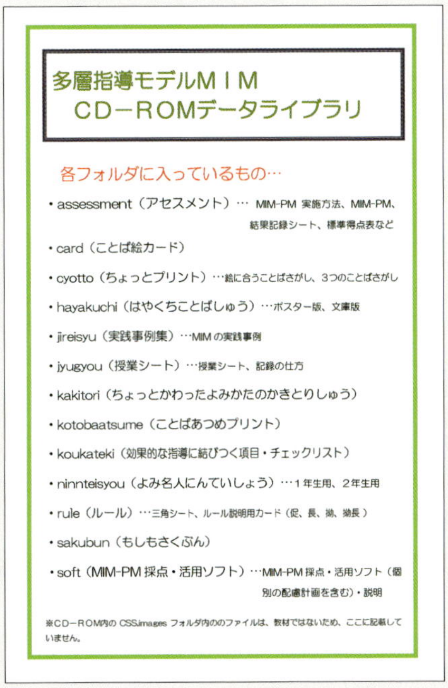

　みなさんは、MIMのWebサイト（P185参照）をご存知でしょうか？　ここには、MIMに関するさまざまな情報が数多く詰まっています。その中に、「意見募集」コーナーがあります。自分の学校で作った資料、自分が実際に使ってみて良かったと思う情報などがあれば、その情報を寄せてみませんか？

　一人の教師ができることは、ほんの少しかもしれませんが、その1人が10人になれば、10通りの応援グッズが集まります。

　みんなの知恵を、力を、結集させて、子どもたちによりよい支援を届けていきましょう。みんなで共有することで、準備などの時間を子どもへの指導に回すことができるようになります。

http://forum.nise.go.jp/mim/

2nd ステージ指導について

I 2ndステージ指導で大事にしたいこと

大事にしたいこと・その1
指導する単元や学習内容の計画を立てる

　1stステージ指導では、教科書の中で特殊音節の単元が出てきたところで、MIMのパッケージ等を活用することで指導していきます。教師は、「いつ、どの単元で指導をしよう？」などと、ことさら意識していなくても自動的にMIMの考えを活かした指導場面を持つことができます。

　しかし、2ndステージ指導では、教師が「この単元ではこの内容を押さえよう」「こんな時間を使って2ndステージ指導を行おう」という意識がなければ、日々の指導に追われて指導時間を生みだすことが難しくなってくる可能性があります。

　1stステージ指導のみでは、十分な理解が得られなかった子どもたちへの指導が後回しになってしまわないためにも、2ndステージ指導では、まず第1に、「この単元で」「こんな時間を使って」指導を行おうという計画が大切になってきます。

　2ndステージ指導対象の子どもたちが確実に特殊音節を身につけるまでには、繰り返しの学習が必要です。悩んだり、間違えたりして負担感を感じながら学びとらせていくのではなく、「こうするとできた」「またやりたい」という気持ちを育てながら定着を図ることが大切です。

　正しく、楽しく繰り返すための学習内容の吟味や、2ndステージ指導対象の子どもに教師が手厚く関われるような人的配置の工夫も含めて考える必要があります。

　その際に有効と思われるのは、MIMの指導を含んだ年間指導計画の作成です（P33参照）。

　各教育委員会がこのような年間指導計画を作成し、MIMを実践するにあたり担任の先生方の参考資料としているところもあります。

　私の市では、年度当初第1回目のMIM指導者研修会の際に、地区ブロックごとに集まり、教科書や指導書を実際に見ながら年間指導計画について協議をする時間を設けています。

　詳細な計画は立てられなくても各ステージの指導を、どの単元で指導できるかという見通しを持つことで、MIMを計画的に継続して指導することが可能になります。

大事にしたいこと・その2
一斉指導で複数のステージに対応する授業作り

2ndステージ指導は、1stステージの指導のみでは習得が難しかった子どもたちに光を当てながら、一斉指導や小集団の中で手厚い指導を行うステージです（図1）。

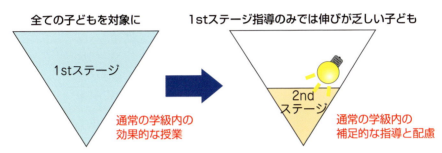

図1　1stステージ指導と2ndステージ指導との関係

教師が指導を行うときに、1つの教室の中に　1stステージ指導対象の子どもから2ndステージ指導対象の子どもまでが混在している状態になります（図2）。そこで2ndステージ指導対象の子どもへの丁寧な指導を行いつつも、1stステージ指導対象の子どもたちの学びも保障する視点も大切になってきます。既に習得している1stステージ指導対象の子どもたちは、授業に退屈したり飽きたりせずに、楽しみながら参加して更なる習熟を図っていきます。そのためには、一斉指導の中で複数のステージに対応できる授業作りが必要です。

一言で2ndステージと言っても、この中にはあと少しで1stステージになる子どもから、このままでは3rdステージ指導対象になってしまう可能性のある子どもまでいます（図3）。そこで、同じ場・時間の中で、複数のステージの子どもの学びを支える指導方法の工夫が必要です。2ndステージ指導を充実したものにするためには、学級全体としての課題や、個々の子どもの課題に応じた指導を行うことが大切になってきます。

そのためには、MIM-PMの結果や個別の配慮計画を日々の指導に活かしていかなければなりません。

ここでは2ndステージ指導から新たに作成される個別の配慮計画の見方を、B学級を例に紹介していきましょう。

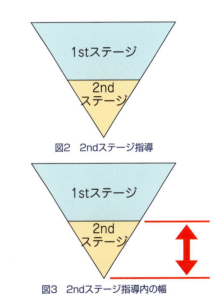

図2　2ndステージ指導

図3　2ndステージ指導内の幅

2ndステージの中にもいろいろな層の子どもたちがいます。

2nd

column 7 MIM-PMの結果と個別の配慮計画の関係

少なくとも7月のMIM-PMを実施すると、個別の配慮計画が表示されるようになります。ただし、より子どもの実態に即した個別の配慮計画を作成するには、5月などから数日実施した上で、個別の配慮計画を作成することをお勧めします。

よくある質問の中に、「9月のMIM-PMをしたのに、9月の個別の配慮計画が表示されません！」というものがあります。個別の配慮計画は、9月の結果を受けてこれからどの子どもに、何を指導するのか、日常で配慮すべきことは何か、などを明確にするものです。ですから、9月のMIM-PMの結果が、10月の個別の配慮計画に反映されることになっています。

つまり、MIM-PMの結果（クラスレポート）は、指導を振り返るもの、個別の配慮計画はMIM-PMの結果を受けて、次の指導を作り出していくものになります。

◆MIM-PMのクラスレポートと個別の配慮計画

図4と5を見てください。これは、B学級の9月のMIM-PMの結果（クラスレポート）と10月の個別の配慮計画です。

B小学校　　1年○組　　実施日 20XX年9月XX日

氏名	テスト総合点	テスト①正答数	テスト②正答数	前回との比較
ひろし	47	26	21	9
かおる	28	15	13	7
かほ	24	10	14	−1
あやこ	22	11	11	7
よしき	22	9	13	−3
しょうた	21	9	12	−3
ゆう	20	9	11	2
まさひろ	20	10	10	−10
のりこ	19	12	7	5
はるか	19	9	10	−3
えいた	19	8	11	−6
ともこ	18	8	10	−6
いくお	16	8	8	5
はるこ	16	8	8	−4
かずと	16	8	8	3
りょう	15	8	7	0
ほのか	14	9	5	2
ようじ	14	5	9	−2
かおり	13	8	5	2
まい	12	7	5	−3
ゆきこ	12	6	6	−2
ゆうと	10	5	5	−2
りな	10	5	5	3
ななこ	10	6	4	0
ともや	10	6	4	−4
はるま	9	5	4	−6
しろう	9	6	3	−1
ひでお	9	5	4	2
あきな	9	4	5	0
ひろみ	8	5	3	1
ゆうや	8	5	3	0
れんたろう	7	3	4	−2
平均	15.8	8.1	7.8	−0.3
同時期平均	19.4	11.0	8.4	
同時期平均の最高点	25.8	14.6	11.2	
同時期平均の最低点	14.9	7.7	6.2	

図4　B学級のMIM-PM9月のクラスレポート

B小学校1年〇組					テスト①						テスト②					
	名前	総合点	テスト①	テスト②	清音	濁音・半濁音	長音	促音	拗音	拗長音	清音	濁音・半濁音	長音	促音	拗音	拗長音
要配慮	れんたろう	7	3	4				■	■				■			■
要配慮	はるま	9	5	4				■								
要配慮	かおり	13	8	5										■		■
要配慮	ともや ★	10	6	4												■
要配慮	ゆうや	8	5	3												■
要配慮	ともこ	18	8	10												
要配慮	りな	10	5	5			■	■								■
要配慮	りょう	15	8	7												
要配慮	えいた	19	8	11												
要配慮	かずと	16	8	8												■
要配慮	ななこ	10	6	4				■						■		■
要配慮	ひろみ	8	5	3				■								■
要配慮	はるこ	16	8	8												
要配慮	ゆきこ	12	6	6												
要配慮	ようじ	14	5	9												■
要配慮	まい ★	12	7	5												
要配慮	いくお	16	8	8												
要配慮	しろう	9	6	3				■						■	■	■
要配慮	ひでお	9	5	4				■			■			■	■	■
要配慮	あきな	9	4	5			■							■	■	■
要配慮	ゆうと	10	5	5											■	■
要配慮	ほのか	14	9	5												■
経過観察	まさひろ	20	10	10										■		
経過観察	のりこ	19	12	7												■

図5　B学級の10月の「個別の配慮計画」

　この2つを照らし合わせてみます。MIM-PMの結果（クラスレポート）でマーカーが付いている子どもたちは、個別の配慮計画でも名前が表示されます。MIM-PMのクラスレポートでは得点の表示しかされませんが、個別の配慮計画では、どこでつまずいているかが■マークで示されていきます。それにより、だれがどこで特に困っているのかを把握することができます。

　また、マーカーが付いていない1stステージ指導対象の子どもの中にも、個別の配慮計画では、「経過観察」という欄に名前が表示されている子どももいます。

◆1stステージの子どもだったら大丈夫！ ではない可能性も？

　私は、市のMIMコーディネーターとしていろいろな学校に出向き、先生方とMIMの指導について話をする機会が数多くあります。子どもたちへの指導を検討するときには、必ず「アセスメント結果を見せてください」とお願いをします。アセスメント結果とは、クラスレポートと個別の配慮計画です。

　個々の課題を示してくれる「個別の配慮計画」を抜きにMIM-PMの結果（クラスレポート）だけを見て2ndステージ指導を行っているとすれば、個々の子どもの課題に応じた適切な支援ができなくなってしまう恐れがあります。なぜなら、個別の配慮計画では、黄色や赤のマーカーのついている子どもたちのことだけでなく、1stステージ指導対象であっても、配慮や指導が必要な子どもについても知らせてくれるからです。それが「経過観察」と書かれた子どもたちです。

　個別の配慮計画を見ながら指導を考えることができていても、見落とされがちなのが、1stステージ対象なのに配慮計画に■マークがついている子どもです。もしも、クラスレポートだけを見て、「この子は

1stステージになった」とか、「この子は2ndステージだからなんとかしなくては」という視点だけで指導を繰り返していたら、苦手な特殊音節がある1stステージの子どもには、気づかないままになってしまいます。このような子どもは、他の特殊音節で点数を獲得しているので、一つくらいわからない特殊音節等があっても1stステージのままでいられるのです。

　あらゆる点で、指導が必要な子どもたちを見落とさないためにも、クラスレポートの赤や黄色のマーカーだけを頼りにする指導から、「個別の配慮計画」を有効活用する指導に転換しなければなりません。

有効活用のコツ！ 個別の配慮計画の表示方法

　個別の配慮計画について、表示方法の変更（データの並び替え）をするだけで、今後学級全体で取り組むべき指導と、個別に必要な指導とを検討しやすくなります。

　【手順】①並び替えをするセル（青枠）を選択
　　　　　②右クリックで「並び替え」を選択
　　　　　③ユーザー設定の並び替えを選択
　　　　　④（1）総合点－降順　（2）**テスト①**－降順　（3）**テスト②**－降順

　これで、図6が図7のように表示され直します。手順④の（1）～（3）の優先順位をつけるのは、総合点の次に大事にしたい視点が、「ルールの理解」になるので**テスト①**を、その次が**テスト②**といったように、(1)(2)(3)の優先順位をつけています。こうすることで、各クラスのつまずきの傾向が見えるようになります。指導計画を考えていくときのグループ分けなどもしやすくなります。

　成績順で表示の切り替えをすると、黄色いマーカーの中に、ポツンと赤いマーカーの子どもが混ざっているのが目に入って来ます。このことからようじさんは、総合点だけで見ると下にいるかおりさんやまいさんが2ndステージ対象の子どもであることから、ようじさんも2ndステージ指導対象の子どもであることがわかります。

　では、総合点では2ndステージ指導対象のようじさんが、なぜ3rdステージ指導対象の子どもになっているのでしょうか？　それは、**テスト①**や**テスト②**の結果で確かめることができます。

　ようじさんは、**テスト①**が5点、**テスト②**が9点です。ようじさんより下のかおりさんの得点と比較すると、かおりさんは**テスト②**が5点でも2ndステージ対象の子どもであることから、9点を取っているようじさんは**テスト②**の結果も2ndステージ対象の子どもであることがわかります。

　このような見方をしていくと、ようじさんは、総合点でも**テスト②**でも2ndステージ対象の子どもであるにもかかわらず、**テスト①**の得点が取れていないために3rdステージ対象の子どもとなっていることが見えてきます。これで、ようじさんは、**テスト①**の練習が必要なことが明らかになります。

　このように、成績順で並べ替えをするだけで、瞬時にわかることもあるので一度試してみてください。

　また、MIMのガイドブックのP52には、月単位の標準得点表があります。この基準に照らして、子どもたちの得点を見ていくと上記と同じことがわかります。

　自分にとって見やすい方法を身につけておくと便利です。

第2章 アセスメントをもとにした 1st、2nd、3rdステージの指導

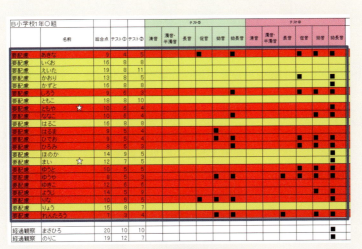

図6　50音での個別の配慮計画

図7　得点順での個別の配慮計画

2nd

II アセスメントの結果の見方・活かし方

ステップ1 学級全体の課題を読み取ろう！
〜まずはテスト①の結果を見て、次にテスト②の結果を見て、学級全体の課題を大まかにつかむ〜

　個別の配慮計画は、**テスト①**と**テスト②**のそれぞれで、個々の子どものつまずきがどこにあるかを知ることができます。**テスト①**の結果からみていく理由は、**テスト②**を解くためには、**テスト①**の特殊音節のルールの理解が必要となってくるからです。もしも**テスト①**ができなければ、それが**テスト②**の結果に影響することもあります。
　なお、学級全体の課題を読みとる場合は、縦の列で見ていきます。

◆ **まずはテスト①の結果を見る**

青枠①をみてください（図8）。
　■マークが「拗音」「拗長音」に多くついています。このことから、B学級では拗音や拗長音の表記のルール理解が確実でない子どもが多くいることがわかります。

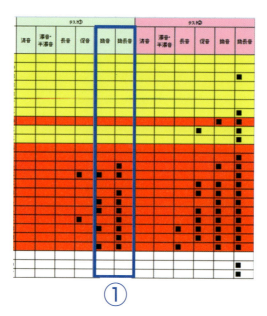

図8　B学級の個別の配慮計画①

◆次にテスト②の結果を見る

青枠②を見てください（図9）。

テスト②でも「拗音」「拗長音」に、■マークがついている子どもが多いことがわかります。テスト①の結果がテスト②に影響している（「拗音」「拗長音」表記のルールの理解ができていないので、テスト②でも拗音や拗長音に■マークが多くついている）ことが考えられます。

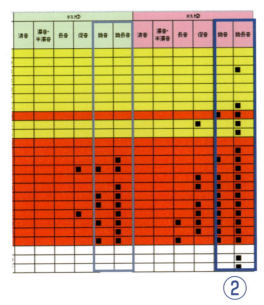

図9　B学級の個別の配慮計画②

◆テスト①、テスト②の結果からクラスのつまずきの傾向を捉える

MIM-PMの2つのテストの特徴を大まかに示すと、

テスト①→特殊音節表記のルールの理解
テスト②→（特殊音節表記のルールの理解）、ことばをまとまりで捉える力、語彙力

となります。そこで、個別の配慮計画の結果から、

- B学級では学級全体として、「拗音」「拗長音」に課題がある。
- **テスト①**に■マークが付いている子どもが多くいるので、「拗音」「拗長音」の表記のルールの押さえ直しから取り組む。
- その際、拗長音の習得は、拗音の習得にも関係しているので、「拗音」表記のルールから始める。

というような指導計画を立てていきます。

2nd

■ステップ2 個々の課題を読み取ろう！
～まずはテスト①の結果を見て、次にテスト②を見て、個々の課題をつかむ～

◆ケース1　テスト①・2の両方に■マークがついている

青枠③を見てください（図10）。

これらの子どもたちは、**テスト①・テスト②**ともに■マークがついています。両方の特殊音節に■マークが付いているときは、**テスト①**の未習得が**テスト②**の結果に影響している可能性があります。そこで、まずは、■マークが付いている特殊音節の表記ルールの指導から行います。

このように、個々の課題を読み取るには、横の列で見ていきます。

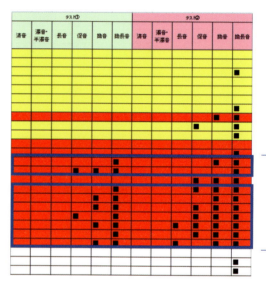

図10　B学級の個別の配慮計画③

◆ケース2　テスト②だけに■マークが付いている

青枠④をを見てください（図11）。

これらの子どもたちは、テスト②だけに■マークがついています。

これらのケースは特殊音節を含む語をまとまりとして捉える力（かたまり読み）や語彙に課題を抱えていることが考えられます。そこで、■マークがついている特殊音節のことば集めや、かたまり読みのトレーニングなどの指導を行います。

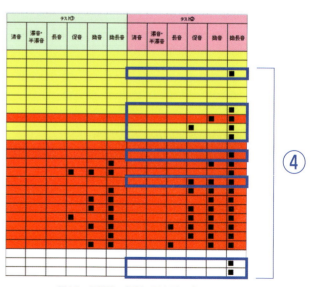

図11　B学級の個別の配慮計画④

78

◆ケース3　■マークは付いていないが、赤や黄色のマーカーがついている

青枠⑤をを見てください（図12）。

これらの子どもたちは、つまずきを示す■マークはついていませんが、2ndステージや3rdステージを表すマーカーがついています。特に苦手な特殊音節はなくても、正答数が1stステージ対象ではないためにマーカーがついています。まずは、**テスト①**、**テスト②**のどちらか一方に苦手さがないかを確認しましょう。

その際に役立つのが、1stステージ指導でも述べました標準得点表（MIMガイドブック P52）です。

この個別配慮計画は、10月分なので9月のMIM-PMまでのの結果が反映されています。そこで、9月の標準得点表と個々の成績を見比べていきます。

9月は、**テスト①**は8点、**テスト②**は6点で2ndステージ指導対象となります。この結果2ndステージ対象となった黄色いマーカーの子どもたちは、**テスト②**に比べて**テスト①**の得点が取れていない子どもが多いことがわかります。そこで、**テスト①**の表記のルールを確実にして、問題を多く解けるようになる指導を取り入れます。

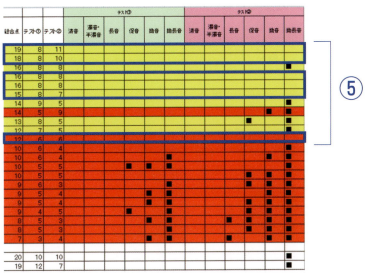

図12　B学級の個別の配慮計画⑤と1年生の標準得点表

■ステップ1、2の読み取りから指導方針を立てる

　MIM-PMの結果、個別の配慮計画の読み取りからB学級では、学級全体で取り組む内容として、「拗音/拗長音のルールの再確認」「拗音/拗長音のかたまり読み」が有効であると考えました。
　そのための手立てとしては、以下が挙げられます。

・まずは、拗音や拗長音のルールの再確認を行い、理解を確かにしたうえで、かたまり読みができるような手立てを取っていく。
・拗音や拗長音だけを集めた学習プリントを作成し、ルールの定着やかたまり読みに慣れさせる。
・個々の課題に即した、定着を図る学習ゲームを実施する。
・机間指導では、**テスト①**に■マークがついた児童を重点的に回る。かたまり読みに慣れさせる指導では**テスト②**に■マークがついた児童を重点的に回る。
・「長音」や「促音」でつまずいている児童は少ないので、個別でかかわる時間も考える。

　このように、個別の配慮計画を読み取ると、今、自分の学級で必要な「学級全体で行う指導」「個々の課題に応じた指導」を明確にすることができます。この2つは、別々に考えているように見えますが、実は個々の子どもの課題が、学級全体の課題に結びついています。そこで、個々の課題を拾いつつ、学級全体として取り組めることを明確にすると、「今、自分の学級にとって必要な指導」が自ずと見えてきます。
　2ndステージは、一斉指導や小集団等、さまざまな指導形態で行うステージでもあります。ここからは、個別の配慮計画で読み取った指導仮説を基に具体的な指導方法について紹介していきます。

ちょいテク！ 個別の配慮計画の見方・指導へのつなげ方

　本文でも触れていますが、長音と拗長音、拗音と拗長音はつながりの深い特殊音節です。

	長音	拗音	拗長音
A児	■	■	■
B児	■		■
C児		■	
D児		■	■
E児			■

①A児のように全部に■マークがついている場合は、まずは長音の指導から行います。
②B児のように、長音と拗長音に■マークがついている場合は、長音の未習得が拗長音に影響している可能性もあるので、長音の指導から行います。
③C児のように、拗音だけに■マークがついている場合は、もしかしたら拗長音にも影響する可能性があるので、拗長音にも配慮しながら指導を行います。
④D児のように、拗音・拗長音に■マークがついている場合は、拗音の未習得が拗長音に影響している可能性があるので、拗音の指導から行います。
⑤E児のように、拗長音だけに■マークがついている場合は、拗長音の指導を行いますが、その際、長音や拗音が確実に理解できているのかについても目を向けた指導が必要です。

　このように個別の配慮計画の■マークは、手立てを考えて行くときにとても役立つものです。その際、他の特殊音節との関係にも目を向けていると、遠回りをすることなく、速やかに、適切に支援を必要としている子どもへの指導ができるようになります。

第2章 アセスメントをもとにした 1st、2nd、3rdステージの指導

2ndステージの具体的な指導例
～アセスメントから読みとった「学級全体」「個別」の課題に応じた授業を行うために～

◆テスト① 「絵に合うことばさがし」のニーズに対応した指導

● つまずいている特殊音節に対応した学習プリント（絵に合うことばをさがす）

ねらい	苦手な特殊音節の入ったことばを適切に読むことができる。
活用場面	授業時間、朝MIM（朝の学習の時間）、昼MIM（給食準備の時間）など。
所要時間	10～15分
準備	「清音」の学習プリント・「濁音・半濁音」の学習プリント・「長音」の学習プリント「促音」の学習プリント・「拗音」の学習プリント・「拗長音」の学習プリント（図11）

1stステージ指導では、アセスメントで使用した後のMIM-PMのプリントをそのまま印刷し、学習プリントとして使用しました。
2ndステージ指導では個別の配慮計画により、学級の特徴や個々の子どもの実態に合わせた学習プリントを作成・活用し、より丁寧な指導を行います。

図11　つまずいている特殊音節に対応した学習プリント（絵に合うことばをさがそう）
　　　つまずいている特殊音節だけを貼り合わせて右のような学習プリントを作ります。

81

進め方 ①学習プリントに10分間取り組む。
②1枚目のプリントをもらったらすぐに始める。

③1枚目が終わったら提出し、2枚目、3枚目と進めていく。

ひと工夫1　担任外にも指導に入るT2やT3がいる場合は、以下のように役割分担を行います。

担任：2ndステージ指導対象児童を机間指導で個別に対応する
T2：1stステージ指導対象児童の丸つけ
T3：2ndステージ指導対象児童の中でも特に厳しい児童を小集団で指導

　このように、「つまずいている特殊音節に対応した学習プリント」を活用することで、個別の配慮計画をもとに「子どものつまずきがどこからきているのか」を確かめ、各々のニーズに応じた指導をすることができます。
　また、授業は担任だけで行う場合もありますが、学習プリントの選定や印刷、プリントの丸つけなど、担任外の先生が担っている学校もあります。このような間接的な支援をしてくださる立場の先生を決めておくのも、担任の先生にとっての大きな支えとなります。校内支援体制を整えることで、MIMの効果はさらにアップします。

机間指導の際の児童観察のポイント

　2ndステージは一斉指導の中で、個々の子どものニーズに応じた指導を行うステージです。プリント学習の時間こそ、一斉の中で子ども一人ひとりに合わせた指導ができるチャンスです。机間指導では、「誰から回るのか」「何を観察するのか」が明確でないと、せっかくのチャンスを活かすことができません。個別の配慮計画を参考に、机間指導の順番を事前に考えておくことも有効です。
　教師は、ついつい一番厳しい子どもに目が向きがちですが、いつも最下位群の子どもにばかり目を向けていると、あとちょっとの支援で「わかる」ことができたはずの子どもたちが後回しにされてしまう可能性もあります。個別の指導計画をもとに、「今月はこの子どもたちを重点指導児童にしよう」という目安を持つことで、後々時間をかけて指導が必要な子どもとの個別の時間の確保がしやすくなる場合もあるのです。
　また、「何を観察するのか」も大事なポイントです。
・■マークが付いている特殊音節の回答の様子を観察し、■マーク以外に課題はないのか
・長音にも■マークがついている：拗長音に影響してないか
・拗音にも■マークがついている：拗長音に影響してないか
・拗長音だけに■マークがついている：長音の影響がないか
・清音以外にはほとんど全部■マークがついている：清音が確実に読めているか
　つまずきの要因が、どの特殊音節から始まっているのかを見極めて、個々にとって必要な指導を心掛けることで、2ndステージから1stステージへと変わっていくのです。特殊音節とは別の課題（スピード、わからない問題を飛ばせないなど）を見つけたら、その場で指導をすることも大切です。

> **ひと工夫2** 学習プリントが早く終わった子どもには、「ちょっとプリント」を活用した「お楽しみプリント」も準備しておきます。

お楽しみプリントの例
- ちょっとプリント「絵に合うことばさがし」（図12）
- もしもさくぶん（図13）
- ことばあつめ（図14）

など、いろいろな練習プリントを印刷しておき、発展学習をさせます。

子どもたちが作った問題。
形が似ている文字を選ぶなどの工夫が見られます。

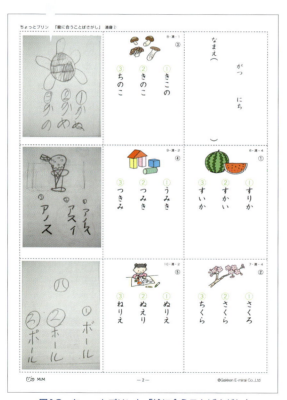

図12 ちょっとプリント「絵に合うことばさがし」

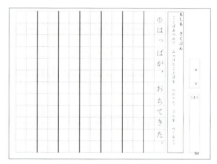

図13 もしもさくぶん

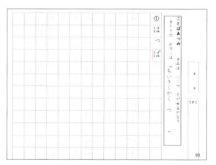

図14 ことばあつめ

column 11　時間がないので指導できない？

　2学期の終盤になっても、学級の中に1stステージ対象の子どもが半数もいない学級もあります。けれども、「他にもすることがいっぱいあってMIMの指導の時間が取れない」と、悩まれる先生方もいます。書かれている文字をすらすら読めるということは、子どもたちが授業に参加し学んでいく上で大切な土台です。

　アセスメント結果から、学級の中に読めない子どもが多いことがわかっていても、「時間がない」という理由で子どもへの支援がストップすれば、その子たちはこれから先どこで、どのような時間に支援をしてもらえるのでしょうか。

　漢字も、読解も、計算も確かに大切です。しかしそれだけに目を向けた指導を行っていると、子どもたちが全ての教科で学んでいくための一歩となる「読む」「読んで理解する」ことが置き去りにされてしまう恐れもあります。学習内容を確実に学び取るためにも、「時間がありません」と悩むのではなく、どこで、どんな時間に、どんな方法で指導をするのかを考え、日々の指導を丁寧に綴ることを大事にしたいものです。

●ちっちゃい「ゃ」「ゅ」「ょ」のかるた（図15、16）

図15　拗音かるた

図16　拗長音かるた

※この2種類のカードを子どものニーズに応じたグループで使い分けます。
　　拗音の定着を図るグループ→拗音かるた
　　拗長音の定着を図るグループ→拗長音かるた
　　拗音・拗長音の習熟を図るグループ→拗音・拗長音のかるた混合

ねらい	①拗音、拗長音の音を正しく聞き取ることができる
	②拗音、拗長音の音と表記を正しく一致させることができる
活用場面	授業時間、朝MIM（朝の学習の時間）など
所要時間	15分
準　備	ちっちゃい「ゃ」「ゅ」「ょ」のかるた（子どものニーズに応じて使い分ける）

進め方　①グループごとに取り札を並べゲームの準備をする。

②教師は、読み札を読む。例えば「じゃがいも」と言う。

③児童は、読み札に合う「じゃ」の取り札を取る。

④取ったかるたが正しいかどうか読み札を見て確認し、正しければ
　取ったかるたは自分のものになる。

⑤②〜④を繰り返す。
⑥グループの中でたくさんかるたを取った人の勝ち。

ひと工夫 このゲームでは、アセスメント結果だけを見てグループ分けをするのではなく、動作の速さや勝ち負けへのこだわりなどにも配慮をします。

1グループの人数についても一律に4人一組などとという考え方をせず、ニーズに応じた人数分けにします。同じニーズの子ども、同じようなタイプの子どもなど組み合わせを吟味することで、より個々に応じた学習ができたり、意欲的に学習が進められたりします。

取り札は、同じものを複数枚準備します。同じカードが複数枚入ることで、例えば教師が「じどうしゃ」と読みあげたとき、始めは「しゃ」のカードがどれかわからない子どもでも、友だちが取っているカードをみれば「これが『しゃ』か！」と確認することができ、カードを取れるようにしています。

子どもたちは、教師が「じどうしゃ」というと、それぞれが口ぐちに「しゃ、しゃ、しゃ、しゃ…」と言いながら「しゃ」と書かれた取り札を探します。このように文字と音の一致を楽しみながらかるた取りができます。

かるたのサイズを子どもたちの手のひらよりも大きいサイズにすると、10人くらいで一緒にかるたを楽しむことをできます。

1stステージ指導対象の子どもたちには、読み札を読む人をグループの中で決めて、自分たちでかるたを進めさせ、教師は2ndステージ指導対象の子どもを重点的に指導できる環境を作ることもできます。

また、ニーズに応じたグループ分けをしてもうまくかるた取りができないグループには教師が付きます。その際「拗音の補助シート」（図17）を活用することで、文字と音の一致がしやすくなります。

補助シートを活用し一人かるたに取り組ませることで、拗音が見分けやすくなったり、「ゃ」「ゅ」「ょ」の音がどんな音になるのか見当がつきやすくたったりします。

図17 拗音の補助シート

第2章 アセスメントをもとにした 1st、2nd、3rdステージの指導

●補助シートで「ちっちゃい『ゃ』『ゅ』『ょ』のかるた」

ねらい ・拗音、拗長音を正しく聞き取ることができる。
・拗音、拗長音の音と表記を正しく一致させることができる。

活用場面 「ちっちゃい『ゃ』『ゅ』『ょ』のかるた」をするとき
※「ちっちゃい『ゃ』『ゅ』『ょ』のかるた」では、うまくかるた取りができない子どもたちのグループのみに使用

所要時間 15分

準 備 拗音の補助シート

進め方 ①拗音補助シートの上に、「ゃ」「ゅ」「ょ」の行にそって取り札を並べる。

②教師が読み札を読む。

89

③子どもは、拗音補助シートに並べた「ゃ」の列をヒントにして「じゃ」の取り札を探して取る。

④取ったかるたが正しいかどうか、MIM拗音さんかくシートで「じーや、じーや、じゃ」と声に出して読み、その後読み札を見て正解を確認する。

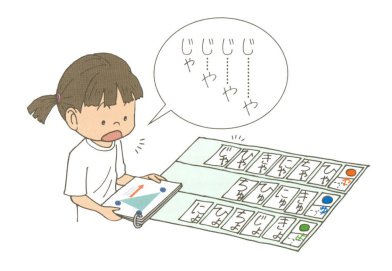

⑤取ったかるたが正しければ自分のものになる。間違っていたら、そのかるたを教師に渡す。
⑥最後に、一人かるたのグループの中で一番多くかるたをとった人の勝ちになる。

ひと工夫　補助シートで一人かるたをするときは、早く取ることよりも正しく取ることが大切であることを子どもたちに伝えます。補助シートで「ゃ」「ゅ」「ょ」の見当がつき、人との競争ではなく自分のペースでかるた取りができることで、子どもたちは落ち着いて取り札を確認し、かるた取りに取り組むことができます。補助シートの活用で、かるたに慣れてきたら補助シートを外してかるたをさせます。

①補助シートでかるた
②補助シートを外して、エアシートでかるた（図18）
③ばらばらに並べてかるた（図19）

このように、スモールステップでかるた取りをさせることで、はじめは全く読めなかった子どもも、拗音の読みが確かになっていきます。

図18　エアシートでかるた

図19　ばらばらに並べてかるた

● リレー読みゲーム

リングでひとまとめ
にするとやりやすい

ねらい
・特殊音節の正しい表記を見つけることができる。
・特殊音節の入ったことばを正しく読むことができる。

活用場面 授業時間、朝MIM（朝の学習）、昼MIM（給食準備の時間）、さよならMIM（帰りの会のあと）など

所要時間 5～10分

準備 子どものニーズに応じたMIMことば絵カード（図20）
・特殊音節ごとに分けたもの
・いろいろな特殊音節を混ぜたもの

図20　MIMことば絵カード

進め方　1チーム7～8人のチーム対抗戦で行う。リレー形式でMIMことば絵カードを1枚ずつ読んでいくゲーム。

①子どもたちは、チームごとに一列に並ぶ。教師は、各チームの前に離れて立ち、MIMことば絵カードの表面を提示する。

②最前列の子どもは、「スタート」の合図で、各チーム一斉に自分の列の前にいる教師のところにかけより、絵に合うことばを指差して読む。

③正解していたら教師は「ピンポン」と言う。
④正解した子どもは次の子どもと交代し、自分の列の後ろに並ぶ。間違った子どもは、教師がその場で正しい表記を知らせ、表記のルールを再確認させる指導を行う。そして、再度、絵に合うことばをもう一度指差しさせ、読ませる。
⑤教師の持っている全てのことば絵カードを、1番早く読み終えたチームの勝ちになる。

ひと工夫 ことば絵カードを使い分けることで、さまざまな特殊音節に対応した指導ができます。また、ゲームを進めながら、教師は読みにつまずいている子どもに個別の声かけができます。

チーム分けについては、アセスメント結果をもとに子どものニーズに応じて分け、使用するカードも使い分けをします。(長音が苦手なグループ:長音のことば絵カード、拗音が苦手なグループ:拗音のことば絵カードなど)

チームの子どもの読みのスピードにも配慮して、チームごとにカードの枚数を加減して、いつも同じチームが勝ちとならないようにします。

2nd

●正解はどれだ？ ゲーム

ねらい
・特殊音節の正しい表記を見つけることができる。
・特殊音節の入ったことばを正しく読むことができる。

活用場面 授業時間、朝MIM（朝の学習）、昼MIM（給食準備の時間）、さよならMIM（帰りの会のあと）など。

所要時間 5～10分

準　備 子どものニーズに応じたMIMことば絵カード（図21）

図21　MIMことば絵カード

進め方　3択クイズの形式で、絵に合うことばをみつけて正解の番号を指で示すゲーム。

①教師は、MIMことば絵カードを実物投影機やテレビ画面に映し出し、子どもたちに提示する。
②教師は、子どもたちがまるでテレビ番組の3択クイズに挑戦しているような雰囲気を出しながら「絵に合うことばを見つけてください」と言う。
③子どもたちが、正解を見つける時間を取る。
④教師の「せいの、ぱっ」の呼びかけで、子どもたちは正解と思う番号を手を挙げて指で示す。
⑤教師は、全員の手が挙がったら正解を発表する。

ひと工夫　全員が指で合図するため、教師は一目で、間違う子どもが多い問題などを把握できます。これにより、間違いが多い問題については、その特殊音節の表記を再度押さえたり、動作化しながら読み方の練習を行ったりすることで、読みを確かにしていくことができます。

◆テスト②のニーズに対応した指導

● つまずいている特殊音節に対応した学習プリント（3つのことばに分けて読もう）

テスト①の課題に対応した指導でも、課題に応じた学習プリントを作成しました。テスト②の課題に対応した指導でも、テスト①と同じように特殊音節ごとの学習プリントを用いて、より丁寧な指導を行います。

ねらい
・苦手な特殊音節の入ったことばのかたまり読みができる。
・いろいろなことばの意味を理解する。

活用場面 授業時間、朝MIM（朝の学習時間）、昼MIM（給食準備の時間）など

所要時間 10〜15分

準備 「清音」の学習プリント・「濁音・半濁音」の学習プリント・「長音」の学習プリント
「促音」の学習プリント・「拗音」の学習プリント・「拗長音」の学習プリント（図22）

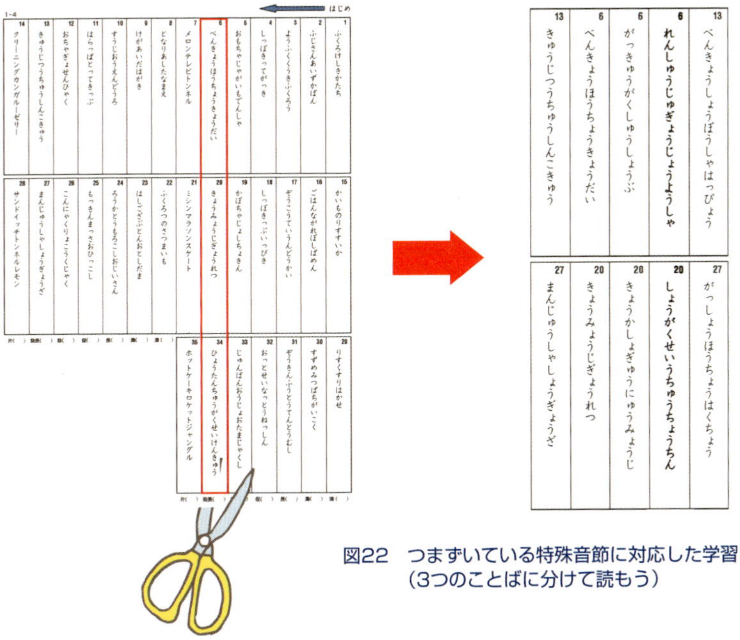

「拗長音」だけの問題を切り取り、一枚のプリントを作ります。このプリントがあると、学習のやり方をいろいろ工夫することができます。

CD-ROM収録

図22　つまずいている特殊音節に対応した学習プリント
（3つのことばに分けて読もう）

進め方その1
①学習プリントに10分間取り組む。
②1枚目のプリントをもらったらすぐに始める。
③1枚目が終わったら提出し、2枚目、3枚目と進めていく。
④机間指導の際、手の止まっている子どもや意味のわからなそうなことばがあったときはその場で意味を知らせる。同時にそのことばは黒板に書きとめておき、時間を見つけて学級全員でも再確認する。

ひと工夫 プリントが終わった子どもには、お楽しみプリント（P83参照）を渡します。はじめは全員が同じプリントで習熟を図りますが、習得ができている子どもについては、決められたプリントが終了したら発展問題に取り組ませます。こうすることで子どもたちの意欲を支えながら、さらなる力を伸ばしていきます。

| 第2章 アセスメントをもとにした 1st、2nd、3rdステージの指導

進め方 その2

①子どもを隣り同士で2人1組にする。

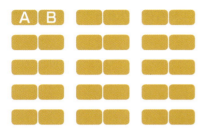

私の学校では、「MIM席」というものがあります。MIMの学習をするとき、子どもたちは目的に応じて通常の座席とは違った席に着席します。このように、そのときの授業内容に合わせて、席が変化していく席をMIM席と呼んでいます。
例えば、『3つのことばに分けて読もうプリント』をする際は、1stステージ対象の子どもと2ndステージ対象の子どもがペアになるようなMIM席にします。
そうすることで、教師が付けないペアでも、1stステージ対象の子どもが2ndステージ対象の子どもたちに対して、間違いを正したり、ことばのかたまりを上手に読んで聞かせたりして、学習をリードしてくれます。その結果、教師は、指導をしたい子どもに重点的にかかわることができます。

②最初に読む子どもが、3つのことばを見つけ、リードしながら読み上げていく。

A児：文字を指差しながら「べんきょう」。
B児：A児のあとに、文字を指差しながら「べんきょう」と声に出して追い読みをする。
A児：文字を指差しながら「しょうぼうしゃ」。
B児：A児のあとに、文字を指差しながら「しょうぼうしゃ」と声に出して追い読みをする。
A児：文字を指差しながら「はっぴょう」。
B児：A児のあとに、文字を指差しながら「はっぴょう」と声に出して追い読みをする。

③1行終わったら、次は交代してB児が先に読み、A児が追い読みする。

97

ひと工夫　「ことばを聞く」「指差す」「声に出して確認する」の一連の活動を通して、ことばをまとまりとして認知できるようにします。かたまり読みが特に難しい子どもたちは、小集団にして教師が直接、ことばの意味や読み方、表記ルールの再確認などその都度指導できるようにします。

 一斉の中でも環境設定の工夫で、ちょっとした個別支援が可能に

ある小学校に行ったとき、写真のようなスペースが教室の端に作ってありました。通常の学級です。先生にこのスペースのことを尋ねると、ちょっと子どもを呼んで指導をするスペースだそうです。とても素晴らしい環境づくりですね。このようなスペースがあると、プリント学習のときなどに、一部の子どもを集めて、小集団での指導も可能になります。

進め方その3
①教師と子ども、または子ども同士でやり方2のような追い読みをする。
②読んだ後にプリントの問題を解く。

ひと工夫　プリントをする前に、問題を一度声に出して読んでおくと、ことばのかたまりを意識しやすくなります。特に、かたまりを見つけることが難しかったり、ことばの意味をつかむことが苦手だったりする子どもには、読みの見通しをもつことができて、スムーズにプリント学習に取り組めます。

● 3つのことばを見つけよう！ 冊子版

　ねらい　・苦手な特殊音節の入ったことばのかたまり読みができる。
　　　　　・いろいろなことばの意味を理解する。
　活用場面　授業時間、朝MIM（朝の学習時間）、昼MIM（給食準備の時間）など
　所要時間　10～15分
　準　備　特殊音節ごとになった「3つのことばを見つけよう！」の冊子（図23）

図23　3つのことばを見つけよう！ 冊子版

　進め方　「3つのことばに分けて読もう！」プリントのやり方1と同じ。冊子になっているので、隙間の時間などに個人読みもできる。

　ひと工夫　かたまり読みが苦手な子どもは、指差し読みをせずに、耳で聞いたことばをそのまま単に復唱してしまいがちです。必ず指差し読みをさせて、文字と音の一致をしながら読むようことばかけをしたり、読んでいる様子を机間指導で確認したりすることが大切になってきます。
　　　　難しいことばが出てきたときは、必ず教師が説明を加えて、語彙を増やしていく視点も大事にしたいものです。

● 短文音読

　ねらい　・苦手な特殊音節の入った文章を正しく読むことができる。
　　　　　・苦手な特殊音節の入った文章をすらすらと読むことができる。
　活用場面　授業時間、朝MIM（朝の学習）、昼MIM（給食準備の時間）、さよならMIM（帰りの会のあと）など
　所要時間　5～10分
　準　備　MIMことば絵カード　裏面（図28）

図23　MIMことば絵カードの裏面

進め方
①教師の「ようい」の合図で、子どもたちはリングで綴じたことば絵カードを持って立つ。
②教師の「スタート」の掛け声で、子どもたちはそれぞれ自分のスピードで、リングで綴じた一番上のことば絵カードの短文を声に出して1回だけ音読する。
③読み終えた子どもは着席する。
④着席した子どもは、学級全員が着席するまで、リングでとめた他のことば絵カードの短文がスラスラと速く読めるように音読練習をしながら待つ。
⑤「起立」「音読」「着席」「練習」のサイクルをテンポよく繰り返す。

ひと工夫　子どもたちは、読むたびに起立と着席を繰り返すので、メリハリと緊張感があり、読むことに集中できます。また、できるだけ速く読んで着席したいという気持ちから、着席するとすぐに次（または他）のカードの音読練習に熱心に取り組みます。
　全員で活動しつつ、教師は読むのが遅い子どものもとに行き、範読するなどの個別のかかわりを自然な形でもつことでできます。

● パソコンでフラッシュカード読み

ねらい　・特殊音節の正しい表記を見つけることができる。
　　　　　・ことばの意味や使い方を理解する。
活用場面　授業時間、朝MIM（朝の学習）、昼MIM（給食準備の時間）、さよならMIM（帰りの会のあと）など
所要時間　5〜10分
準　備　・子どものニーズに応じたMIMことば絵カードのデータ
　　　　　・パソコン、テレビ

進め方
①教師は、MIMことば絵カードをテレビに映し出し、イラストを見せて何の絵か子どもたちに尋ねる。
②子どもはイラストを見て答える。

③教師が正解を知らせ、そのことばの意味を知らない子どもがいたら、丁寧に説明する。
④3つの表記から正しい番号を選択させる。教師の「せいの」の合図で、子どもたちは正しい表記を番号で（指で表して）答える。
⑤どんなときに「はっけん」のことばが使われるか、話し合う。

ひと工夫　子どもが知らないようなことばを意図的に選び、学習を進めます。正しい表記のことばを選ぶだけでなく、そのことばにつながることばをみつけたり、経験などを話させることで、ことばの意味を捉えさせていきます。ここでは絵を先に子どもたちに見せていますが、時には文字を先に見せるなど子どもたちの状況に応じて提示の仕方を工夫することで学ぶ意欲を支えることができます。

● 短文音読でクイズ

ねらい
・苦手な特殊音節の入った文章を正しく読むことができる。
・苦手な特殊音節の入った文章をすらすらと読むことができる。
・質問された内容について正しく答えることができる。

活用場面　授業時間、朝MIM（朝の学習）、昼MIM（給食準備の時間）、さよならMIM（帰りの会の時間）など

所要時間　5〜10分

準　備　MIMことば絵カード　裏面（図24）

図24　MIMことば絵カードの裏面

|進め方| ①教師は、実物投影機やテレビ画面などにMIMことば絵カードを写しだす。
②子どもたちは、短文の部分をみんなで音読する。
　その際、教師は、「みんなで読みましょう」「髪が短い人は読みましょう」「国語は好きな人は読みましょう」などと声をかけ、それにあわせて子どもたちは何回か音読する。
③教師は、読んだ短文について問題を出す。
　「わたしが　がんばりたいのは　なんですか？」（図24）
　「きつつきが　とまっているのは　どこですか？」（図24）
④子どもたちがその問いに答える。

|ひと工夫| ただ声に出して読むだけではなく、その意味を考えながら読む意識付けができます。読むのが苦手な子どもは、短文であっても難しい場合があるので、教師がそばに付いて範読したり、一緒に読んだりすることで読みを助け、読解につなぎます。

● この絵は何だ？ クイズ

|ねらい| ・いろいろなことばを知る。
・そのことばの意味を理解する。
|活用場面| 授業時間、朝MIM（朝の学習）、昼MIM（給食準備の時間）、さよならMIM（帰りの会の時間）など
|所要時間| 5〜10分
|準　備| ・MIMことば絵カード
・付箋紙

図25　MIMことば絵カード

|進め方| ①教師は子どもたちに、付箋紙で文字（選択肢）を隠したMIMことば絵カードの表面（図25）だけを見せ、「この絵は何の絵でしょう？」と問いかける。
②子どもは教師の問いに答える。
③付箋紙をめくって正解を示す。

ひと工夫 　学級全員でするだけでなく、隣り同士でゲームをすることもできます。3つのことばに区切る作業は、文字が読めないわけではなく、ことばを知らないために区切れない子どももいます。そこで、ことば絵カードを活用しながら語彙を広げる学習も大切にします。

「短文音読」「短文音読でクイズ」「この絵は何だ？ クイズ」は、一見すると**テスト②**のニーズに対応してないようにも見えますが、実はとても深い関係があります。もしも、ことばを知らなければ、ことばをかたまりで区切ることができません。かたまり読みが上手にできるだけでなく、その力を文章読解につないでいくには、言葉の意味を理解することが大切です。そのための手立てとしてこうした学習を取り入れます。これらのゲームは、日々のちょっとした時間で行うことができます。ほんの少しの実践を大切に積み上げていくことで、子どもたちの読解の力を育む一歩となります。

　2ndステージ指導で、「2ndステージ対象の子どもたちを、どれくらい1stステージ対象の子どもたちにするのか」が、3rdステージ指導対象の子どもたちへの最後の支援をいかに手厚くできるかということに直結します。

　MIM-PMのクラスレポート、個別の配慮計画などの結果をしっかり分析し、「学級全体で必要な指導内容の検討」「再学習が必要な特殊音節はどれか」「継続した指導を可能にするためにはどんな時間を使って指導できるのか」など、意識しながら毎日少しずつであっても継続して指導していくことが大切になってきます。

　そして、個別指導が始まる3rdステージまでに、自分の学校の条件の中で、個別指導にかかわれる職員の数がどれくらいかを考え、それに応じた3rdステージ指導対象の人数になる（とどまる）ことを目指します。3rdステージの時期になっても個別では対応できないほどの人数の子どもたちがいては、当然3rdステージの指導を順調に進めることはできません。

　各ステージで、そのステージでの指導が確実に行われるためには、それぞれのステージでいかに子どもの理解を確かにしていくかが大事な鍵となるのです。

3rd ステージ指導について

I 3rdステージ指導で大事にしたいこと

大事にしたいこと・その1
校内支援体制を整える

　3rdステージは、いよいよMIM指導の最後のステージになります。1stステージ指導では視覚化・動作化を用いた効果的な指導を行い、2ndステージ指導では、アセスメント結果を踏まえ、個々のニーズに応じた指導を行いました。3rdステージ指導は、それでもなお習得が難しかった子どもたちへの指導を行うステージです。

　3rdステージ対象の子どもたちの中には、担任のほんの少しのことばかけや、ちょっとした時間の指導だけでは、すぐに「できた」「わかった」にはつながらない子どもたちがいると思います。これらの子どもたちのニーズに応じた指導を可能にするには、担任だけでなく学校全体として「1年生でつまずく子どもたちを作らない！ つまずいたまま2年生にはしない！！」という気持ちで、校内の支援体制を整えることが必要かもしれません。

指導に直接かかわる支援体制

授業の入り込み（教室）
　・○付け
　・ニーズのある人の支援・指導
個別指導（別の場所）

充実した指導を行うための間接的な支援体制

学習準備
　・担任と一緒にアセスメント結果の解釈と指導内容の検討
　・教材作り
　・プリント印刷
　・○付け

　支援体制については、それぞれの学校の資源に応じて、取り組める内容を考えていきます。みなさんの学校では、どのようなことができるでしょうか？ いろいろな取り組み方が見つかると思います。個別や小集団での指導を行うこの時期に、担任だけでできることには限りがあります。週に1度の朝の学習の時間だけでも、給食当番ではない週の準備時間だけでも、3rdステージ対象の子どもたちに個別指導ができれば、子どもたちの「できた」「わかった」の数を増やしていけるのではないかと思います。

大事にしたいこと・その2
その子がわかる伝え方や教え方を考える

　3rdステージ指導では、これまでの一斉指導から個別指導や小集団での指導に変わります。もちろん、必ず個別や小集団での指導でなければならないというわけではありません。もしも、アセスメント結果から全体で指導すべき内容がある学級は一斉指導の必要性も考えられます。

　ここでの指導で特に配慮したいことは、これまで一斉指導でしてきた伝え方や教え方が3rdステージ指導対象の子どもにとって「わかりやすいものだったか？」ということです。一斉指導よりも個別や小集団での指導の方が、子どもたちの表情や反応がよりわかりやすくなります。「一斉指導のときと同じような伝え方では理解できない子どもがいないか？」教師の使うことばの選択や話すスピードなどにも気を配り、子どもの反応を確かめながら指導を行いたいものです。

　一つの教材を使う際にも、「皆と同じような使い方で大丈夫か？」「スモールステップに分けた方がいいのか？」などの視点も必要となってきます。例えば、1st、2ndステージの指導で、長音のルールを理解させるためによく使うのが、「長音の特別例外ルールの歌」です。音楽、朝の会、帰りの会などを利用して、何度となく歌います。

　しかし、長音の学習プリントで手が止まっている3rdステージ指導対象の子どもに、「歌をうたってみようか？」と声をかけると、歌はしっかり歌えるにもかかわらず、そのことを使って長音の正しい表記を選び取ることができないことがあるのです。このように教師が一斉指導の中で、「あれだけ指導したので、もうこれで大丈夫！」と思っていても、みんなと同じような教え方だけでは、十分でない子どもたちもいます。

　「人数を少なくして指導する」だけが3rdステージの指導ではなく、「この子がわかるにはどんな伝え方や教え方をしたらいいのか？」ということを考えた3rdステージの指導を目指します。

3rd

大事にしたいこと・その3
できた！ わかった！ を実感させる

　3rdステージ指導では、個別または小集団でニーズに応じた指導を行うことがメインになってきます。その際大事にしていることは、

> ①子どものプライドに配慮する
> ②子ども自身が、個別で学んで良かったと思えるようにする
> ③子どもの意思を尊重する
> ④短時間で効果的な指導を探る
> ⑤保護者への説明と了解を得る

ということです。

①子どものプライドに配慮する
　個別指導では給食準備時間などを使い、別室での指導が多くなります。教室とは違う場所に移動し、特定の子どもだけが先生と学習をするという姿が本人にとっても他の子どもたちにとってもマイナスイメージとならないような指導を心がけたいと思います。そうするためには、個別指導を受ける子どもたちが、毎日笑顔で嬉しそうに別室に向かう姿を作ることです。4時間目が終わり、嬉しそうな顔で「（3rdステージ指導へ）行って来ます！」という友だちの姿を見れば、送り出す子どもたちの側に（3rdステージ指導への）マイナスイメージが広がるはずがありません。

②子ども自身が、個別で学んで良かったと思えるようにする
　それでは、子どもたちが毎日3rdステージ指導を心待ちにするためには、どのようにすればいいのでしょうか。大事にすることは、子どもが「3rdステージ指導に来て良かった！」と思える学習をすることです。
　先生とマンツーマンで特訓させられるとか、すごく頑張ったのにやっぱりできなかったとならないようにするためには、「楽しく、正しく、繰り返す」「子ども自身が自分の伸びを感じられる」学習をすることです。「おめでとう、きょうの目標までいけたね」など、今日できたことを、今日のうちに一緒に喜ぶこと、「問題を解くのが早くなったね」「間違いが少なくなってきたよ」など、子どもの伸びをしっかりと認めることを大切にします。

③子どもの意思を尊重する
　個別指導をするとき、教師が子どもの様子を見て、「楽しそうに学習している、だから、この子はきっと個別学習を喜んでいるだろう」と勝手に判断をするのではなく、子どもの気持ちも確かめながら指導を進めていきたいものです。
　そんなときにお勧めなのが「意思確認カード」(図1)です。毎回個別指導のあとで、担当の教師が子どもにこのカードを見せ「明日はどっち？」とか「明日もお勉強しますか？」と尋ねます。子どもは口頭で答えてもよいし、好きな方を指さしてもよいようにします。もしも"しません"を選んだ子どもには、何が原因だったかを考え、今後の指導方法に活かしていきます。3rdステージ指導対象の子どもたちは、教師が思いもよらぬことで戸惑ったり、自信ややる気を失ってしまうことがあります。一斉指導の

中ではなかなか思いをくみ取ることができないかもしれませんが、個別指導のチャンスを活かして、子どもの「困った」に寄り添うことも大切にしていきす。

　この「意思確認カード」は、記入後「これを担任の先生に渡してください」と言って子どもに持ち帰らせることで、翌日も個別指導対象の子どもかどうがを担任に知らせる連絡ツールにもなります。個別指導の担当者が、毎回担任と打ち合わせをすることなくスムーズに連携が取れるので便利です。

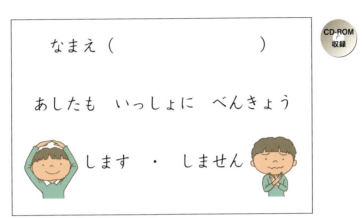

図1　意思確認カード

④短時間で効果的な指導を探る

　給食準備の時間を使うとすると、個別指導の時間は長くて10分です。4時間目の授業がずれ込んだりした時は、5分ほどしか取れない場合もあります。そこで、個別で行う内容については、個々の子どものニーズに合わせた指導内容の吟味に加えて、短時間で効果的な指導を考える必要があります。毎回、プリントだけで学習するなどの単調な学習にはしないよう、子どもが「明日もここに来たい！あの勉強をやりたい！」と思ってくれるような内容を考えることが重要です。

⑤保護者への説明と了解を得る

　個別の学習を始めるときには、保護者へ説明をし、了解を得ることも大切にします。なぜなら個別で学習することに対する子どもの気持ちをいち早くキャッチできるところが家庭であることも多いからです。家族の励ましや声かけも子どもの学びを支えてくれます。学校では短い時間しか取れない場合でも、家庭での理解と協力があれば家庭学習にまで発展させることができます。その時には、「わからないときにはこんな方法で、こんな言い方で」などと丁寧に連絡を取り合います。

読み方がわからないときは、拗音さんかくシートで確認します。

column 12　子どもたちに、「できた！」「わかった！」の喜びを届けよう

　3学期も終わりに近づくと、1年生から「先生、2年生になってもMIMがある？」と言われることがあります。「どうして？」と尋ねると、「だって楽しいもん。またしたい」などの返事が返ってきます。そして、「だってね、算数とか他の勉強は、わからないままのときがあるけど、MIMはぜんぶわかるもん！」と答えてくれた子どももいました。

　こんな会話の多くが、3rdステージ指導対象の子どもたちです。たった1回の「できた！」「わかった！」の体験が、その後の子どもたちの学習に対する自信や意欲につながっていった例も少なくありません。MIMが、子どもたちの中に、"がんばったらできた""教えてもらったらわかった"を体感できる指導の一つとなるように、3rdステージ指導を丁寧に積み上げていきたいと思います。

大事にしたいこと・その4
子どものつまずきに応じた指導を考える

　3rdステージ指導対象の子どもの中には、**テスト①**、**テスト②**ともに多くの特殊音節に■マークが付いている子どもがいます。

　あれもこれにも■マークがついている子どもに出会ったとき、まず一番に検討することは、「特殊音節だけの問題かどうか？」を考えてみることです。清音さえもすらすらと読めない子どもは、読むことそのものに時間がかかってしまい、1分間で解ける問題数が少なくなります。その結果、図2のように■マークがずらりと並ぶことになってしまう可能性があります。■マークが付いているところだけを見て判断するのではなく、■マークが多く付いている場合には、3rdステージ指導の中でもう一度「その原因がどこからきているのか」を見極めなければなりません。もし、清音でつまずいている子どもであれば、まずは清音の指導から始めることが大切です。「MIMは特殊音節の指導だ」「もうこの時期になったので特殊音節を確実にしたい」という思いだけで進めていくと、この子にとって本当に必要な支援を見落としてしまうことになりかねません。

　さらに、個別で指導してもなかなか理解が進まない場合は、専門機関と連携して支援を考えていくことも必要です。

テスト①						テスト②					
清音	濁音	長音	促音	拗音	拗長音	清音	濁音	長音	促音	拗音	拗長音
	■	■	■	■	■	■	■	■	■	■	■

図2　3rdステージの子どもの個別の配慮計画の一例

専門機関との連携

　私の市では、MIMの実践を進める中で、子どもがどこで困っているか、どのような支援が必要か、今後どのような場所で学ぶことが適切かなどをより具体的に考えることができるようになってきました。その結果、通級指導教室や支援学級につながった子どもたちもいます。

　"早期支援"ということばがありますが、この"早期"というのはいったいいつのことを指すのでしょうか？

　低学年の間は、担任が一所懸命がんばれば、つまずいている子どもたちも何とかみんなと同じようにできたかのように見せることもできます。でもそれは、同じように見えているだけで、決して同じようにできているとは言えないのではないのでしょうか？　小さなつまずきもその時々に解決されていかなければ、その小さなつまずきがやがて大きなつまずきへと広がっていきます。

　これまで私たちは、「この子はここが苦手だな」ということはわかっても、「他の子どもと比べるとこのくらい違う」「こんなに差がある」という客観的な視点を持つことはなかなかできませんでした。

　しかし、MIM-PMを毎月行い、一人ひとりの子どもを客観的に見取っていくものさしを得たことで、この子の学びを支えるには、「通常の学級の中だけの指導で大丈夫なのか？」「支援学級なども視野に入れて、学びの場を検討した方がいいのではないか？」という視点を持つことができるようになってきました。

　また、MIM-PMのようなアセスメント結果という共通のスケールがあることで、子どもたちの話をするときに感覚的な話ではなくより具体的な話ができるようにもなっています。そのことを踏まえて、専門機関と連携する必要がある子どもを検討することで、これまでの「しばらく様子をみておこう」から「まずは相談してみよう」に変わることができました。相談につなぎ、専門家にも子どものことを診てもらうことで、子ども理解が深まり、指導に活かすこともできるようになってきています。

　客観的データも活用しながら、本当に支援が必要な子どもたちに、つまずきが大きくなる前に、子どもがやる気や自信を失う前に、早期支援が届けられるようにしたいものです。

3rd

Ⅱ アセスメントの結果の見方・活かし方

　3rdステージ指導では、その対象になっている個々の子どもたちの実態や課題を明確にとらえ、指導に活かすことが必要です。

　1stステージ指導では、MIM-PMの結果であるクラスレポートについて、2ndステージ指導では、個別の配慮計画を活かした具体的な指導について触れてきました。3rdステージ指導では、MIM-PMの結果の個人レポート（要素別得点）を活かした指導について紹介していきます。

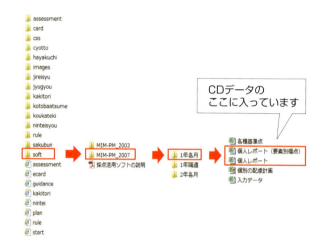

　MIM-PMの個人レポート（図3）では、各月の個人の「総合点」「**テスト①**」「**テスト②**」の結果を見ることができます。

　個人レポート（要素別得点）（図4）では、各月の個人の特殊音節ごとの点数を確認することができます。左の段が**テスト①**の結果を、右の段が**テスト②**の結果を表しています。

　これらから、個人の月々の点数や伸びが一目でわかります。つまり、3rdステージ指導対象の子どもが、どのように得点し、伸びているのか、またどこで伸び悩んでいるのかなどを正確に把握することができるのです。そこで、個別指導を行う際には、この結果を活かして、この子にとって「必要な指導内容は？」「何から指導したらよいのか？」を検討します。また、図4の個人レポート（要素別得点）は、年度末などに、保護者に子どもたちの実態をお知らせするためのツールとしての活用も可能です。

　ここでは、個人レポート（要素別得点）の結果（図5）を活かした3rdステージ対象児童（ひかるさん）への指導を紹介します。

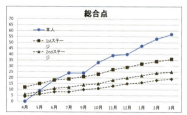
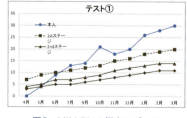
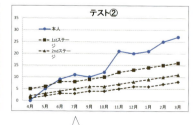

図3　MIM-PMの個人レポート

グラフは、MIM-PMを実施した月までの結果が表示されます。
※未実施の月は0で表示されます。

第2章 アセスメントをもとにした 1st、2nd、3rdステージの指導

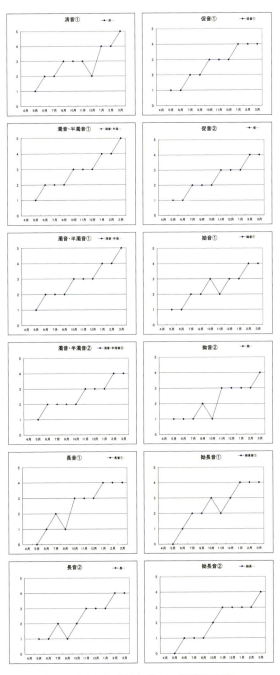

図4　MIM-PMの個人レポート（要素別得点）

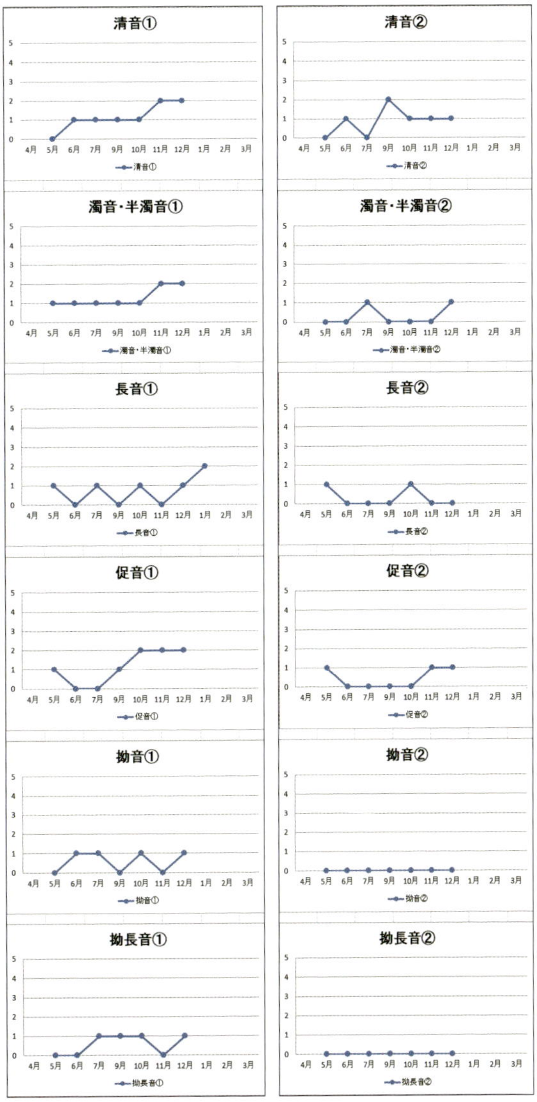

図5　ひかるさんのMIM-PMの個人レポート（要素別得点）

3rd

◆MIM-PM個人レポート（要素別得点）の結果の見方

1. まずは、テスト①の要素別得点から見ていきます。すると、次のようなことがわかります。
- 「清音」「濁音・半濁音」「促音」は、安心して正答ができており、ルールの理解ができていると考えられる。
- 「長音」「拗音」「拗長音」は、できたりできなかったりしており、ルールの理解が確実とは言えない。

2. 次にテスト②の結果を見ます。すると、次のようなことがわかります。
- **テスト①**に比べて**テスト②**は、全体的に得点が低い。
- **テスト①**と同じく「長音」「拗音」「拗長音」では、ほとんど得点できていない。

3. 1と2の結果から指導方針を立てます。
- 長音と拗音表記のルールの未習得が「拗長音①」にも影響しているのではないか。
  → まずは、"長音と拗音表記のルールから指導する"。まずはその上で「拗長音①」の伸びを確認しよう。
- 長音、拗音、拗長音の**テスト②**の点が伸びていない。
  → ことばの意味を知らない可能性がある。かたまり読みのトレーニングと共にことばを丁寧に指導し、語彙を増やそう。

4. ひかるさんへの指導計画を立てます。

期間………1月～2月
指導時間…朝MIM（朝の学習時間）、昼MIM（給食の準備の時間）それぞれ15分程度
指導者……専科
目標………2月のMIM-PMまでに、3rdステージ対象から2ndステージ指導対象に伸ばす

◆指導計画

	期 間	指導内容	目 標
1	1月2週～4週	長音表記のルールを確実にする	1月のMIM-PM テスト①で長音を2点以上取る
2	2月1週	拗音表記のルールを確実にする	2月のMIM-PM テスト①で拗音を2点以上取る
3	2週 3週 4週	長音のかたまり読み練習・ことばの学習 拗音のかたまり読み練習・ことばの学習 拗長音のかたまり読み練習・ことばの学習	2月のMIM-PM テスト②で10番まで解く※

※テスト②で2段目までを目標としたのは、ひかるさんを2月のMIM-PMまでに3rdステージ対象から2ndステージ対象の児童へと伸ばすことを目標にしたためです。2月の標準得点表を見ると、テスト②は10点から2ndステージ対象の子どもになります。そこで、ひかるさんのテスト②の得点目標を10点としました。（表1、図6）

第2章 アセスメントをもとにした 1st、2nd、3rdステージの指導

表1 ひかるさんの1年生標準得点表

	4月	5月	6月	7月	9月	10月	11月	12月	1月	2月	3月
1stステージ 総合点	12	15	18	19	21	23	27	29	32	34	36
1stステージ テスト1	7	9	10	11	12	13	15	16	18	19	20
1stステージ テスト2	5	6	8	8	9	10	12	13	14	15	16
2ndステージ 総合点	6	8	11	12	14	15	18	20	22	24	25
2ndステージ テスト1	4	5	7	7	8	9	11	12	13	14	14
2ndステージ テスト2	2	3	4	5	6	6	7	8	9	10	11
3rdステージ 総合点	4	6	8	8	10	11	13	15	16	18	19
3rdステージ テスト1	3	4	5	5	6	7	8	9	10	11	11
3rdステージ テスト2	1	2	3	3	4	4	5	6	7	7	8

図6 ひかるさんのMIM-PMテスト②での目標設定

1 1月2週～4週 「長音表記のルール」の個別指導例

指導目標 長音表記のルールを確かにし、1月のMIM-PMの**テスト①**「長音」で2点を得点する。

教材
- 長音「あ」「い」「う」バージョンのプリント（図7）
- 長音「え」「お」バージョンのプリント（図8）
- 長音「お」「う」バージョンのプリント（図9）

図7～9 CD-ROM収録

図7 長音「あ」「い」「う」バージョンのプリント

図8 長音「え」「お」バージョンのプリント

図9 長音「お」「う」バージョンのプリント

113

3rd

指導手順
①長音「あ」「い」「う」バージョンの問題プリントを解かせる。長音表記のルールがわかっているか確かめ、理解できてないときは再度長音表記のルールを押さえる。
②長音「え」「お」バージョンのプリントで、のばす音が「え」になったときは「い」と表記する、のばす音が「お」になったときは「う」と表記することがわかっているかを確かめる。理解できていないときは再度表記のルールを押さえる。
③長音「お」「う」バージョンの問題プリントを解かせ、長音の特別ルールがわかっているかを確かめ、理解できてないときは、長音ルールの歌等を使い、特別ルールをつかませる。
④特別ルールの「え」(例:おねえさん)と表記するものについてもふれる。
⑤練習問題を解く。

指導中のひかるさんの様子

長音「あ」「い」「う」バージョンの問題プリントでは、比較的スムーズに問題が解けていましたが、「え」「お」バージョンのプリントになるといくつか勘違いをしていることがわかりました。
・毛糸の絵を見て「けえと」と読み、「けえと」を選ぶ。
・ご馳走を見て「ごちそお」と読み、「ごちそお」を選ぶ。
など読みことばと書きことばが異なる場合は、少し戸惑っているようでした。そこで、「え」と伸ばすときは、「い」と書くこと、「お」と伸ばすときは「う」と書くことを、そのつど声をかけ確認することで、自分でも意識できるようになっていきました。

長音の特別ルールについては、理解が十分でないことがわかったので、問題に迷うたびに歌詞カードを見ながら歌を歌い、確認をして解く練習をしました。

長音のどこでつまずいているのかがわかると、そのつまずきに応じた指導ができ、ひかるさんも「わかった」「できた」が実感できたようです。

1月のMIM-PM(個人レポート「長音」)の結果

MIM-PMの結果を見ると、長音についての指導を行ったことで、得点が伸びていることがわかります。長音のどこでつまずいているのか、そのつまずきをつきとめるためのプリントの活用は有効でした(図10)。

一斉指導では、特別ルールをうまくつかむことができていなかったひかるさんも、個別指導により長音で、「う」と「お」に迷ったとき、「なぜ歌を歌うとよいのか?」がしっかり理解できたようでした。**テスト**①が確実になると自信がついたのか、**テスト**②のかたまり読みのトレーニングにも意欲的になり、毎回熱心に学習に取り組む姿が見られるようになりました。タイムチャレンジをするなどの活動も入れたため、読みのスピードもアップしてきました。

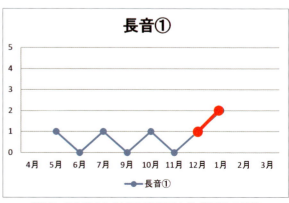

図10　ひかるさんのMIM-PMテスト①「長音」の結果

2 2月1週「拗音表記のルール」の個別指導例

指導目標 拗音表記のルールを確かにし、2月のMIM-PMの**テスト①**「拗音」で2点を得点する。

教材
- 拗音「しゃ」「しゅ」「しょ」の練習プリント（図11〜14）
- 「ゃ」「ゅ」「ょ」が混ざったプリント（図15）
- ちっちゃい「ゃ」「ゅ」「ょ」のかるた（図16）
- 拗音のことば作りプリント（図17）

図11 拗音「しゃ」の練習プリント

図12 拗音「しゅ」の練習プリント

図13 拗音「しょ」の練習プリント

図14 拗音「しゃ」「しゅ」「しょ」の練習プリント

図15 「ゃ」「ゅ」「ょ」が混ざったプリント

図16 ちっちゃい「ゃ」「ゅ」「ょ」のかるた

図17 拗音のことば作りプリント

図11〜15、17

3rd

指導手順
①拗音「しゃ」「しゅ」「しょ」バージョンのプリントを解かせる。どのように解いているのかを確かめる。
②つまずく問題があったときは、「拗音さんかくシート」を用いながら指導を行う。
③文字と音の一致が確実でないものについては、「ちっちゃい『ゃ』『ゅ』『ょ』のかるた」（P88）で、音と文字の一致を確実にする。
④「○ゃ」「○ゅ」「○ょ」が混ざったプリントで練習する。音がわからないときは、「拗音さんかくシート」で確認する。
⑤「拗音のことば作りプリント」や、「ちょっとプリント」で練習問題に取り組む。

指導中のひかるさんの様子

まずは、「しゃ」「しゅ」「しょ」だけの問題プリントから指導を始め、どの音でつまずいているのかを確認しました。ひかるさんは「しゃ」と「しょ」で混乱していました。「しゃ」や「しょ」を「拗音さんかくシート」で確かめたり、「しゃ」の文字の横に線を引いて「し」「ゃ」を速く読ませていくと、次第に「拗音さんかくシート」を使わなくても正しく読めるようになっていきました。その後、文字と音の一致が確かでないものについては、「ちっちゃい『ゃ』『ゅ』『ょ』のかるた」で理解を確かにしていきました。

2月のMIM-PM（個人レポート「拗音」）の結果

図18は、個別指導を行った後の、2月のMIM-PMの結果です。ひかるさんの苦手だった拗音ルールを個別で指導することで、2月のMIM-PMでは正答数も伸びているのがわかります。

長音と拗音表記のルールの理解が確実になると、拗長音も得点を伸ばすことができました（図19）。

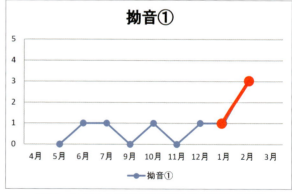

図18　ひかるさんのMIM-PMテスト①「拗音」の結果

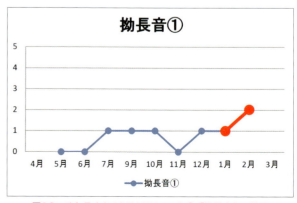

図19　ひかるさんのMIM-PMテスト①「拗長音」の結果

3 2月3〜4週「長音・拗音・拗長音のかたまり読み」の個別指導例

指導目標　長音・拗音・拗長音のかたまり読みを確かにし、2月のMIM-PMの**テスト②**でそれぞれ2点を得点する。

教　材
- 「3つのことばを見つけよう」の冊子（P99参照）
- 「3つのことばを分けて読もう」のプリント（P95参照）　など（長音、拗音、拗長音）

指導手順
①教師が、ことばを先に読み、ひかるさんに追い読みをさせたり、ひかるさんが自分で読んだりする。
②わからないことばについては、説明を加える。
③どんなときにそのことばが用いられるかを一緒に考える。短文作りなどをしたり、ゼスチャーゲームなどをしたりする。

指導中のひかるさんの様子
　ことばを知らないことが読めないことに繋がっていることが多くありました。次第に、ことばの意味を尋ねると積極的に言おうとする姿が見られました。ことばを丁寧に教えることで、少しずつ意味を理解したり、かたまり読みが上手になっていきました。

3rd

2月のMIM-PM（個人レポート「拗長音」）の結果

ひかるさんは個別指導の結果、2月には2ndステージ対象となり、3月にはあと一歩で1stステージ対象の子どもとなるところまでになりました（図20）。

個別指導は、毎回その子のニーズをその場で確認して、すぐに指導を行うことができます。「しゃ」が苦手とわかれば、小さい「ゃ」の付くことばかりを集めて読ませる指導を行うこともできれば、小さい「ゃ」のつくことば集めをすることもできます。

「今、この子が何で困っているのか？」をすぐにキャッチし、その場で指導を行うことができるのが3rdステージの良さであり、そのような指導が必要なのが3rdステージ指導対象の子どもたちです。

3rdステージ指導を行うにあたっては、校内に担任以外の職員で、3rdステージ指導にかかわる「人的配置」「指導内容」「指導時間」などをコーディネートする役割を担うポジションの先生を置きます。そうすることで、子どもの実態を踏まえた指導内容を作り出すことができるようになり、さらには、担任の負担も軽減され、より質の高い指導を子どもたちに届けられるようになります。

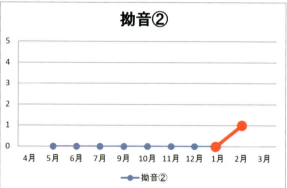

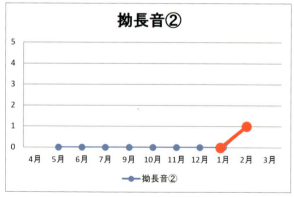

図10 ひかるさんの2月までのMIM-PMテスト②「長音」「拗音」「拗長音」の結果

MIMの一年間を終えたあと

　研修会でよくある質問が、「1年生が終わったら、2ndや3rdステージ対象の子どもはどうなるんですか？」というものです。これは、MIMをして良かったと思うことの一つです。もしも、MIMをしていなければ、おそらく「この子はまだ特殊音節の習得が不十分だ」「この子はかたまり読みが苦手なタイプだ」と子どもたちの今を把握することは難しかったと思います。できないこと、できていないことを知らなければ、子どもたちを支援することができません。その意味から言えば、この子の不十分さをしっかり把握出来ている状態こそが、「次に何をしたら良いのか？」を見つけ出せるきっかけにつながるのだと思います。

　「ここができていない」とわかることが支援のスタートではないでしょうか？ そのことがわかったら、次は、「できていない」ことが、

- 通常の学級の担任だけで解決できるレベルのものか
- 通常の学級の担任と専科教員など支援体制を組みながら解決できるレベルのものか
- 通級指導教室のような＋αの応援を受けた方がいいのか
- 学びの場を支援学級などにした方がより豊かな学びとなるのか　など

その子にとって必要な支援方法は何なのかを、学校全体として考える必要があります。その際、学校だけで考えるのではなく、スクールカウンセラーや巡回相談、通級指導教室の教育相談などを活用して、この子にとって必要な支援は何か、その支援をどこで受けることが望ましいのかを話し合って欲しいと思います。

　2年生に進級することで、MIMの指導自体は無くなったとしても、MIMの実践を通して先生方がつかんだ子どもの実態や子どもにとって必要な支援は、その後も途切れることなく続けていきたいものです。

章のおわりに

　1stステージから3rdステージ指導までの1年間は、常に「この子はどこで困っているのか？」「どんな指導が必要か？」を考え、日々の指導を丁寧に綴る毎日のような気がしています。

　本章では、「アセスメント結果を指導に活かす」をキーワードに、それぞれのステージごとに、

●アセスメント結果（「MIM-PMクラスレポート」「個別の配慮計画」）の見方
●結果をもとに学級全体や個々の子どもたちのニーズを踏まえた具体的な指導方法について

をご紹介しました。

　本章を読むことで、MIM-PMは実施したけど、この結果をどう活かしたらいいのだろう？　この子がどこでつまずいているのかはわかった。でもどんな指導をしたらいいのだろう？　と、悩んだり、迷ったりしている先生方が、「まずはこれをやってみようかな」「その次はこれをしよう」と、指導のヒントを手にしてもらえることを願っています。

　しかし、本章で取り上げている学習をそのまま実践しても、うまく行かないときもあると思います。子どもや学級の実態は、それぞれ違います。全てに万能な指導法はありません。もしも上手く行かない時は、もう一度アセスメント結果を見直し、どこを変えたらいいのか？　どう変えたらいいのか？を是非考えてみてください。

　そして、うまくいかないときは１つの方法にこだわることなく、次の方法を試してほしいと思います。今の指導が子どもに届いているのかどうかは、子どもの様子を見ればわかります。アセスメント結果を見ればよりはっきりとわかります。

　読めることは、全ての学習理解につながっていく一歩です。「いつかわかる」ではなく、「今わかる」「今できる」子どもたちにしたいものです。

　この２章が、学級や子どもの実態に応じた指導を作り出すきっかけとなり、みなさんの目の前にいる全ての子どもたちが笑顔になれるお役に立つことができたら幸いです。

第3章

MIMを効果的に行うために

1-1
通常の学級担任としてのMIM

東京都西東京市立小学校　栗原 光世

1 なぜMIMが必要なのか

　毎年多くの1年生が入学してくる4月。子どもたちは期待に胸を膨らませ教室へと向かいます。話の聞き方やトイレの使い方など学校生活についての学習をしていると、子どもたちから「先生、勉強まだしないの？　教科書いつ見るの？」といった声が聞かれます。子どもたちにとって、学校は新しい教科書やノート、鉛筆を使った「楽しみな学習の場」なのです。

　こうした子どもたちの期待に満ち溢れた授業ですが、10分程度の話の中、背筋をぴんと伸ばして座っていられる子どももいれば、周りの様子が気になってきょろきょろし始める子どももいます。また、自分の名前を上手に書ける子どももいれば、机に貼られた名前シールを見ながら一生懸命に写している子どももいます。一つ一つの学習活動にばらつきがあるのは当然です。今までの環境も違えば、何より一人一人が異なる人間なのですから。

　この一人一人の違いを大切にしながら指導していこうというのがMIMの考え方です。35人の子どもがいれば35通りの学び方があります。一人の担任が一度に35通りの授業を行うことは不可能です。しかし、35人の子どもたちが「わかった」「できた」といえる授業を目指していくことはできます。

　このように、通常の学級では、多様な子どもの「わかる」「楽しい」学習を目指す必要があり、これがMIMにおいても大切にしている考え方なのです。

2 MIM-PMを行う際の工夫・秘訣

　MIMの指導で大切にしているのは、アセスメントによる一人一人の子どもの実態把握と、その子どもへの効果的な指導です。わかりやすくいえば、「子どものことを理解しよう」「子どもたちがわかる授業をしよう」ということで、子どもの様子を教師の経験や感覚だけに頼らず、さまざまな角度から捉え、実態に合わせた指導を行っていきます。

　MIM-PMでは、1年生の5月であれば、このくらいといった値が示されます。そして、4月当初からクラスの中の相対的な評価を行うことができます。先生が変わったら、子どもの評価が大幅に変わった、ということはあってはなりません。客観的なデータに基づく評価が、真の子どもの姿を知るためには大切です。また、このような科学的なデータを基にした子どもの評価は、クラス替えの時などにも役立ちます。

　また、MIM-PMの良さは、子どもの実態把握を、月に1度のペースで繰り返し行えることです。通常の学級で担任がクラスの子どもに対して、短時間で一斉にとることができます。さらには、子どもがMIM-PMを行うことを楽しみにしていることは何よりの良さといえます。

　1年生であっても、自分ができたかどうか、ということは非常に気になります。MIM-PMを行うと、「前よりできた！」などの声が聞かれます。素早く回収をすることで、子ども同士が何問終わったか、という競い合いになることもほとんどありません。

MIM-PMの実施に関わる具体的な留意点

● 慣れてきても、実施方法の確認をする

　前回欠席している子どもや、実施に際し不安のある子どもがいます。また、課題の進め方について、「1番から横に行っていく」という言葉とともに、「廊下側から窓側に向かって」といった具体的な表現も使用し、左右がよくわからなくても、困ることがないようにします。

● 机の整理整頓

　実施する際は、鉛筆を1本だけ机上に置かせることにしています。実施要領には、鉛筆2本とありますが、プリントを回す際や、アセスメント実施中に、予備の鉛筆を落とすことがあるためです。こうした子どもへは、教師が予備の鉛筆をもって、素早く対応することで解決できます。

● 名前や番号が書けているか確認

　プリント配布だけでのんびりしている子どもがいます。必ずアセスメント用紙に名前が書かれているかを確認します。

● 「はじめ」の号令に合わせて、紙を裏返して問題を解き始めているか確認

　アセスメント用紙を裏返しても、書かれている問題を見渡していて、なかなか問題に進まない子どもがいます。その際には「始めるよ」と1番の問題に指を置

き、問題に取り組むよう促します。

● 1番から、横に進んでいるか確認

　慣れていない初期には、縦に進もうとする子どもがいるので確認します。

● つまずいた問題で止まっていないか確認

　問題開始前に、「わからない問題は飛ばしてよい」と指示はしますが、一つの問題でしばらく動かなくなっている子どもがいます。個別に「わからなかったら、次の問題に進んでいいよ」と指示することで、安心して次の問題へ進むことができます。

●「終わり」の合図で鉛筆を置いているか確認

　「終わり」の合図で鉛筆を置いて手を頭の上に置きますが、慣れてくると、より多くの問題をやりたい気持ちが勝り、続けてしまう子もいます。必ず全員が見渡せる場所で、鉛筆を置いているかを確かめます。

● 回収時に鉛筆を持っていないか確認

　やはりもっと多くの問題をやりたいという気持ちから、回収されるまでの時間に、再度鉛筆を持って問題をやり始めようとする子がいます。「また、来月やるからね。その時に今日よりもっと進めるといいね」と意欲を大事にしながら、けじめをつけさせます。

　これらの子どもの様子を確認するためには、担任が机間を回ることや、教室前方から全員を見渡すことが必要です。子どものやる気を大切にしながら、正確なデータでの実態把握ができるようにします。

MIM-PMの集計

　MIM-PMを取ったら、なるべく早く丸付けを行うことが早期支援につながります。アセスメントをとっても、丸付けを1日延ばすと、いつの間にか次の月になり、未集計のアセスメント用紙がたまっていくことになりかねません。また、一人一人の子どもの様子を知っている担任が丸付けをすることが、子どもの実態把握には有効です。しかしそれが難しい場合には、採点せずに放置するよりも、「チームMIM」として、副担任や専科の先生等にお願いすることも考えられます。一番大事なことは、つまずきのある子どもの早期把握、早期支援です。

アセスメントの解釈

● 子どもの変容を見るアセスメント

　通常の学級の担任が子どもの実態把握をしやすいのが、クラスレポートです。できると思っていた子どもが黄色く色分け（2ndステージ）されていることもあります。教師が予想よりもできていないとみなした子どもの中には、教室での行動、特に会話によるコミュニケーションの流暢性から、読みのつまずきに気づきにくい場合があります。「授業中の発言も多く、進んでお手伝いをしてくれて、よく気がつく子どもなので、まさか言葉につまずきがあるとは思わなかった」といった読みの学習面におけるつまずきが見過ごされたケースもあります。このように、MIM-PMの結果から「読みには苦労していたんだ」という新たな子ども理解につながります。

　また、採点の際の気づきを子どもにフィードバックすることもあります。例えば、丸や線を几帳面に形を整えて書いているために、なかなか問題数をこなせないように思われる場合、MIM-PMの実施前に「丸の形がおかしくても、シュッシュッと印をつけてくれれば大丈夫。先生が見てわかればいいからね」と具体的に教えることもあります。もちろん、伝えてもなかなか進まない、つまり、読みの処理の遅さが根底にある場合もあります。ポイントは、課題への取り組みが遅い、誤りが多い、といった場合に、その原因を探っていくことです。

● 教師の指導力を見るアセスメント

　クラスの子どもの1st、2nd、3rdの色分けや、標準化された得点と、自分のクラス平均とを見比べることで、クラスの様子を客観的に見ることができます。ほぼ同じような子どもがそろった隣のクラスと見比べ、子どもの伸びはどうかを見ることは、指導の在り方を見直すきっかけにもなります。

　例えば、2年生になる際、子どもの学習について均等になるように分けたはずのクラスで、1学期初めには同じようなクラスレポートであったのが、2学期に入ると、一方のクラスだけが伸び、もう一方のクラスは停滞したことがありました。その差の要因の一つには、担任による指導の違いが考えられます。もしも、子どもが伸び悩んでいるとしたら、子どものせいにするのではなく、指導を振り返ることが必要です。隣のクラスでは、どのような指導がされているのか、

見たり、情報を交換したりすることが有効です。教師自身が自分の指導について、客観的に見ることができるのもMIM-PMの良さだと考えています。

MIM-PMの活用

　私はMIM-PMは集計後に、子どもに返却しています。その際、まだ解いていない問題を行うことも有効です。たくさんの言葉に触れることを考えれば、最後まで活用したいものです。また、丸を書くことが丁寧な子どもには、残りの問題を行わせる際に、簡単に印をつける実践を「シュッ、シュッ」と言いながら目の前で行うのもよいでしょう。集計後、最後まで行った問題の丸付けを、担任が行う余裕はなかなかありません。そこで、丸つけを保護者にお願いしています。そのためにも、保護者会等で、MIM-PMについて理解してもらっておくとスムーズです。

　MIM-PMは、子どものつまずきの把握とともに、教師の指導への客観的な指標となることを述べてきました。読みは、どの教科でも必要な、基礎的な力です。担任による「あの子よくできる」という感覚だけでなく、信頼できるデータとして扱うことができます。

　さらには、特別な支援を必要する子どもがいた時に、校内委員会での情報としても、客観的なデータは有効です。つまずきを明らかにすることは、支援方法や支援の場所を考える際にも有効な資料となり得ます。特にMIM-PMは、特殊音節の要素ごとの得点がわかるため、支援方法のヒントになります。

　ここで、片仮名につまずきのある子どもとの指導のエピソードを紹介しましょう。普段の学習では、個別に片仮名補助プリントを用意し、放課後には個別に指導していました。しかし、毎日個別指導ができる訳ではないため、保護者に協力してもらおうと考えました。その際、MIM-PMの個人レポートの中の要素ごとのグラフから片仮名の部分を提示することで、理解してもらうことができました。そして、MIMのことば絵カードを貸し出し、家庭でもことば絵カードを使って、片仮名言葉を練習してもらいました。言葉のつまずきを大きな枠でとらえるのではなく、支援内容を具体的にすることは、子どもにとっても限られた範囲を集中して取り組めばよいという点で、負担が少なくなります。

　また、この事例では、片仮名のつまずきを客観的にグラフに示すことで、保護者も、片仮名を習得するためにどうすればよいかを真剣に考えてくれました。そして、ことば絵カードを中心に行いながら、家庭にある片仮名で表現する言葉を確認してくれるようになりました。何でつまずいているのか、という点を明確にすることにより、支援方法を具体的に保護者等の支援者に伝えることができ、効果的に進めることができました。

3　1stステージ指導の工夫・秘訣

　「効果的な指導」とは、子どもにとって「効果的」であり、それを子どもの言葉でいうと「わかる」「できる」「楽しい」指導だといえます。「わかる」ためには、内容（「何を」）と手段（「どのように」）の両方で「わかりやすさ」が求められます。内容は指導要領に基づいたものになりますが、わかりやすく教えるためには、具体的に何を教えるか吟味する必要が出てきます。

　「わかりやすさ」は、子どもが納得できることであり、他の場面で子どもが活用できるものでなくてはなりません。教師の話を聞いた時だけわかったつもりになるのは、「できる」ことにつながりません。この「わかりやすさ」の一つに、「基礎的な内容をルールにする」ということがあります。ルールを、子どもたちのわかる手段で提示することが重要です。

　MIMで取り上げる読みの指導では、LDに限らず、多くの子どもにもつまずきとして見られる、特殊音節に焦点を当てた指導を提案しています。

　その中で、「①視覚化や動作化を通じた音声構造の理解」「②（逐字ではなく）かたまりとして語を捉えることによる読みの速度の向上」「③日常的に用いる語彙の拡大と使用」の3点がポイントとして挙げられています。①に当たるのが、今まで述べてきた手段の部分になります。

　特殊音節の中でも、小さい「っ」を抜かした文をよく見かけます。赤ペンで「っ」を書き入れたり、付箋を貼ったりして、子どもに直させようとします。その誤りを子どもに伝えるとき、「ここ『っ』が抜けているよ」という言葉は掛けたとしても、どうしたら「っ」を抜かさないで書けるようになるのかについて指導しているでしょうか。私自身の経験からも、「っ」の正しい入れ方をルールとして教えてもらった記憶はありません。「いつかできるようになる」と心のどこかで思っているか、「仕方ないわね」とあきらめているか…。いずれにしても、「なぜ間違えるのか」「どうしたら間違えなく書けるようになるのか」といった根本的なところに焦点を当てることはなかったように思います。

「こうしたら、間違えないよ」と教えることなく、促音のある言葉を読んだり書かせたりして、自然に習得できるようにさせるというのは、随分と乱暴な話です。ある人に「促音」がなかなか定着しない実態について話したところ、「教科書では教えてないの？」と素朴な質問を受けたことがあります。どの教科書も、1年生の1学期にたいてい見開き1ページのスペースで「つまるおと」（促音）の指導ページが用意されています。そこでは、イラストと文字を対応させたものをサラッと読んで、言葉集めをして終わりというような授業をこれまで行っていました。

日常的に高頻度で使用される「促音」を、経験上、つまずきが多くあるとわかっていながら、放置してきたのは反省すべきところです。

MIMでは、このようなつまずきが長引きやすいにもかかわらず指導が十分でなかった特殊音節指導に焦点を当てています。

1stステージ指導は、通常の学級での授業をターゲットとしています。したがって、40人近い子どもたちにいかに「わかりやすく」ルールを教えていくかがカギになります。そのために大切にしているのが「楽しさ」です。

授業に参加させる

「この授業面白そう！」と思わなければ、いくらルールを話したところで子どもは聞いてくれません。相手は、まだ入学して2か月程の1年生です。授業をスタートする際に、まずは全員の顔を見渡して、教師が笑顔で始めます。できれば、全員の顔を見渡した際に、教師の笑顔を子どもたちにも伝染させておくことが大切です。こちらの笑顔にも反応せず、ムスッとした表情の子どもがいれば、休み時間に「何かあったのか」「今日は調子が悪いのか」等、学習を迎える姿勢が整っているか、注意してみてあげることが必要です。

授業のねらいを伝える（「ことばのたつじん」）

子どもたちは、今日の授業で、「何を学習するのか」について興味を持っています。ここが肝心で、「おもしろそう」、「やってみよう」という意欲を持たせなければ、45分の授業は始まりません。そこで、MIMにおいては、授業の冒頭に、「ことばのたつじんになろう」というめあてを子どもに伝えています。すると、指導を進めるにしたがって、子ども自身が「小さい『っ』のつく言葉の学習だ」と気づいてきます。

ただ、「ことばのたつじんになろう」と黒板に書い

```
1  内容の理解
     絵と音→視覚化・動作化→文字
2  内容の確認
     言葉集め
3  内容の定着・個別指導
     書く（ちょっとかわったよみかたのかきとりしゅう）
4  おたのしみクイズ
     （学校生活で繰り返し指導できる手段を共通理解させる）
```

図1　MIM 1stステージ指導（授業）の流れ

ただけでは、子どもにとって、おもしろさはありません。そこで「たつじん」を「たつしん」とわざと誤って書きます。すると、子どもたちはザワザワし始めます。たとえ黒板を見ていなかった子どもがいたとしても、周りの友だちがザワザワし始めると、注意が向くようになります。教室に「先生の書いたのはおかしい！」という雰囲気ができたらチャンスです。「何かおかしなところある？」と尋ねると「あるある。『たつしん』じゃなくて『たつじん』だよ」という声が上がります。ただし、ここですぐには同意しません。それではただ一瞬の注意を向けさせたに過ぎず、しかも、声を上げた子どもだけのものになってしまうからです。

そこで、「変なところがあったらストップって言ってね」と言い、「ことばのたつしん」という文字の横を上から順に指でなぞっていきます。最初は、素早くなぞります。すると子どもたちは、ストップをかけることができず、「早いよ！」と言ってきます。これによって、注意が向いていなかった子どもも、2回目のストップコールには参加することができるようになります。そして、2回目も早くなぞります。ストップがかけられず、「もっとゆっくりにして」という注文が入ります。教師はその声に「早かったのね。ゆっくりがいいのね」と答えます。これが大切です。教師に「わからない」「困っている」とサインを出せば、きちんと応えてくれるのだとわかり、子どもたちが安心して取り組むための基盤つくりになるからです。

このようにして、子どもたち全員でのストップコールによって「ことばのたつじん」の授業が開始されます。「たつじんって何か知ってる？」という教師の問いに、「すごい人」「上手な人」といった声が上がります。そこで、「今日、みんなは何の達人になるの？」と尋ねると、ちょっと考えて「ことば」という返事が返ってきます。こうして、「言葉を上手に使える人になるための授業」ということが子どもにも理解できるのです。

絵と音の一致（「ねこ」と「ねっこ」）

続いて、「ねこ」の絵カードを瞬時に見せ、注意を向けさせます。その後、「ねこ」の絵と音を一致させます。ここでは、「ねこ」の絵を見て「ねこ」という音で示すことを確認することが大切です。なるべくはっきりと、声に出して言わせるようにします。続いて、木の根の絵を見せ「ねっこ」という絵と音声を一致させます。二つの絵を指して、何度か「ねこ」と「ねっこ」を言わせ、音声として認識させます。この時にスピードを変えて言わせるのもよいでしょう。ゆっくり言うことで「ねっこ」の「っ」に1拍を感じさせるためです。

音の視覚化（「ねこ」と「ねっこ」）

音は目に見えません。「ねこ」も「ねっこ」も「ね」「こ」という2文字を発音していますが、「ねっこ」には「ね」と「こ」の間に間を感じます。この見えない音声を、小さな丸い記号で示すようにします。「ねこ」の絵の下には、丸い記号を2つ、「ねこ」と言いながら置きます。続いて「ねっこ」の絵の下にも、丸い記号を2つ「ねっこ」と言いながら置きます。置かれた記号はともに、2つです。「『ねこ』も『ねっこ』も、同じだね？！」と驚いたように教師が言うと、「え、ちがう！」という子どもの声が返ってきます。

「ねこ」と「ねっこ」につけられた記号を見比べさせます。すると子どもは、「『ねこ』と『ねっこ』は違うのに、どうして記号は同じなのか、『ねっこ』には何か入るのに、なぜ先生は同じだなんて言うんだ」と必死に教師にわかってもらおうと説明を始めます。

通常の学級の良さは、ここにあります。「先生が言うから、『ねこ』も『ねっこ』も同じなのかな」と思う子がいる一方で、「音とぴったりこないからおかしい」と考える子もいます。そこで、「おかしい」と違和感を感じている子どもの言葉を借りて、「何かおかしいんだね。何か入る？」と返します。すると「入れたい！」と興味を持ってきます。そこで、「この小さい丸、いるかな？」と投げかけると、「ねっこ」の絵で使いたいという声が上がります。「ねっこ」の絵を見ながら、「ねっこ」と声に出し、どこに間があるのか音で感じさせた後、小さい丸い記号を入れるようにします。「丸を入れるところで、ストップをかけてね」と授業の冒頭で「たつじん」の濁点を入れた要領で、ストップをかけさせます。この間、注意がそれた子どもも、ストップコールには参加し、また授業の軌道に乗ることができるようになります。ここで、「『ねっこ』には、何か間が空いていた」、「スキップするみたい」、「息が詰まる感じ」と子どもの表現する何かが、小さい丸い記号によって見えるようになるのです。

視覚化から動作化へ（「ねこ」と「ねっこ」）

すぐに消えていく音が記号によって見えるようになり、納得した子どもたちに、今度は、目で見えるようになった記号を手助けにしながら「ねこ」と「ねっこ」を手をたたいて表現させます。「大きな丸の記号の時には、手をぱちんとたたく」というルールで「ねこ」をやってみせます。「ねこ」と言いながら「ね」でパチン、「こ」でパチン、と2回たたきます。必ず「ねこは、こうなります」と言って、全員が見えるように注意を向けさせてから、モデルをするようにします。その後「どうぞ」と言って全員で手を打ってみます。ただし、1回目はたいてい声はあまり出ません。手をたたくという動作に注意が向いているためです。そこで、2回目には「声も出してやってみましょう。どうぞ」と言って音声と動作を一致させます。同様に「『ねっこ』の場合、小さい丸の記号の時には、手をグーにして握ります。こうなります。『ねっこ』」とモデルを見せます。そして「どうぞ」の合図で全員で行います。

ここからは、動作化を定着させるための練習です。「ねこ」と「ねっこ」の絵を交互に指して、声に出しながら、動作化を行うようにします。その際、同じように動作化を何回もやっては、子どもたちもすぐに飽きてしまいます。また、十分に担任が全員の動作化の習得具合を見ることは難しいでしょう。

そこで、列ごとに「ねこ」「ねっこ」を動作化させ確認します。その際、後ろの席や中間の席の子どもの手が見えない場合もあるので、手を上にあげた状態での動作化や、指先だけで行う動作化などを取り入れます。これは飽きさせないだけの工夫ではありません。大きな動作化については、自分の動きが視野の範囲を超えるため、リズムの取りにくい子どもも出てきます。そこで、大きい動作化をしたら、その後は、指先だけを使って自分の目の前で行う小さな動作化も行うようにします。そして、大きい動作化でうまくいかない子どもを見つけたら、基本の動作化ができているのか、小さい動作化ならばできるのか、促音のところで1拍がとれるか等、しっかりと見ていきます。

このように、動作化を「ゾウのように大きく」「ありのように小さく」「速く」「ゆっくり」等、いろいろなバリエーションで行うことにより、動作化に慣れさせ、自然に拍を意識しながら言うことができるようにします。

文字へ（「ねこ」と「ねっこ」）（図2）

動作化ができるようになった子どもに、今度は、記号を文字に変換させることを教えます。大きな丸は、その音のひらがなで表記し、小さい丸は、小さい「っ」を書くルールであることを伝えます。絵から音声、視覚化、動作化と段階を踏んでようやく文字が出てくるのです。

このような、絵と音の一致からスタートするステップは、子どもが言葉を学ぶ時と同じであると子育てをした経験を思い起こしても感じます。子どもが言葉を獲得してきた順番に立ち返り、指導を行うことが、スムーズな理解を促すと考えます。それと比較すると、以前の指導は、「小学校イコール文字指導」でした。発達の個人差があると考えれば、いかに文字からスタートすることが拙速な指導であったかと感じざるを得ません。ただ、その背景には定型発達の子どもの場合には、小学校入学時には文字に興味を持ち、自分の周りの文字をある程度読んだり書いたりできている現状があります。しかし、いろいろな子どもたちが入学する通常の学級だからこそ、個々のニーズを考え、誰もがわかりやすい内容と方法で指導を開始することが重要なのです。

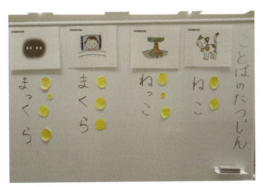

図2　促音の板書

ルールの理解から、定着へ

「ねこ」と「ねっこ」の学習から、「まくら」と「まっくら」の学習へとつなげ、同じパターンによる確認の学習を行います。続いて、言葉集めをします。言葉集めでは、子どもの出した言葉を視覚化の記号で示し、動作化へと結びつけます。いろいろな言葉が出てくると、同じ記号で表すことのできる言葉も見つかり、音韻レベルで言葉の仲間分けをしていく子どもも出てきます。

例えば「●●●」という記号で表わされる言葉は、「ねっこ」「きって」「きっぷ」「はっぱ」「しっぽ」「こっぷ（コップ）」等、たくさんあります。同じ記号、同じ動作化を同じ仲間として分類しながら、言葉を増やすことができます。また、「っ」のつく長い言葉を見つけようとする子も出てきます。こうして黒板いっぱいになった、「っ」を含む言葉を全員で動作化しながら言ってみる活動をします。これらを十分に行い、ようやく書く活動へと移ります。

読みから書く活動へ

書くことに抵抗感のある子どもは、どのクラスにもいます。だからこそ、苦手であってもできる課題にする必要があるのです。ワークシートは、「ちょっとかわったよみかたのかきとりしゅう」の中から、子どもの状態に合わせて選びます。平仮名を習ったばかりであれば、なぞり書きのあるワークシート（図3-1）を用います。平仮名はだいたい書けていて、「っ」の使い方に意識を向けて書かせたければ、「っ」の部分になぞり書きのないものを（図3-2）、平仮名は読み書きできるのであればなぞり書きのない、視覚化の記号のみのもの（図3-3）、2年生になって、「っ」も定着し、確認のためであれば、絵とマスのみのもの（図3-4）を使うようにします。このように、子どもの実態を把握し、ワークシートを選びます。

ワークシートを複数種類用意して、子どもに選ばせたりすることもあります。2年生ぐらいになれば、子ども自身が自由に選択することも可能です。ただし、実際に本人に選ばせるためには、クラスの雰囲気として、自分の選びたいものを選ぶことが当たり前になっている必要があります。低学年のうちから自分に必要なものがわかり、友だちと異なるものを選んでも良い雰囲気を味わわせておきたいものです。

一方教師の予想に反して、持っている力以上の

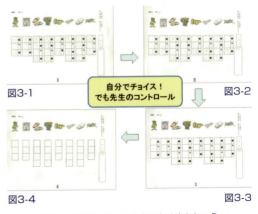

ちょっとかわったよみかたのかきとりしゅう

ワークシートを持っていき、途中で止まってしまった子どもには、教師が、できているところまでをほめ、途中からでも難易度の異なるシートを選択してもよいことを伝えます。子どもにとっては、「始めからやり直すのか」という思いがあるため、なかなか応じませんが、ワークシートを切って、できているところまでを生かしつつ、後半部分を新しいワークシートに付け替えてあげるといった、ちょっと大胆なプリントを授業中に作成することも時には必要です。このような対応を周りの子どもも見ていて、「できなかったら、変えてもいいんだ」「最初からやり直す必要はないんだ」と知り、安心して教師にワークシートの変更を申し出ることができるようになります。

こうした切り貼りしたワークシートを、以前であれば、見た目もよくないと思い、最初から書き直しをさせていましたが、「子どもの学びのため」と考えれば、見た目ではなく、子どもの気持ちを尊重できるようになりました。

通常の学級にいる子どもへの対応として、つまずきそうな子どもに対しては、配慮が必要だといわれます。一方で、通常の学級には、課題がどんどんできる子どももいます。早くワークシートの課題が終わった子どもに「もう、終わったの?」「見直しは?」と声を掛けた後、「終わったら読書していていいよ」とこれまでよく言っていました。しかし、ワークシートの裏面に、言葉集め用のマス（図4）を用意しておけば、早く終わった子どもも、次の課題を行うことができます。例えば「っ」のつく言葉を集めるという課題にすれば、授業のねらいからそれずに、学習を続けることができます。それでも早く終わってしまったら、集めた言葉を使って、文を作るようにします。

一方、「っ」のつく言葉を見つけられない子どもに対しては、前の活動で板書された言葉を真似してもよいことを伝えることで、「自分でも書けた」という思いで課題へ取り組むことができます。

長音の指導（図5）

長音でも、促音と同様、絵と音の一致、視覚化、動作化を丁寧に行います。そして、長音指導で一番重要にしたいのは、ルール化とその確認です。

「おかあさん」「おじいさん」「さんすう」といった、伸ばして「あ」「い」「う」になる言葉の場合には、そのまま伸ばした音の文字を書きます。ところが、伸ばして「え」になる時には「い」と表記します。ただし、「おねえさん」だけは、伸ばして「え」の音のまま「おねえさん」と書いてよいという例外ルールを明確に教えます。同様に、伸ばして「お」の音も、基本的には「う」と表記しますが、「こおり」「おおきい」等、伸ばして「お」のまま「お」と表記する例外ルールがあることを伝えます。これらのルールを知っていれば、書き誤ることはありません。伸ばして「お」になる例外の言葉は、「森のくまさん」の歌にのせて、覚えることができます（図6）。

このような7つの言葉を覚えることが難しい子どもにとっても、歌であれば自然に口ずさむことができます。また、掲示物として貼っておけば、子どもにとっての安心感にも繋がります。「掲示物のところへ行けばわかる」と思えることが重要です。常に掲示することによって、覚えるきっかけにもなります。休み時

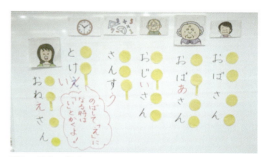

図5　長音の板書

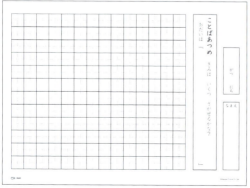

図4　ことばあつめプリント

図6　長音「お」の特別な表記を覚えるための歌

間に掲示物を見ながら歌っている子どももよく見かけます。授業という枠組みを超え、楽しみながら学ぶことができる教材になるのです。

拗音の指導

拗音の指導も、絵と音の一致と共に、視覚化や動作化を十分に行います。拗音では、文字の合成や分解に着目することにより、正確に読んだり書いたりすることができます。「拗音さんかくシート」（図7）を使って、２文字の「し」「や」を速く言うと、合成されて「しゃ」という1音になります。逆に、「しゃ」という1音をゆっくりと言うことにより「し」「や」と言う２文字に分解できます。読みの場合には前者の「速く言う」ことにより正しい読みに繋がり、書く場合には「しゃ」を「ゆっくり言う」ことにより「し」「や」の２文字を書けばよいと言うことがわかります。このような、さんかくシートの考えを使って、スピードを変えれば自分で読んだり書いたりすることができるのだと子ども自身が気づくことが大切です。

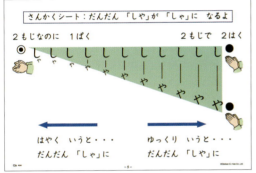

図7　拗音さんかくシート

4 2ndステージ指導の工夫・秘訣

2ndステージ指導では、子どもたちに1stステージ指導が効果的に行えていたかどうかが、重要なカギを握ってきます。大切なのは、1stステージで行った「絵と音の一致」、「視覚化」「動作化」といった内容を、まだ理解していない子どもに丁寧に伝え、定着を図ることです。

全員が初めて学ぶ1stステージ指導と違い、既に理解できている子どもとまだ理解が十分でない子どもが混在しているクラスの中で、2ndステージの子どもへ焦点を当てつつ、全体指導をしていきます。理解できている子どもには、さらに言葉の力を伸ばす指導をしつつ、2ndステージの子どもには、より丁寧なフィードバックをしながら授業を行います。

この時に重要なのは、2ndステージの子どもがわかるような手立てを工夫することです。「一度やったのだからわかるでしょう」ではなく、絵や言葉等により豊富にヒントを与え、自分でできるよう支援します。さらに具体的にほめ、自信をつけさせます。また、誤りは素早く見つけ、その場で訂正し、正しいルールの理解を定着させることが重要です。そこで、授業中は2nd、3rdステージの子どもの習得状況をその都度確認しながら進めていく必要があります。

2ndステージ指導の時間設定

年間指導計画における言語の指導の時間を把握し、MIMの指導を取り入れていきます。具体的には、1、2年生であれば平仮名や片仮名、漢字の学習を行っている45分の授業時間の中で、前半は新出漢字の学習、後半はMIMの2ndステージ指導というように時間を作ります（図8）。

理解・定着をねらったゲームとして考案した「ことばあわせゲーム」は、実施済みのMIM-PMアセスメントシートを画用紙に印刷し、かるたの要領で行うゲームです。拗音、拗長音を中心にゲームをする場合には、例えば図9の赤枠で囲った10種のカードを、参加する人数と同じ枚数用意します。

手順は、

①一人分のカードは読み札として一山にして裏返して中央に置く。

②残りの人の分のカードは表にしてかるたのようにバラバラに広げておく。

③１番の人が、裏返しにした山からカードを１枚取り、カードを他の子に見せないように、動作化しながら、そのことばを読み上げる。

ちょっと2ndステージ学習（20分）

国語：平仮名・漢字の学習後の15～20分
- 1stステージ指導の確認
  （絵と音⇒視覚化・動作化⇒文字の確認）
- 理解・定着をねらったゲーム
  - ○ちっちゃい「ゃ」「ゅ」「ょ」のバスケット
    （MIMのガイドブックpp.88-89）
  - ○聴写（MIMことば絵カードを使用）
  - ○ことばあわせゲーム

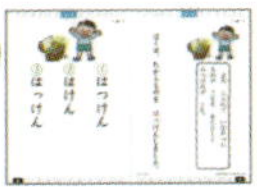

図8　2ndステージ指導の一例

図9　ことばあわせゲーム

図10
MIM「ことば絵カード」を使ったフラッシュカード

④他の子は、言われたカードを見つけたら、かるたの要領で取る。初めは、一人一枚というルールにするが、慣れてきたら一人○枚まで取ってOKというようにしていく。

⑤人数分のカードがあるので、該当の言葉のカードが全て取られたら、みんなで動作化をしながら言う。

⑥次の人が山からカードを引く。③へ戻る。

　このゲームのポイントは、「かるたと同じだが、同じことばのカードがたくさんあること」「教材作成に負担がないこと」「何度も動作化をしながら言うので、定着が図れること」です。

　一方、まだクラス全体で、ルール自体を確認することが必要であるという場合には、思い切って45分の授業を丸々特殊音節の指導に当てることも重要です。毎日読み書きする言葉をわからないままにするより、1時間を使ってクラス全体の理解を確かなものにする方がその後の全ての授業をスムーズなものにします。

授業の工夫

　2ndステージ指導は、既に理解できている子どももいる中で行われます。それゆえ、ルールの確認を行い、その定着を図るためにゲーム等を取り入れた指導や個別の進度に合わせたワークシートを準備することが大切になります。ルールの定着を図るためには、ただ書かせるだけでなく、声に出したり、読んだり、書いたり等、さまざまな手段で特殊音節に慣れていくことが求められます。そこで、ゲーム感覚で取り組める課題を行っていき、子どもはゲームに参加している中で、楽しく学習の定着ができるようにします。

　絵を音にし、文字を読むことを意識した活動の一つにフラッシュカードがあります（図10）。まず、「ことば絵カード」の上部のみを実物投影機等でクラス全体に提示し、フラッシュカードの要領で絵の言葉を言わせます。

　続いて「ことば絵カード」全体を見せ、正しく書いてあるものを選ばせます。この際、声で答えさせるのではなく、指で番号を答えさせると、教師からも正誤がよくわかります。同時に、つまずきのある子どもにとっては、友だちの指を見れば、正解がわかるため、参加しやすくなります。子どもが答えた後には、教師は正しい答えを示し、全体で確認するようにします。このフラッシュカードは、準備もいらず、何度でも行うことができます。また、クラスの実態から、「今日は促音を中心にやろう」という場合には、促音のカードに絞って行うこともできます。MIM-PMから捉えられる子どもの実態に合わせ、要素ごとに取り組むとよいでしょう。

　書くことを意識したゲームとして、「ことばリレー」があります。グループごとに机を合わせ、1枚の紙に順番に、お題に合った言葉を書いていきます。お題は「ちいさい『っ』のつくことば」など、要素ごとに行います。また、グループで書いた言葉を掲示すると、たくさんの言葉を知ることにもつながります。お楽しみ会などで取り入れる場合には、黒板から離れたところにグループごとに1列に並び、チョークをバトン代わりにして一人ずつ書いていくこともできます。黒板に書くことにより、子どもにとっては普段と異なる楽しい活動になります。ここで重要なのが、2ndステージ対策です。なかなか思いつかない、書けない子どものために、黒板の下に、ヒントカードとして、お題にあった「ことば絵カード」を置いておき、困ったらそこにあるカードの言葉を書いてもよいことにします。そうすることで、どの子も困ることなく、参加できます。

自分で言葉を見つけられる子どもには、ヒントカードは必要ありません。それどころか、ヒントに無い言葉、友だちが書かなそうな言葉を見つけようと躍起になります。いろいろな言葉がでてくれば、クラスで語彙を増やすことにつながります。

ワークシートの工夫も必要です。同じワークシートでは、理解できている子どもにとっては、すぐに終わってしまいます。1stステージの子どもへの課題が十分に用意されていないと、「先生、プリント終わったよ」という子どもへの対応のために、2ndステージの指導が落ち着いてできないことにもなりかねません。

例えば、図11のような、絵、視覚化を用いたプリント（ちょっとかわったよみかたのかきとりしゅう）を使うときに、裏面には、「ことばあつめ」プリント（P128の図4参照）を印刷しておきます。さらに、別紙で、いつでも使える、集めた言葉を文に直す「もしもさくぶん」プリント（図12）を用意しておき、表面が終わったら裏面、それも終わったら作文のワークシートをやるというようにしておけば、1stの子への対応に振り回されることを防ぐことができます。尚、これらはいずれもMIMのパッケージ内のCD-ROMに入っています。

また、集めた言葉を使って自分で早口言葉を作る、という課題を考えても良いでしょう。図13は、2年生の子どもがワークシート課題を終えた後、自分で作った早口言葉です。画用紙を用意しておいただけで、子どもは自分で新しい課題へと進み、より言語感覚を豊かにしていきました。

クラス全員が「楽しく」学べる、つまり何をするかわかる授業を用意しておくことが、一斉指導の中で個別に適切な言葉がけをする際のポイントになります。

5 3rdステージ指導の工夫・秘訣

3rdステージの子どもも、一斉指導を受けていますが、それだけではなかなか定着させることが困難です。そうした子どもには、放課後や夏休みの登校日等に、個別で時間を設けるようにします。ただし、教える内容は変わりません。課題を細分化させ、一度に行う量を少なくします。拗音の指導であれば、ルールとなる「拗音さんかくシート」を手元に置かせ、見ながらでも、自分でできる体験を積ませます。また、繰り返し同じルールを使った課題を行うことで、ルールの定着を図ります。個別指導の良いところは、2ndステージでも大切にしている即時フィードバックができるところです。個別指導では、子どもがうまくできたらほめて定着を促し、やる気と自信をもたせられます。また、誤りはすぐに訂正し、正しいルールを確認させ、次から正しくできるようにすることができます。

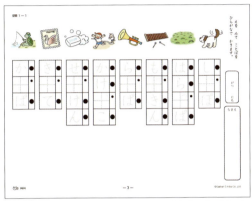

図11　ちょっとかわったよみかたのかきとりしゅうプリント

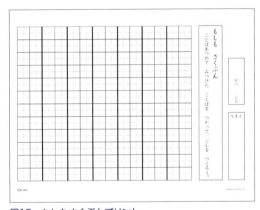

図12　もしもさくぶんプリント

図13　子ども自作のはやくちことば

実際に3rdステージで、どのように指導するか、「言葉集め」を例にとって説明しましょう。

　「ちいさい『ゃ』『ゅ』『ょ』のつくことばあつめ」をする際、子どもに対して「思い出してみよう」と声をかけるのではなく、子どもが自分で取り組めるヒントを用意します。例えば、図14のような絵を用いて言葉に気づかせ、さらにさんかくシートを用意して、音を文字にするといった活動を行います。ワークシートを使うのもよいですが、単語帳のようなカードに書いていくと、子どもが自家製フラッシュカードを作ることができます。カードにしていくと言葉が増えていくことが目に見えてわかり、やる気につながります。また、後日、指導の中で、子どもの書きためたフラッシュカードを使って、1枚ずつ単語を読みあげる練習を行います。

　特別変わった指導をするわけではなく、1stステージ指導から使ってきた教材等を用いて繰り返し提示していきます。

　MIMの教材である「ちょっとプリント」（図15）を活用することも効果的です。MIM-PMの**テスト②**につまずいている子には、まずは2つの言葉に分けることに慣れさせます。これにより、できる体験へとつなげていけます。このような指導の必要な子どもは、普段の通常の学級における学習では「よくわからない」体験をしていることが多いかもしれません。教科書の音読の際に、みんなのスピードについていけず、何となく読んだふりをしていたり、友だちの声とずれて読んでいるといったつまずきをもっていたりすることが多くあります。そこで、個別指導の場では、これらの「ちょっとプリント」で言葉のまとまりを意識することを学びます。さらに、普段使っている教科書にも、言葉のまとまりで、線を書き入れ、区切ることで読みやすくする活動を行い、学級での授業の困難さを軽減させます。この時に、これから学習する単元を先回りして読んで線を引いておくと、授業に入りやすくなります。

　個別指導内で、教科書の文章すべてに線を引くと時間がかかってしまうので、やり方がわかったら1ページだけやることを宿題にします。これには、保護者に、「このように線を引くことで、言葉のまとまりがわかり、読みやすくなる」ということを知ってもらい、教科書に限らず「こうすれば読める」という方法を知ってもらうという意味もあります。

6　MIMの効果と課題

　MIMで行う授業は、スモールステップで進められるために、子どもにとってわかりやすく楽しんで受けられます。子どもの「わかった」という、ニコニコした顔を見て進めるため、教師も楽しみながら教えられる良さがあります。授業は楽しくなくてはならないと思う教師にぴったりです。

　私自身は、MIMによって、改めて多様な子どもたちのニーズに応じるという視点を強く意識するようになりました。特別な教育的ニーズというと3rdステージに当たる子を対象とするイメージがありますが、

- 1stステージの子どもにとって「手持無沙汰にしない」授業
- 2ndステージの子どもに対し、「大体わかるであろうと放置しない」授業
- 3rdステージの子どもに対し、「わからなくても仕方ないとその子の学び方のせいにしない」授業

つまり、クラスにいる子ども全体へ配慮した授業を作ること、作ろうと意識することが大切です。そのためのヒントがMIMにはたくさんあります。

図14　拗音のことば集めでのヒント

図15　ちょっとプリント

そしてMIM-PMというアセスメントは、

> 経験による感覚で子どもの実態を理解してきた教師の感覚が正しかったことに気づかせてくれると同時に、経験による感覚からこぼれる子どもの存在への気づきも促してくれました。

子どもの実態を誰が見てもわかる数値にすることは、指導者が連携する際にも有効な情報となります。教師の経験による子どもの実態把握と数値化されたアセスメントの両方があることで、より子どもに適した効果的な指導が行えます。

一方、「MIMを使って授業をやったけれど、MIM-PMの得点が伸びず、赤や黄色いマーカーが多いクラスレポートのままである。どうしてなのか？」という声を聞くこともあります。よく聞いてみると、促音や長音等、4回の特殊音節の授業を行っただけというのでした。授業を4回やっただけでは、子どもに定着させるのは困難です。大事なのは、4回の授業で子どもへ伝えた「ルールを日常生活に活かすこと」です。教科を問わず、特殊音節が出てきたら、「動作化してみる」といった日常化が必要です。

例えば、生活科の観察カードを書き終えたら、見直す際に動作化をさせながら読ませてみます。「あさがおのはっぱがふえてうれしかたです」とあったら、そのまま読み飛ばさせずに、動作化で気づかせます。また、時間割を書く際に、「1　●●●（こくご）」「2　●●●ー（さんすう）」「3　●●●●（がっかつ）」というように視覚化の記号を使って示し、教科を考えさせる、といったこともできます。担任がMIMの授業を行い、継続して指導していくことが積み重なって子どもの力となります。

> 1回の授業ですべて定着するといった魔法はおそらくないでしょう。MIMで使ったルールを日常的に掲示し、子どもにとっても教師にとっても意識づけしていくことが大切です。

また、家庭でも同じルールを波及させられると、生活の中でより多くの学びのチャンスが得られます。そのためにも、1年生の1学期の公開授業で是非MIMの授業を行ってもらいたいです。保護者が家庭でも「れいぞうこ」と動作化してくれれば、楽しみながら復習できるのではないでしょうか。以前、公開授業で促音の指導をした際、ある保護者が「日本語のルールがよくわかった」と授業後に声をかけてくれまし

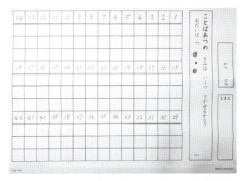

図16　宿題に出した「ことばあつめプリント」の改訂版

た。実は、日本語を勉強中の外国とつながりのある方でした。わかりやすさは、言葉を用いるすべての人に有効だと実感した出来事でした。

また、家庭学習として図16のようなワークシートを配布したこともありました。お家の方に手伝ってもらってよいと言ったところ、野球好きの保護者が手伝ってくれたのか、「バット」「ミット」「ノック」と、野球用語が並ぶものや、家庭用品がたくさん書かれてきたもの等がありました。こうした言葉を教室で紹介することにより、子どもの語彙は増え、翌日からは教科書にある言葉等も進んで見つけるようになりました。

「仕掛ける」のは教師の得意なところです。いろいろなところに仕掛けを用意して、楽しみながら子どもの学びが深まるようにしていきたいものです。

今後、多くの先生方にMIMを知ってもらい、自分流のアレンジをしながら子どもにとって「わかる」授業を進めてもらいたいと思います。また、それらの情報を教師間で交流し、子どもを楽しませる仕掛けを増やすことができると授業がより楽しくなるでしょう。

今後は、特殊音節に限らず、さまざまな単元や教科においてMIMの考えを意識した授業作りをしていき、多くの先生方のアイディアを共有していけることを願っています。そして何よりも授業後に「楽しかった！」と子どもが思える授業を展開していきたいと思っています。

1-2
通常の学級担任としてのMIMの取り組み

栃木県総合教育センター（元・栃木県鹿沼市立小学校）　三澤 雅子

1 なぜMIMが必要なのか

特殊音節は読みの最初のハードル

これまで担任してきた子どもの中には、中学年、高学年になっても特殊音節の表記を間違う子どもが何人もいました。教師として、間違いは指摘できますが、どのように特殊音節のルールを説明したらよいかは、よくわからなかったというのが実状でした。

MIMのパッケージには、説明だけではわかりにくい、特殊音節のルールの理解につながる手立てが多数用意されています。つまり、入門期の読むことの指導における最初のハードルを越えるための手立てが用意されているのです。

多感覚を使う指導（効果的な指導）

MIMに取り組むにあたって、最初に魅力を感じたのは、多感覚を使用した効果的な特殊音節の指導ができるという点でした。当時、特別支援学級の担任をしていましたが、取り出しで指導している通常の学級の1年生の男子2名（A児とB児）に対して、早速、MIMのパッケージを用いて特殊音節の指導を開始してみました。

2名は、指導開始時に、促音が読めていないことがわかりました。しかし、MIMの教材を使ってみると、2時間程度の指導で促音のルールをきちんと理解してしまったのです。

A児は視覚からの情報が入りやすく、文字の横に記された視覚化の記号が有効であったようです。B児は動作化が功を奏し、そっと手を叩いて確認する様子も見られました。2人の指導を通して、多感覚を使用したMIMの特殊音節の指導への手応えを感じました。

翌年、通常の学級の1年生担任となり、特殊音節の指導を行うと、子どもたちが非常に楽しそうに学習していました。指導後にMIM-PMアセスメントを行うと、確実にルールを理解している様子がみてとれました。楽しく、確実に学べるという点もMIMの魅力の一つです。

通常の学級でも、手を叩いて確認する子ども、記号によりルールを確かめている子どもが多く見られました。このように、多感覚を使う指導は、特殊音節のルール理解に効果があることがわかりました。

読みのつまずきのリスクを早期発見

MIMのパッケージを開くと、MIM-PMが入っていました。これにより一人一人の特殊音節のルールの理解が確認できると知り、一度やってみることにしました。結果を見ると、どの子ができていないのかが一目瞭然でした。自分の見取りだけでは不十分だと感じていた自分にとって、このようにアセスメントができるツールは非常に有効でした。ただし、一度やれば十分だと思っていました。しかし、この考えは誤りであったことが半年後にわかりました。

その後も、何となく、月に一度MIM-PMを実施していました。しばらくは、その結果（「（3rdステージを表す）赤が多い、（1stステージを表す）白が増えた」など）に一喜一憂するのみでした。しかし、回を重ねてくると、伸びが鈍い子どもが見えてきました。なぜ、伸びないのか、伸びが鈍い子どもを観察して原因を探るようになったのです。

一番有効な観察ができたのは、単元終了後の評価テストの時間でした。一斉指導をしていると、一人一人の読み方をチェックすることはなかなか難しいですが、テストの時間ならじっくりと観察できました。ある子は、「何度も何度も同じ所を繰り返して」読んでいました。別の子は、「行を飛ばして読んでいたり、書き写す時に語順を間違えて書いたり」していました。語順を間違えていた子は、提出前の見直しで間違いに気づき、修正して提出していました。もし、テスト中に観察していなければ、そのことにも気づかなかったかもしれません。このようにMIM-PMを継続して実施した結果、伸びが鈍い子どもには、何らかの読みの問題があり、今後つまずくリスクがあることを発見できたのです。

一方、学級全体を見ると、赤や黄色のマークのついた子どもが非常に多く、なかなか改善されない状況でした。誤答はほぼないのですが、点数が全体的に伸びていませんでした。誤答がないということから、自分の学級の子どもは、特殊音節のルールはよく理解できているけれども、読む速度が遅いのではないかということを考えました。

このように、継続してアセスメントを行うことで、個と集団の両方について分析し、指導の手立てを考

読みの流暢性を高める

学級全体の読みの速度が遅いことから、読みの流暢性を高める必要があることがわかり、MIMのパッケージ中の教材等を活用していくことにしました。

最初は特殊音節のルール定着のためだけに教材を使用していましたが、指導を続けていくと、これらの教材は、読みの流暢性を高めることにも非常に効果があることがわかってきました。

教材には、特殊音節のルール理解を助けることを目的としたものだけではなく、語彙を増やしたり、言葉をまとまりとして捉えたりできるようにすることを目的としたものも多数含まれています。

これらの目的をきちんと整理し、意識して教材を使用すれば、音と文字とのつながりや、語彙の向上等の発達につながり、結果的に子どもの読みの流暢性を高めていくことができます。つまり、特殊音節のルールを確実に理解し、多くの語彙を得ると、文字列をすばやく意味として処理できるようになります。MIMの指導は文字・単語レベルの指導がメインですが、この部分がしっかりできれば、文、文章レベルでの読みへとつながり、スムーズになっていきます。

最初にMIMに出会った時は、楽しく効果的に特殊音節のルールが理解できるところに魅力を感じていました。しかし、継続して指導していく中で、読みの流暢性を高めることが、MIMのパッケージによる指導の最大の目的であることに気づきました。なぜ、MIMが必要なのか。答えは、学級のすべての子どもの読みの流暢性を高められるからです。

2 1stステージ指導の工夫・秘訣

MIMのパッケージを活用した指導の対象は、1、2年生と2年間継続して担任した31名の子どもたちです。2年間の実践から、MIMを行う際の工夫・秘訣等についてお話ししたいと思います。

レディネスを高める

特殊音節の指導に入る前には、清音の指導があります。清音の指導から、MIMの指導にスムーズにつなげていくことを意識して行いました。特殊音節のルールを理解するためのレディネスとしては、
・清音が全て読める
・文字を読む際に音に合わせて手を叩くことができる
・知っている言葉を増やす
ことがあるのではないかと考えました。

そこで、多感覚を使用しながら学べるよう、自作の清音指導教材（プレゼンテーションソフト）で、レディネスを高めることにしました（図1）。この教材は、指導したい文字の音や形、書き方を指導するだけでなく、絵を見て言葉を発し、文字を提示し、音に合わせて手を叩きます。清音の指導に入る前に、一人一人の清音の読みをまずは確認し、難しい文字を学習する際には支援員の先生と共に重点的に目を配り、指導を行いました。

特殊音節の指導は、清音の学習の途中から始まりますが、清音指導教材を効果的に使用したことにより、子どものレディネスが高まった状態で学習に入ることができました。

図1　自作の清音指導教材の一部

理解の深まりは螺旋のように

特殊音節は、多感覚を使用したルールの理解から指導がスタートします。声を出しながら子どもたちは手を叩きます（動作化）が、中にはうまく叩けない子どもも見られます。その時、その場でできるようにしなくてはと考えて、その子どもに重点的に関わり、何度も繰り返し練習させたりしてしまうと、自分はできないのだという思いを抱かせてしまい、学習が楽しくなくなってしまいます。

入門期の子どもたちは、学習への意欲が高く、自信をもって取り組んでいます。遊んでいるような感覚で楽しく学べることが、MIMによる指導の特徴です。その特徴を活かすためには、「子どもは螺旋的に理解を深めていくのだ」という視点を、教師がもつことが大切です。実際、うまく手を叩けなかった子の多くは、繰り返すうちに正しく叩けるようになります。

それでもうまく叩けない子どもの中には、おそらく、音と文字のマッチングに困難をもつ子どももいると思われます。そこで、一斉に行った後、10人程度のグループごとに、叩く様子をチェックし、できていない子どもを把握しておくことは有用です。また、運動の発達に困難がある子どももいるので、継続して観察しながら手立てを考えていく必要もあります。

さらに、国語の授業の中で、折に触れ、特殊音節のルールの定着を図りました。特に「じどう車くらべ」（光村図書）では、片仮名の特殊音節の指導を行う際、MIMの指導を活かした活動や自作プリント（図2）も取り入れました。

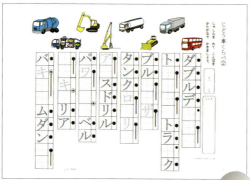

図2　MIMの指導法を用いた片仮名の自作プリント CD-ROM収録

楽しくテンポ良く

多感覚を使用する学習に、楽しさを感じる子どもは多くいます。楽しさがあれば、意欲も高まります。また、その活動に集中しやすくもなります。先生が手本として、また、子どもたちと一緒に動作化等を行う時に、楽しく行うことが指導の効果を高めることにつながります。

また、慣れてきたらテンポよく行っていきます。例えば、促音の入った言葉集めを行う際には、言葉を板書し、それを全員で順にテンポよく読みながら手を叩きます。このように、子どもたちは目と耳と口と手を一度に使うことで、集中力が高まります。

校内に広める

自分の学級だけで指導するより、校内に周知し、教材を共有して使えるようにしておくと、2ndステージ指導以降の校内あげての指導体制へとつなげていきやすくなります。

1年生を担任した5月に、30分程度の校内ミニ研修を行いました。教頭先生が校内研修の時間を臨時に設けてくれたのです。プレゼンテーションソフトを使ってMIMの指導の概要を説明し、教材を紹介しました。その結果、2年生や特別支援学級の先生も興味をもち、実際の指導に取り入れてくれました。

その後、MIMのパッケージ内にあるCD-ROMのデータから、指導に使える掲示教材をB4判にカラーで印刷し、ラミネートして裏面に磁石を付け、特殊音節ごとにケースに入れ職員室に置いておきました。また、さまざまなプリントの原本も印刷し、特殊音節別にクリアファイルに入れました。先生方の準備の手間を省くことで、日常的な指導につながっていけるようにしました。

指導の結果

長音については、「とおい」「おおい」といった、特別な表記の長音を学習した後のテストでは、「お」と聞こえるが「う」と書く言葉を「お」と書いてしまった子どもが7名いたため、誤学習を防ぐためにテスト後、もう一度ルールの確認を行いました。すると、その後のテストでの誤答者は1名だけになりました。

また、拗音の問題では、「きんぎょ」の表記の誤りが多くみられました。誤答例として、「きんしょ」「きんぎよ」「きんぎょう」「きんよう」などです。ここで誤答をした子どもの多くが、濁音・半濁音の拗音の読みの一部を理解できていないことがわかりました。その原因として、1年生が知っている言葉の中に濁音・半濁音の拗音がある言葉が少ないことが挙げられますが、いろいろな拗音を意識して取り上げるべきだったと反省しています。

しかし、その後の指導により、MIM-PMの誤答が少なくなっただけではなく、学年末の学力テストでも、特殊音節の問題の正答率は98％になりました。また、文章を書く際も、今までに担任した1年生と比較して、誤字を直す回数が少なかったことからも、MIMによる多感覚を使用した学習は有効だったと考えています。

3　2ndステージ指導の工夫・秘訣

指導の重点を決める

前述した通り、MIM-PMを継続して行った結果、つまずきのリスクのある子どもの発見とともに、学級全体の読みの流暢性を高める必要性があることがわかりました。そこで、2ndステージの指導では、語彙を増やすことと、言葉のまとまりを捉えられるようにすることに指導の重点を置き、あわせて同時に特

殊音節のルールの定着が行えるようにすることで、学級全体の読みの流暢性を高めていくことにしました。

● ことば絵カードの活用

具体策の例として、まず、「MIMことば絵カード」を活用しました。授業の始まりに拡大したことば絵カードの表側を見せ、裏面に書かれた意味を読み上げます。子どもは、正しく書かれた言葉の番号を指で示します。その後、正解を伝え、選択肢①から順に言葉を読み上げます。使ったカードは、教室の後方の壁に期間を決めて掲示しました。ことば絵カードは、特殊音節のルールの再確認と、語彙の拡大に特に効果がありました。

● はやくちことばしゅうの活用

また、MIMの「はやくちことばしゅう」に集中的に取り組む期間を設けました。黒板にポスター版の「はやくちことば」を掲示するとともに、子どもにはA4判に印刷した「はやくちことばしゅう」を配布しました。

最初は、黒板の掲示を見ながら読んだり、手を叩きながら読んだりします。次に、印刷された「はやくちことばしゅう」の分かち書きされたものと、されていないもののうち、好きな方を選び、3回スムーズに読めるように各自練習します。その後、チャレンジタイムとして3回スムーズに読むことに挑戦し、合格するとノートにシールを貼ってもらえるという手順を踏みました。

チャレンジタイム内に挑戦できなかった子どもは、休み時間に担任のところに来て再チャレンジできるようにします。MIMの「はやくちことば」は、語彙を増やす他に、言葉をまとまりとして捉え、流暢に読むことにつながっていきました。また、読みのつまずきリスクが高い子どもについては、楽しく繰り返し読む機会になっただけではなく、担任の前で声に出して読むことで、どんな読み方をしているかを把握する機会にもなりました。特に、普段は元気に音読しているような子が、実は耳で全て覚えてしまっているだけで、全く目で追えていないことをつかむことができ、その後の指導に生かすことができました。

● ちょっとプリント

全ての「ちょっとプリント」を両面印刷し、教室に置きました。教室に準備されていることで、ちょっとした隙間の時間があるときに使うことができ、ルールの再確認と定着の機会となりました。文章を書く際には、促音の「っ」が抜けたまま表記している子どもの横で、手を叩きながら「きっぷだよね」と小さく声をかけるとすぐに訂正することができました。また、「先生、『りゅ』ってどう書くのですか」と聞かれた時には、「（拗音）さんかくシート」のように「りゅ」をだんだんゆっくり言ってあげると、途中で、「あっ！『り』と『ゆ』だ」と自分で気づくことができました。

指導の結果
（MIM-PMで指導の効果を判断する）

2ndステージ指導を進めながら、毎月のMIM-PMで学級全体と個々の伸びを確認していきました。「ことば絵カード」と「はやくちことばしゅう」は、1年生の10月〜11月の期間に取り組みました。しかし、取り組み直後には、アセスメントの伸びに大きな変化は見られませんでした。

しかし、2月を過ぎると、3rdステージ段階の子どもが減少していきました。この時期になってようやく、「ことば絵カード」と「はやくちことばしゅう」のような集中的な取り組みと「ちょっとプリント」のような継続した取組の両方からの指導の効果が表れてきたのではないかと考えています。

4 3rdステージ指導の工夫・秘訣

支援体制を整える

2ndステージ指導の効果から、多くの子どもは2ndステージ段階以上となりましたが、1年生の2月の時点になっても、10名の子どもは3rdステージ段階のままでした（図3）。MIM-PMの結果を見ても、10月以降も伸びが少ないことから、次の支援を考えることにしました。

勤務校では、月・水・金に15分間、朝の学習の時間にパワーアップタイムを設定していました。

パワーアップタイムの時間、1年生は全員が自教室で学習をしますが、2年生に進級すると、個に応じた支援の場に分かれて学習するようになります。これまでは、グループ2や3で学習する子ども（表1）は、担任の見取りによって、それぞれ各学年3名程度が取り出されていました。しかし、3rdステージ段階の子どもが10名いることから、その全員が支援を受けられるようにしたいと考えました。

まず、3月上旬に、3rdステージ段階の子ども全員に個別のアセスメント（読み書きスクリーング検査：宇野・春原・金子他, 2006）を行いました。つまずきの詳細について分析し、どんな支援が必要かを考

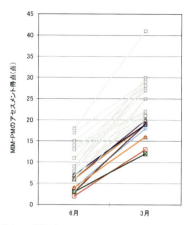

図3　1学年末に3rdステージ段階の子どもの MIM-PM得点の推移（6月と3月との比較）
注）薄いグレーの線は、2ndステージ段階以上の子ども

表1　「パワーアップタイム」の学習グループ

グループ1	通常の学級で行うプリント学習。前年度の学力テストの結果などをもとに、全体的に、落ち込んでいる部分の補充を行う。
グループ2	通常の学級の子どものうち、国語では主に漢字に課題のある子どもや少人数での指導が適している子どもが、漢字の習得と語彙の拡大を目指し、辞書を活用しながらプリントやデジタル教材による学習を行う。
グループ3	通常の学級の子どものうち、読み書きに困難がある子どもが、視知覚の課題や漢字の確実な習得を目指して、個別的な課題を明確にしたうえで、デジタル教材を中心に個別学習を行う。
グループ4	特別支援学級の子どもが、自分に合った学習課題で個別に学習する。

る手がかりにしました。次に、10名の支援に適した体制を準備しました。アセスメントと担任の見取りを組み合わせながら、10名の支援を考えると、グループ3で行われる支援内容の他、特殊音節のルールの定着や語彙の拡大、言葉をまとまりとして読むためのMIM教材を活用した学習を行うグループが必要でと考えました。

新たなグループを作るためには、学習の場所と指導者の確保が必要でした。私自身が学習指導主任であり、パワーアップタイム担当でもあったことから、管理職、教務主任と相談しながら、次年度のパワーアップタイムの体制を考えていくことにしました。その結果、新たなグループを加えた校内体制を整えることができました。

保護者に対して、2年生の最初の学年懇談会でパワーアップタイムについての説明しました。

10名の子どもは取り出しの形での指導になるため、学年懇談会直後の家庭訪問で、それぞれの保護者から承諾を得ましたが、全員が快諾でした。その理由として、きちんとアセスメントを行い、その結果から、何が苦手であり、パワーアップタイムでどんな学習を行うか、具体的に説明することができたからだと考えています。具体的な説明により、保護者も、勉強ができないから取り出しになるという受け止め方ではなく、苦手な部分を丁寧に学習させてくれるというように捉えたのではないでしょうか。

「パワーアップタイム」での学習内容

1年生の学年末に3rdステージ段階だった子どものうち7名がMIM教材による学び直し、3名がデジタル教材中心の学習を行うこととし、2年生の5月下旬からパワーアップタイムでの学習を開始しました。

MIM教材を活用した学習を行うグループは、特殊音節のルールの定着や語彙の拡大、言葉をまとまりとして読むことを目的とし、特に特殊音節のルール理解が拗音を中心に不確実だったり、語彙が少なかったりする子どもが参加しました。

「ちょっとプリント」で、ルールの確認をしたり、「3つのことばさがし」のプリントで言葉を分け、順に答えを言いながら、出てきた言葉の意味を確認したりしました。わからない言葉は、ことば絵じてんで一緒に調べたり、動作化したりするようにしました。このグループの指導は、学級に配属されている支援の先生が担当しました。MIMの指導をよく理解しているからです。

指導の結果

図4のように、1学年末に3rdステージ段階だった10名の子どもの多くが、1年生時の「読むこと」の領域の単元テストでは、高得点を取っていました。1年生時のテストで高得点が取れた理由としては、1年生のテストは問題数や文章の量が少なく、まじめに授業に参加していれば、よく読まなくても、ある程度対応できてしまうためではないかと思われました。

しかし、2年生の1学期になると、全員の得点が降下し始めました。文章、設問の量が増え、設問のパターンも多様化し、分かち書きも無くなるのが2年生1学期であり、そのことから読むことがより難しくなっているのではないかと考えられました。

一方、1学年末に2ndステージ段階だった子ども

においては、2年生1学期になっても、テストの平均得点として設定されている85点を下回る子はいませんでした（図5）。

これらの結果から、3rdステージ段階の10名については、MIM-PMを行うことによって、1年生の段階では表面化していない読みのつまずきが発見できていたことがわかります。もし、MIM-PMを行っていなかったら、読みのつまずきに担任が気づくのは、2年生の1学期の終わりだったかもしれません。しかし、その頃には、子ども自身も読むことにかなりの負担を感じていたり、学習への意欲を失っていたりしたことが予測されます。

そう考えると、1年生の10月頃に、つまずきのリスクの可能性のある子どもを特定し、読みの困難が顕著になる前に支援体制を整えられたことが、MIMを取り入れた一番の成果であったといえるかもしれません。

図6は、1学期に3rdステージ段階だった10名の2年生時のMIM-PMの結果です。7月まではほとんど横ばいですが、パワーアップタイムに参加した3ヶ月後（指導回数が20回を超えた頃）、急に伸びが出てきたことがわかります。7月まで得点の伸びが横ばいだったように、もし、ニーズに特化した支援を行わなければ、2年生の終わりまで、横ばいの状況が続いた可能性もあったのではないかと考えています。

また、読みの単元テストも9名は、85点を超えるようになりました（図7）。超えていない1名は、MIM-PMで一番得点の低い子どもです。テスト問題は、3学期の方が難しくなっていましたが、平均点は上がっていました。依然、厳しい状態でしたが、国語の学習を嫌いになることなく、意欲をもって学習に取り組み、2年生を終えることができました。

このように、MIM-PMと単元テストの得点の結果を基に、2年生の5月から開始したニーズに特化した支援は、高い効果があったと考えられます。ただし、その効果が見えるまでには、3か月程度を要しました。

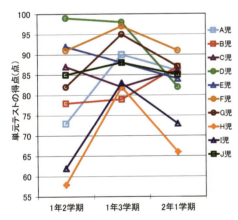

図4　1学年末に3rdステージ段階だった子どもの「読むこと」の単元テスト得点推移

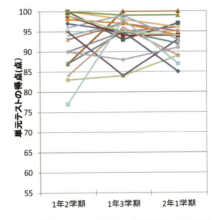

図5　1学年末に2ndステージ段階だった子どもの「読むこと」の単元テスト得点推移

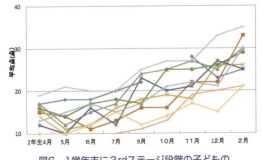

図6　1学年末に3rdステージ段階の子どものMIM-PMの得点の推移

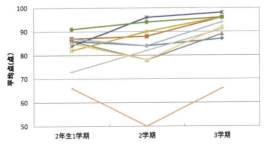

図7　1学年末に3rdステージ段階の子どもの単元テストの平均の推移

5 MIMの効果と課題

MIMの効果

2年間の指導を振り返ると、MIMを取り入れたことによる効果については、さまざまな点を挙げることができます。

● 読みのつまずきへの予防的・効果的な指導

具体的には、「教師の説明ではなく、声に出したり体を動かしたりすることで、特殊音節のルール理解がより確実にできた」「遊びのような感覚で、楽しみながら学習に取り組めた」「継続的な指導で、つまずきのリスクの可能性のある子どもだけでなく、学級のすべての子どもの読みの流暢性を高めることができた」ことです。

● 早期発見と確実な支援

「アセスメントにより、手厚い指導が必要な子を早期に発見し、学習意欲が低下する前に手を打つことができた」「すべての子どもたちの、読みの自信を深めることができた」ことが挙げられます。

また、ニーズに特化した支援を早期に受けた10名の子どもについては、得点の伸びだけではなく、「語彙数が増加し、言葉でのやり取りがスムーズになり、周囲の友達とのコミュニケーションがうまくとれるようになった。周囲とトラブルを起こしやすかった子どものトラブル発生数が減った」「声をしっかり出して音読するようになった」「設定時間内にテストが終わるようになった」「MIM-PMの前に張り切る姿が見られ、前の結果と比較し、進歩を喜ぶ姿が見られるようになった」といったことが挙げられます。

そして、どの子も自信をもって学習する姿が多く見られるようになったことが何よりの成果でした。ニーズに特化した支援を受けた10名のうち、2名は、指導の効果を確認しながら、さらに日本語教室や通級指導教室での支援につなげることもできました。その際も保護者は快諾でしたが、これには、通級によってどんな力を付けていきたいかをきちんと説明できたことや、パワーアップタイム開始以後の子どもの伸びや、楽しそうに学習している姿が、保護者にも伝わっていたことが影響していると思われます。

最後に、ニーズに特化したパワーアップタイムを受けたある子どものエピソードを紹介します。

1年生の10月のある日、Aさんの母親からの手紙が連絡帳に書かれていました。Aさんが授業にきちんと参加できているかどうかを心配したものでした。詳しく話を聞いてみると、音読の宿題を嫌がるAさんに母親も困っていたとのことでした。Aさんは、平仮名、片仮名が全部読め、漢字書き取りテストでも100点を取ることが多い子でした。計算も、工作も、運動も得意で、基本的な生活習慣も身に付いています。

しかし、そうした様子に比べて、MIM-PMの伸びが少ないので、読み方を観察したところ、目の動かし方がうまくできていないことをちょうど把握しつつある時でした。母親も平仮名や片仮名はきちんと読めるのに、音読を嫌がることを不思議に思っていたようです。

そこで、視知覚のトレーニングを個別に行ってみることを提案したところ、母親も「ぜひ」ということでしたが、本人が「みんなと違うところで勉強するのはいやだ」と泣いたので、母親には、2年生になるとパワーアップタイムが始まることを伝え、取り出し指導はそこからにして、それまでは家での音読の仕方を工夫してもらうようにしました。2年生の5月下旬よりパワーアップタイムが開始され、Aさんはグループ3に参加するようになりました。7月下旬の個人懇談の際、「最近、Aさんはいかがですか」と母親に尋ねると、ずいぶんすらすらと音読できるようになったとのことでした。そのことを母親がほめると、Aさんは、「本が読めるようになって本当にうれしい」と涙をこぼしたそうです。

Aさんにはできることがたくさんあります。集団の中に入ってしまうと、一見、困難なく学習しているように見えます。実際、国語の「読むこと」のテストも、1年生のうちは毎回百点に近い点数を取っていました。それなのに、MIM-PMの得点は低く、観察すると、行を飛ばして読んでいたり、言葉を書き抜く際、文字が入れ替わったりしていることがわかりました。入れ替わった文字で書いた答えは、最後に見直しした際に気づいて、正しく書き直せていました。もし、観察していなかったら、難なくできていると思い込んでしまったかもしれません。でも、MIM-PMを行ったおかげで、Aさんの読みのつまずきに気づき、Aさんのつまずきに合った支援の場を用意し、それが早期の対応であったため、効果もすぐに現

> れたのだと思います。
> 　そして、音読がスムーズにできるようになったことで涙をこぼしたAさん。Aさん自身も読めないことで、これまでつらい思いをしていたのかもしれません。そう考えると、早期発見・早期対応ができ、本当によかったと思っています。

このように、MIMを2年間の指導の中に取り入れたことで、特殊音節のルールの確実な定着や語彙数の拡大等、読みのつまずきに対する予防的・効果的な指導ができました。

それだけではなく、MIMで楽しく学び、読みへの自信を深めていった他の子どもたちも、新たな学びを楽しみにし、難しい課題が出されても、果敢に挑戦する子どもたちになっています。

このことは、アセスメント等により、自分の力が伸びていると実感できる機会があるとともに、友だちが伸びていく姿を見る中で、「自分も、挑戦すればきっとできるようになる」と思ってくれたからなのかもしれません。また、恐縮ながら、子どもたちが担任を心から信頼して、多くのことに取り組んでいってくれたのも、「この先生は、自分をできるようにしてくれる先生だ」と思ってくれたからかもしれません。

2年間、私自身MIMに取り組んで本当に楽しかったです。それは、子どもが楽しみながらどんどん力を付けていく姿をたくさん見られたからだけでなく、子どもの学び方やつまずきについて分析できるという、教師として必要な力が身に付いてきたことを実感できたからかもしれません。

支援体制への課題

MIM-PMを行い、より手厚い支援が必要な子どもが見えてくると、担任は、どうしたらニーズに特化した支援ができるかを考えるようになります。しかし、ニーズに特化した支援については、担任一人だけでなんとかしようとすると、限られたことしかできなくなってしまいます。

今回の取り組みがうまくいった理由として、担任一人のことではなく、学校として6年間を見通し、低学年のうちに読みの流暢性を高める指導として、MIMを位置づけたことと、つまずきの可能性のある子たちへの全校での支援体制を整えられたことがあると思います。

そのためには、校内でMIMについて周知する機会をもち、全職員が単に特殊音節の指導教材というのではなく、「読みの流暢性を高めるためのMIM」という認識をもつことが必要です。

周知する機会をどのようにもつか、学校の状況に応じた持続可能な支援体制をどのように作り上げていくかが、課題となってきます。

【文献】
● 三澤雅子・松本秀彦・原田浩司（2012）. アセスメントから見えてきた通常の学級の入門期の読み書き指導における成果と課題〜ひらがな清音指導からMIMを活用した特殊音節・読みの流暢性を高める指導を通して〜. 日本LD学会第21回大会発表論文集, 518-519.
● 三澤雅子・松本秀彦・原田浩司（2013）. アセスメントから見えてきた通常の学級の読みの流暢性を高めるための指導〜MIM-PM 3rdステージの子どもへの個別指導実践の成果と課題〜. 日本LD学会第22回大会発表論文集, 412-413.
● 宇野 彰・春原則子・金子真人・Taeko N. Wydell（2006）. 小学生の読み書きスクリーニング検査―発達性読み書き障害（発達性dyslexia）検出のために―. インテルナ出版.

2–1
通常の学級でのMIMを支える立場として（通級指導教室担当）

滋賀県彦根市立小学校　片山 真喜代

1 なぜMIMが必要なのか

　通級による指導では、読み書きにつまずきのある子どもに、個別に多感覚による方法で、読み書きへの負担の軽減を図っています。MIMはこの多感覚による指導を取り入れており、通級による指導では大変有効な指導方法です。

　しかし通級による指導を受けている子どもの中には、在籍学級で同じ指導を受けていればここまで深刻なつまずきにならなかったり、学ぶことをあきらめたりしていなかったのではないかと思われる子どもたちが少なからず存在します。通級による指導を必要とする前に、在籍学級の中でMIMが機能するように、また担任による指導を後押しできることはないかと考えこれまでMIMと関わってきました（図1、2）。

2 1stステージ指導の工夫・秘訣

　1stステージ指導を実際に行うのは担任です。そこで、初めての担任でも自信をもって指導ができるように、ミニ研修会を行いました。ここでは、MIMを年間指導計画の中にどのように位置づけるか、特殊音節に関するルールの説明の仕方（視覚化、動作化等）について説明を行いました。この研修会において配布した資料は以下の通りです。

・MIMを位置づけた年間指導計画
・MIMの指導案（参考：MIMのパッケージ内CD-ROMに入っている「実践事例集」）
・1stステージ指導及び掲示用資料（MIMのパッケージ内の「特殊音節ルール説明用カード」）
・プリント（MIMのパッケージ内の「ちょっとかわったよみかたのかきとりしゅう」）

　さらに、1stステージの指導進度に合わせ、校内に掲示を行いました。掲示した場所は1年生の教室の隣にある通級指導教室壁面です（図3～6）。

　MIM「ことば絵カード」で、絵に合う正しい表記を選ぶ三択クイズを出題しましたが、自分で裏面の短文を読んで、答え合わせをする姿が見られました（短文の中に答えがちりばめられている）。

　また、1stステージ指導で学んだ動作化や視覚化の確認ができるように、MIMの「はやくちことば」や教科書教材を掲示しました。すると、休み時間には、子どもたちが読んだり、手を叩いたりしている様子が見られました。「はやくちことば」や教科書教材は暗唱できる子も多かったです。

　通常の学級での長音の1stステージ指導終了後には、基本的なルールと例外ルールについて通級指導教室の壁面に掲示しました。「とおくのおおきなこおりのうえをおおくのおおかみとおずつとおった」という、伸ばして「お」となっても、そのまま「お」と表記する限られた語については、通常の学級にも掲示してあるため、「教室にあるのと一緒だ」と話す声が聞こえてきました。

　通常の学級での拗音・拗長音の指導後には、拗音や拗長音だけでなく、促音や長音の復習もできるよう、動作化と視覚化のまとめを掲示をしました。通常の学級での隙間時間に行う「パンッとクイズ」（MIMのガイドブックP97-98）のヒントにもなるよ

図1　通常の学級でのMIM-PM実施の様子

図2　1stステージ指導の様子

図3 「ことば絵カード」を使ったクイズに答えている子どもたち

図4 通常の学級で促音の1stステージ指導終了後の掲示

図5 通常の学級で拗音、拗長音の1stステージ指導終了後の掲示①

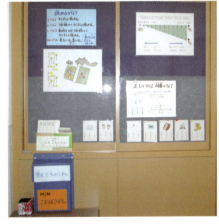
図6 通常の学級で拗音、拗長音の1stステージ指導終了後の掲示②

うにしたのです。

あわせて、拗音のヒントとして覚えておいてほしい「拗音さんかくシート」も掲示しました。さんかくシートを用いたことがなかった3年生が、「しーや、しーや……」と声に出して言ってみて、「ほんとだ！」と納得する様子も見られました。

3 2ndステージ指導の工夫・秘訣

2ndステージ指導は、「個別の配慮計画」を基に担任を中心としながら行うステージです。その際、MIM-PMの結果や「個別の配慮計画」を読み取り、活かすことで、有効な指導を行うことができます。ただし、担任一人だけで2ndステージ指導を行うのは難しい場合も多いです。そこで、校内体制として担任を支えるためにMIM推進委員会を立ち上げました。MIM推進委員会のメンバーは、管理職と1年生担任、特別支援教育コーディネーター（校内で3名が指名されている。内1名が通級担当）です。

MIM推進委員会では、MIM-PMの結果分析と「個別の配慮計画」による2ndステージ指導の検討を行いました。学級の実態によっては、特殊音節のルールをクラス全体で再確認する必要もありました。特に長音は、基本的な表記のルールと例外（例：おおかみ、おねえさん）という覚えるべき内容が多いため、どの学級でも20分程度の特設授業を行いました。

全体での一斉学習の中で、2ndステージ指導が必要とMIM-PMの結果により判断された子どもへ、フィードバック（できたらほめ、誤っていたらその場で即修正）できるよう個別指導を行うのが2ndステージ指導です（図8）。そこで、プリント等の活用によりニーズを考慮した個別指導の時間を生み出すという授業のイメージが持ちやすいようモデル授業を提供しました。

また、2ndステージ指導の中で、特殊音節の正しい表記を定着させるため「ちょっとプリント（絵に合うことばさがし）」を使用しました。1stステージの子

どもは、その後、「ちょっとプリント」と同様の問題作りに挑戦しました（図9）。「もっとやってみたい」という意欲をもった子が多く、授業が終わり、休み時間になっても作成し続ける様子がみられました。

子どもたちが作成した問題を集めてオリジナルのMIM-PMを作成しました（図10）。自分の作った問題が出題されるかもしれないという期待から、さらに問題作りをする子や、みんなの作った問題に楽しそうに挑む子もいました。隙間時間に、みんなの作ったMIM-PMに挑戦する学級もありました。

また、MIM-PMで、**テスト②**の「3つのことば探し」の苦手な子が多いことがわかりました。そこで、少しでも読む機会を増やし、言葉に触れる機会をもてるようクイズ形式の出題を考えました（図11）。

このように、校内掲示としては、できるだけたくさんの言葉を見たり読んだりできる機会を設けることを心がけました（図12〜15）。

4　3rdステージ指導の工夫・秘訣

MIM-PMの結果や「個別の配慮計画」から、1回に2〜3名、給食準備の時間（15分程度）に、各通常の学級の教室内で3rdステージ指導を行いました（計5回）。

MIM-PMのプリントで、特殊音節ごとにルールを確認しました。すぐに採点し、間違っている場合はルールを再確認することを繰り返すことで、「わかってきた」と自信をもち、「もっとやりたい」という意欲をもって取り組むことができました。

周りで見ていた子どもたちも「次は誰？」「今度は私を呼んでね！」と少人数指導を楽しみにしている様子も見られました。

1学期から続けてきた、通級指導教室壁面に貼ったMIMに関する特殊音節クイズの解答者は、当初

図7　2ndステージ指導の様子（特殊音節ルールの再確認

図9　MIM-PMの問題作りに挑戦

図8　2ndステージ指導を要する子どもへの一斉学習の中での指導

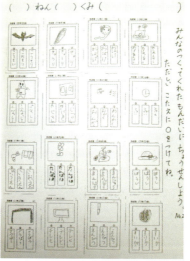

図10　子どもが作成した問題を集めたMIM-PM

図11　苦手な子どもの多い「3つのことば探し」に取り組むための掲示

図12 2ndステージ指導段階に入ってからのMIMに関する校内掲示

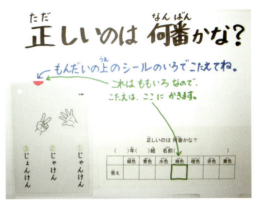

図13 子どもたちが回答する際の方法を示した紙

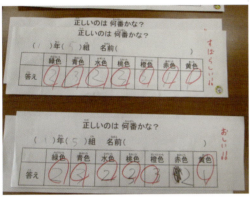

図14 子どもたちが実際に回答したもの

図15 子どもたちがMIMの掲示板の前で実際に問題を解いている様子

1stステージの子どもが殆どでした。しかし、3rdステージ指導を行ったことで、「わかる」という自信をもち、短時間で解答できるようになったせいか、3rdステージの子どもたちもクイズに参加するようになりました。

通級による指導を受けている子どもの中には読み書きのつまずきのある子や、つまずく可能性が高い子も多くいます。そのため通級している1年生は、在籍学級での1stステージ指導に加えて、並行して3rdステージ指導も行ってきました。

MIM-PMや「ことば絵カード」での繰り返し学習だけでなく、特殊音節ルールの定着を図るためのヒントを活用する学習も行いました（図16〜19）。

繰り返し指導することによって、LDI-R（LD判断のための調査票；上野・篁・海津, 2008）ではつまずきの可能性が示唆されていた子も3rdステージ指導の該当とはなりませんでした。

通級による指導を受けている2年生の中にも特殊音節が未習得の子どもがいます。2年生でも1年生と同様の学習を行うと共に、MIMの「はやくちことば」の聴写を繰り返し行った結果、特殊音節を書くことを習得できた子どももいました。

1年生の特殊音節習得の一助となることを考えて掲示を行ってきましたが、クイズの解答や問題作りには2、3、4年生で参加する子もいました。2年生以上で特殊音節を習得できている多くの子どもたちにとっては、簡単な内容であったため、通りすがりに見るだけでしたが、一部の特殊音節未習得の子どもたちにとっては、学び直しの場としても有効でした（図20）。その中には、担任と連携を取り、ルールの再確認を行ってもらうケースもありました。

最後に、1stステージ指導から3rdステージ指導にかけて、用意しておくとよいものを挙げます。

・MIMを年間指導計画へ位置づけたもの
・MIMの指導案（参考：MIMのパッケージ内CD-ROMに入っている「実践事例集」）
・1stステージ指導及び掲示用資料（MIMのパッケージ内CD-ROMに入っている「特殊音節

ルール説明用カード」。こららについては、ラミネートしておく）
・視覚化用の磁石（画用紙等で作成してもよい）
・掲示用五十音表（濁音、半濁音、拗音が記載されている物がよい）
・MIM-PM「めざせよみめいじん」（MIMのパッケージに入っている。計11回分について1部ずつ印刷しておく）
・「ちょっとかわったよみかたのかきとりしゅう」（MIMのパッケージに入っている。1部印刷しておく）
・「はやくちことばしゅう」（CD-ROMより1部印刷しておく）
・「ことば絵カード」（CD-ROMより印刷。ラミネートしておくとよい。人数分あるとさらに活用できる）
・「ちょっとプリント」（CD-ROMより印刷。特に2ndステージ、3rdステージ指導で用いることができる）
・よみ名人認定証（CD-ROMより印刷）
（上記の他、毎月のMIM-PMの結果、および9月からCD-ROM内のソフトに入力して作成される「個別の配慮計画」を活用する）

5 MIMの効果と課題

　MIMを効果的に実践すると、子どもたちにとって「できる」「わかった」という実感が確実に得られます。そのためには、MIMの指導法だけでなく、多層指導モデルという考え方を理解し、通常の学級担任を支援したり、指導の補助をしたりする校内体制の構築が必要です。

　通級指導教室担当は、子どもに3rdステージ指導を行ったり、校内体制として担任を支えたりとMIMを実践する上で要となり得る立場です。通級指導教室担当がいない学校においては、特別支援学級担任や教務主任等がその役目を担えると理想的な校内体制ができそうに思います。

　いずれにしても、担任一人が行うのではく、通常の学級担任を中心としながら校内体制としてできることを考えることがMIMの効果を最大限にできる秘訣だと考えます。

【文献】
● 上野一彦・篁倫子・海津亜希子（2007）．LDI-R LD判断のための調査票．日本文化科学社．

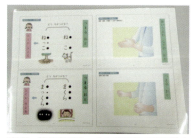

図16　特殊音節ルールを確認できる下敷き（促音）

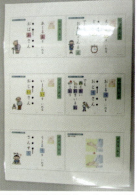

図17　特殊音節ルールを確認できる下敷き（長音）

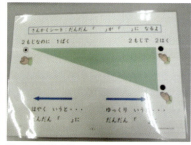

図18　特殊音節ルールを確認できる下敷き（拗音）

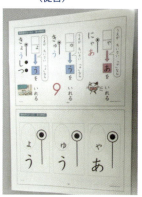

図19　特殊音節ルールを確認できる下敷き（拗長音）

図20　MIMに関する掲示を見て学び直しをする子ども

第3章 MIMを効果的に行うために

2-2
通常の学級でのMIMを支える立場として（通級指導教室担当）

十文字学園女子大学（元・福島県田村郡三春町立小学校） 齋藤 忍

1 なぜMIMが必要なのか

　通級指導教室には、通常の学級における生活や学習の中で、さまざまな困難さを抱える子どもたちが、最後の砦として来室することが少なくありません。その中には、読み書きの困難さを主訴として、「どうして自分はみんなと同じように読んだり書いたりすることができないのだろう？」「今度こそ、自分もみんなと同じように、読んだり書いたりできるようになりたい！」という強い意思をもって来室する子がたくさんいます。しかし、悲しいことに、「どうせぼくはダメだから…」と、自分の存在を否定したり、諦めたりしながら来室する子どもたちがいることも事実です。

　通級指導教室で、ある一人のお子さんとの出会いがありました。4年生でしたが、単語の音韻分解や文節検索（文節で区切ること）が難しく、教科書の逐字読みが見られました。また、特殊音節の読み書きも難しい状態でした。その子と関わる中で、自分なりに教材等を工夫し、指導する日々が続きました。しかし、なかなかその成果が得られず、焦っていました。

　そんな時に出会ったのがMIMです。「私が探し求めていたものは、これだ！」と思い、すぐに通級指導教室での指導に取り入れました。とてもわかりやすく、楽しいMIMの指導法は、子どもたちに大好評でした（図1）。通級指導教室へやってくる子どもたちは、いわば1stステージ指導における全体指導の中では特殊音節の習得が難しく、2nd、3rdステージ指導を要する子どもたちです。つまずきが深刻化しやすく、より個に特化した指導が必要な子どもたちと言えます。そのような子どもたちにとって、通級指導教室の果たす役割は大きく、MIMはなくてはならない指導法であると考えています。

2 1stステージ指導の工夫・秘訣

　通級指導教室での支援ニーズは年々増加の一途をたどっています（文部科学省,2015）。本町でも同様の傾向がうかがえ、児童数は6年間で6倍にまでふくれあがりました。このように、支援ニーズが増える中、限られた時間の中で通級による指導を効果あるものにするためには、「通常の学級における特殊音節の授業が、より明確かつ体系的なものにする必要がある」と考えるようになりました。1stステージ指導に当たる通常の学級での授業がより充実したものとなり、子どもたちがMIMによる指導法を一度経験していれば、通級指導教室担任として関わる3rdステージ指導では、一からのスタートではなく、即その子に特化した指導からスタートできます。

　そこで考えたのが、校内での「MIM研修会」の開催、職員室前の「MIMコーナー」の設置、「学校運営計画」や「国語科指導計画（教育課程）」へのMIMの位置づけでした。通常の学級の先生方を支える立場で、できることを考え、実践することにしました。

「MIM研修会」の開催（図2、3）

　まず、現職教育（教員が共に研修を深める校内研修）との連携を図り、毎年実施している特別支援教

図1　動作化で音韻確認

図2　MIM研修会
　　　（1stステージ指導）

図3　MIM研修会
　　　（MIM-PMの演習）

147

育校内研修会の中に「MIM研修会」を位置づけました。ここでは、通常の学級の先生が、読み書きが苦手な子どもたちの心理状態を疑似体験した上で、MIMの指導法を習得し、効果的な1stステージ指導を国語科の授業の中で展開できるようになること、MIM-PMを計画的に実施し、つまずきの可能性のある子どもたちを早期に発見し、適切な支援を届けられるようになることをねらいました（以下参照）。

〈研修内容〉
・日本LD学会「LD・ADHD等心理的疑似体験プログラム」の体験
・MIMの指導法・教材について
・1stステージ指導模擬授業の体験
・MIM-PMの実施の仕方と、結果の活用について

　通常の学級担任等参加者からは、「読み書きが苦手な子どもたちの気持ちがよくわかった」「今まで授業の中で、どれだけ軽い気持ちで特殊音節を扱ってきたかがわかり、反省した」「MIMの指導法はとても楽しく、あっという間だった」等の声が寄せられました。

「MIMコーナー」の設置（図4）

　図4に揚げた教材等を2セットずつ準備することにより、低学年4クラスで指導の時間がぶつかっても困らないようにしました。MIMでは、隙間時間の活用が効果的ですが、このように準備しておくことで、「使いたいと思ったときに、すぐに使える！」と、通常の学級担任にも好評です。毎月実施するMIM-PMも、1年分が準備されています。

「学校運営計画」や「国語科指導計画」への位置づけ

　学校という場は、毎年必ず職員の異動があります。低学年の学級担任、通級指導教室担当、特別支援教育コーディネーターが代わっても、MIMの実践が確実に引き継がれていくように、MIMへの取り組みを「学校運営計画」の中に「多層指導モデルMIM実施計画」として位置づけました。また、教育課程の「国語科指導計画（第1学年・第2学年）」の中に、MIMを活用する単元を明記することにしました。特に、「国語科指導計画」の配慮事項の欄には、「多層指導モデルMIM：読みのアセスメント・指導パッケージ」と記入し、活用できる単元が一目でわかるようにしました。

　こうした取り組みにより、1・2年生全ての児童が、通常の学級で1stステージ指導を受けられるようになりました。MIMの全校的取り組みが可能となった背景には、「チームMIM」の存在があります。通級指導教室担当が通常の学級担任を支えるだけではありません。MIMに全校で取り組むことについての管理職の理解、「特殊音節説明用ルールカード」の作成や「ちょっとプリント」「MIM-PM（テスト①・②）」の印刷等については、内部作業員の協力、MIM-PMの結果活用のためには情報教育担当者の協力などがありました。このように、校内の教職員が「チームMIM」として通級指導教室担当を支えてくれたことが、MIMへの取り組みの実現につながったと感じています。

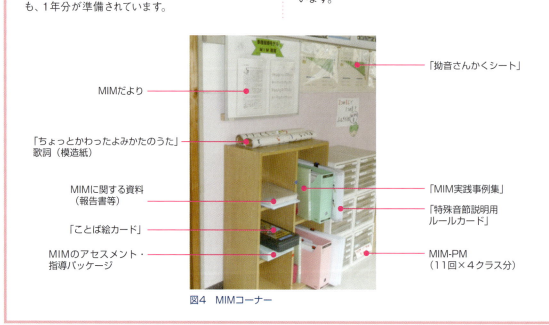

図4　MIMコーナー

3 2ndステージ指導の工夫・秘訣

　2ndステージ指導での通級指導教室担当の役割は、大きく分けて2つあると考えています。一つ目は、通常の学級担任を通しての「間接的支援」であり、二つ目は、通級指導教室へ通級している児童、あるいはそれ以外の児童への「直接的支援」です。

通常の学級担任を通しての「間接的支援」

　MIM-PMを実施・採点し、MIM-PM採点・活用ソフトに入力すると、2ndステージ指導の対象児童が黄色で、3rdステージ指導の対象児童が赤色でマーカーされる「クラスレポート」だけでなく、初回からの変容がグラフ化された「個人レポート」を同時に作成することができます。また、7月のMIM-PMを実施すると、自動的に「個別の配慮計画」が作成される仕組みになっています。

　この段階で、通級指導教室担当は、MIM-PMによるアセスメントの結果として、「クラスレポート」「個人レポート」「個別の配慮計画」を、各通常の学級担任が有効に活用することができるよう、助言するようにしています。また、必要に応じて、赤色マーカーがついた児童の授業の様子を参観し、アセスメントの結果と結び付けて「つまずきの要因」を推定したり、その児童に対し、いつ・どこで・どのように2ndステージ指導を行えばよいかを助言したりするなど、通常の学級担任をサポートしています。

　例えば、東京書籍1年（上）「おおきなかぶ」の教材文には、さまざまな特殊音節が出てきます。

　そこで、「ワークシートへの特殊音節記号の記入（視覚化：ひっぱって ●●●●）」、「机間指導で、個別に特殊音節のルールを確認する必要のある児童へどのような指導を行うか」などについてアドバイスをしました。通級指導教室担当も指導があるため、常に通常の学級に支援に入ることは難しいですが、こうした間接的な支援を工夫することで、通常の学級担任の向こう側にいる子どもたちを支援することができました。

通級による指導を受けている児童への「直接的支援」

　当然のことですが、通級による指導を受けている児童には、直接的な支援ができます。通級指導教室では、その子に合った学び方を教師の側から提案したり、子どもと共に本人が学びやすい学び方を考えたりする中で、習得した学び方を子ども自身が通常の学級の中で駆使し、自己支援（自分で自分に行う支援）できるようになることを目指しています。通常の学級で習得できなかった事柄についての補充的な指導のみならず、予習的な内容を扱い、在籍級の授業の中で、満足感・達成感を味わうとともに、自己肯定感を高められることを願い、指導に当たっています。

　また、通級指導教室担当の専門性を生かし、より詳しいアセスメントを実施する場合もあります。例えば、「ひらがな単語聴写テスト」（村井、2010）では、特殊音節を含む30の単語を書かせ、間違いの量と傾向を見ていくことで、その子の読み書きのつまずきの特徴をつかむことができます。

　入学と同時に通級指導教室への通級を開始した1年生のAさんは、MIM-PMにより、7月段階で3rdステージ指導相当、10月段階で2ndステージ指導相当と判定されました。通常の学級担任による2ndステージ指導を行うのはもちろんですが、通級指導教室では、より個に特化した2ndステージ指導ができます。AさんのMIM-PMの「個人レポート（要素別得点）」を確認したところ、促音に大きなつまずきが見られました。さらに、AさんのMIM-PMの解答用紙を細かく見ていくと、促音に加え、拗音として出題される（拗促音の）「しょっき」「しゅっぱつ」「ケチャップ」でも間違いが確認されました。そこで、Aさんに「ひらがな単語聴写テスト」を実施することにしました。結果、拗音の誤答割合は0％、つまり全問正解であったのに対し、促音の誤答割合は80％、拗促音の誤答割合は100％という結果でした。在籍級担任は、拗音の未習得によると捉えていた箇所が、実は、促音の未習得によるものであることがわかりました。

　そこで、在籍級で間もなく学習する東京書籍1年（下）「おとうと　ねずみ　チロ」を題材として取り上げ、読み取りの指導を予習的に行う中で、促音と拗促音をより特化した形で指導することにしました。ここに、拗促音指導のために開発した教材とともに、指導のひとコマを紹介します（図5）。

●拗促音のルールカード（視覚化・動作化）

　拗促音のルールカード（図6、7）を使い、拗促音の仕組みを確認しました。音韻認識が弱いAさんにとって、視覚化や動作化は非常に有効な支援となりました。動作化は、作文の時などの自己支援に役立ちました。

● 拗促音のことば絵カード（視覚性語いの増大）
（図8）

ここでは、まず、絵ならびに音声と文字を対応させ、教師の言った語がどれかを当てさせます。次に、文字を音声に変換し、指した語を読みます。続いて、音声を文字に変換し、教師が読んだことばを書き取ります。この時のAさんは、まだ自信がなかったのか、動作化によって自己支援していました（図9）。その結果、正しい表記ができました。

● 拗促音のちょっとプリント（絵に合うことばさがし）

「絵に合うことばさがし」は、特殊音節の正しい表記の習得を促すためのものです。

Aさんは、教師が提示した「カメラのシャッター」の問題から「鎧戸のシャッター」を思いつき、「先生、もう一つシャッターがあるの、知ってる？」と言いながら、自作問題用の余白に「シャッター」の問題を作りました。選択肢は、「①ショッター②シャター③シャッター」（図10）の3つでした。拗促音のルールを正しく理解していなければ、問題を自作することはできません。その日の授業を通してAさんの中に、拗促音のルールがしっかり入りつつあることを感じました。

図5　拗促音の指導（「チョキ」と「チョッキ」）

図8　拗促音のことば絵カード

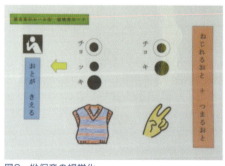

図6　拗促音の視覚化

図9　拗促音のことば絵カードを動作化で確認

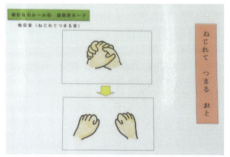

図7　拗促音の動作化

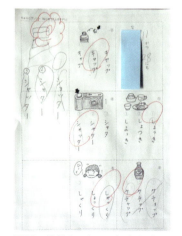

図10　拗促音のちょっとプリント
　　　（絵に合うことばさがし）

● 特殊音じゃんけんグリコ（図11）

運動感覚で特殊音節に対する音韻認識を高めることができるよう、「特殊音じゃんけんグリコ」を行いました。グーは「グ・ッ・ド・モ・ー・ニ・ン・グ」、チョキは「チョ・ッ・キ」、パーは「パ・ジャ・マ」と勝った人が音韻（モーラ）数だけ歩き、早く教室を1周した方が勝ちとしました。授業中盤に体を動かす活動を入れることで、後半の文節検索の学習に向け集中を高めることもできました。

● 交代読みしながら文節検索しての人形劇遊び

これから在籍級で始まる国語科の授業のための指導として学ぶだけでなく、通級指導教室の「おたのしみ会」でペープサート劇にして発表するという言語活動を目標として設定しました。劇を仕上げるための学習を進める中で、物語文を読むことの楽しさを味わいつつ、拗促音のルールを習得することができました（図12）。

Aさんの「ひらがな単語聴写テスト」の誤数割合を、通級指導教室における2ndステージ指導実施前と後とで比較すると、表1のようになりました。

通級指導教室は、読み書きの苦手さを抱える児

表1 「ひらがな単語聴写テスト」の誤答割合の結果

	指導実施前	指導実施後
清音	2%	2%
濁音	8%	8%
半濁音	0%	0%
撥音	10%	0%
拗音	0%	20%
長音	0%	0%
拗長音	0%	0%
促音	80%	20%
拗促音	100%	20%

童と、一対一でじっくり向き合える学びの場といえます。よって、3rdステージ指導対象となるであろう児童に対し、通常の学級で2ndステージ指導が行われているかなり早期の段階から、個に特化した指導が可能になります。より専門的な見地から一人ひとりのつまずきを分析し、MIMにさまざまな工夫を加えることで、さらに楽しい学びを子どもたちに届けることができます。

全ての児童への「直接的支援」

ちょっとした時間の活用として、昼休みに通級指導教室で、「はやくちことばで、めざせ！よみめいじん」の指導を実施しています（図13～15）。1、2年生の子どもたちが利用するトイレの入口に、あらかじめMIMの「はやくちことば（ポスター版）」を掲示しておきました。特殊音節を動作化しながら、早口で3回続けて唱えられるようになると、通級指導教室へ行き、「はやくちことばで、めざせ！ よみめいじん」に挑戦することができます。成功すると、通級指導教室オリジナルの合格証がもらえるようにしました。

ここでは、通級による指導を受けていない児童とも一対一で関わりながら、その子のつまずきを把握することができるため、各特殊音節のルールの再確認等、補足的な指導を行うことができます。初めは、MIMの「はやくちことば」に挑戦していた子どもたちですが、特殊音節のルールが習熟してくると、オリジナルの早口ことばを作り、「先生！ ぼくが作った早口ことばを聞いて！！」と言って、動作化つきで披露してくれるようにもなりました。通級指導教室前の廊下に「早口ことばの木」を作ったところ、見る見るうちに、「早口ことばの葉っぱ」でいっぱいになりました。

図11 Aさん作「変わった音のじゃんけんグリコ」

図12 ペープサートの様子

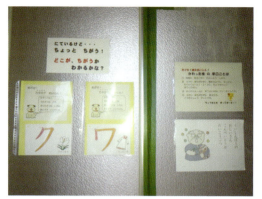

図13　低学年用トイレ入口の「MIMはやくちことば」

図14　「はやくちことばで、めざせ！よみめいじん」の様子

図15　「早口ことば」の木

4 3rdステージ指導の工夫・秘訣

保護者・地域への理解啓発

　3rdステージ指導では、校内支援体制として通級指導教室担当が全面的に協力しました。その際、MIMそのものの有効性や、3rdステージ指導を実施することの意義を、保護者や地域の方々に正しく理解していただけるよう、毎月発行する「特別支援教育部だより」（図16）であらかじめ紹介するようにしました。この「特別支援教育部だより」は、全校児童の家庭、町内の保・幼・小・中、関係機関等に配付されるだけでなく、回覧板によって地域の全家庭に回覧されるようになっています。

給食準備時間を活用した特殊音節のルール確立を目指した指導（全13回）

①3rdステージ指導対象児童の選定

　まず、通常の学級担任と連携し、各クラスのMIM-PM「クラスレポート」「個人レポート」等を確認し、3rdステージ指導対象児童のつまずきについて共通理解を図りました。通常の学級での学習の様子などについても話を聞き、3rdステージ指導に生かせるようにしました。

②3rdステージ指導実施計画の提案

　3rdステージ指導対象児童が決まると、職員会議で「多層指導モデルMIM・3rdステージ指導実施計画」を提案し、全教職員で共通理解を図りました。1、2年生の誰が読み書きの困難さをもっているのかを全教職員で理解することにより、担任不在で補欠授業に入ったときなど、意図的な支援ができるようにするためです。また、3rdステージ指導の中でゲームなどを行う際に、担任外の先生方の協力が得やすくなります。通常の学級だけでなく、時間や場所、校内のリソースをうまく活用することが、3rdステージ指導を成功させる鍵になると考えています。

③3rdステージ指導プログラム集

　通級指導教室担当が代わっても3rdステージ指導の大まか内容が引き継がれるよう、全ての特殊音節のルールを再確認したり、ゲームで般化したりできるプログラム（全13回）を立て、「3rdステージ指導プログラム集」（図17）を作成しました（全回分についてはCD-ROM内に収録）。子どもたち向けには、「がくしゅうしたこと」を渡し、その日に学習した（する）ことがわかるようにしました。また、教師向けには、「指導過程」を記載し、その日にどのような指導をすればよいかがわかるようにしました。これにより、本人・保護者・在籍学級担任・通級指導教室担当がその日の学習内容を共有できるようにしています。

④給食の準備時間に、通級指導教室担当が、空き教室を活用して

　3rdステージ指導プログラムは、給食の準備時間（20分程度）を活用し、通級指導教室担当が空き

図16 特別支援教育部だより「はじめの一歩」

図17 3rdステージ指導プログラムの一部

図18
3rdステージ指導実施の有無をお知らせするカード

教室で実施します。3rdステージ指導対象児童は給食当番をやらずに学習することになるので、事前に通級指導教室担当や特別支援教育コーディネーターが、在籍学級の子どもたちに説明に行くとよいでしょう。「MIM-PMの『みんなのこときかせて』で、『読めるようになりたい！』という気持ちが強かったお友だちが対象です」など伝え方に配慮し、3rdステージ指導対象児童の自己肯定感が低下することのないように、気をつけることが大切です。

子どもたちはMIMが大好きなので、3rdステージ指導対象児として名前を呼ばれたくて目をきらきらさせていました。自分の名前が呼ばれず、がっかりしてしまう子どもたちも少なくありません。

また、学年末という忙しい時期、行事等の合間をぬっての実施となるため、各クラスに図18のようなカードを掲示することで実施の有無を伝えるようにしました。ある日、学期末特別時程で実施が難しいため、「なし」の表示にしておいたところ、子どもたちが勝手にカードを「やります」に裏返してしまい、全員がそろって通級指導教室担当を待っていたという事件が起きたこともありました。子どもたちにとっては実質3度目の学習のはずですが、MIMが大好きなのです。

⑤3rdステージ指導の様子

これは、3rdステージ指導の様子です（図19、20）。この日はまず、拗音のルールについて、「さんかくシート」を使って自己支援の仕方を確認しました。次に、みんなで「ちょっとかわったよみかたのうた」

図19　3rdステージ指導の様子①

図20　3rdステージ指導の様子②

（多層指導モデルMIM：ガイドブックP30参照）を歌ったり、「ちょっとかわったよみかたのかきとりしゅう」や「ちょっとプリント」にチャレンジしたりしました。不安定だったルールを確実に習得することができ，笑顔でいっぱいになりました。拗音でのつまずきが、拗長音や拗促音のつまずきにつながる場合が多いため、拗音は3回に渡って指導しました。子どもたちが飽きずに楽しく学習できるよう、MIMのガイドブックに掲載されている「多層指導モデルMIMにおける読み書きに関するゲーム集」の他、「ちっちゃい『ゃ』『ゅ』『ょ』のバスケット」（MIMのガイドブックP88-89参照）などを取り入れています。

⑥なおも伸びが見られない場合には…

　3rdステージ指導において、小集団でより個別的に特化した指導を行っても尚、個人レポートの点数に伸びが見られない児童、クラスレポートの黄色・赤色マーカーがはずれない児童がいます。この場合は、通級指導教室や特別支援学級など、より専門的な指導の必要性を考え、通常の学級担任や保護者を交えて教育相談を実施したり、場合によっては外部の専門機関へつないだりしています。

　指導・支援の結果を、MIM-PMという科学的な根拠をもって保護者に説明することができるため、子どもの読み書きの困難さや支援の必要性について、理解が得られるケースが増えてきています。それに伴い、必要な指導・支援を、以前よりも速やかにその子のもとへ届けることができるようになりました。これがMIMのもつ素晴らしさであると考えています。

5　MIMの効果と課題

MIMの効果

●さまざまな層にある子どもたちが、みんな大好き

　「苦手＝嫌い」となりがちなのが学校の学習ですが、MIMを通して子どもたちと関わっていると、MIM-PMの最後に子どもたちが回答する「みんなのこと、きかせて」のところで、「よむことが、とくいではない」けれど、「もんだいは、たのしかった」「よむことが、すき」と回答する子にたくさん出会います。もちろん「よむことが、とくい」な子どもたちも同じです。

　どの教科のどの単元の学習でも、あらゆる層の子どもたちが満足感や達成感を味わえる授業になるように…と努力していますが、それは容易なことではありません。しかしながら、MIMに限っては、「先生、今度はいつ？」とどの子も笑顔でその日を心待ちにしているのです。

　その理由は、MIMに含まれる豊富な教材が、さまざまな層にいる子どもたち一人ひとりの指導目標や指導内容に合わせて、柔軟にカスタマイズすることができるからだと考えています。自分の苦手なことを克服するための手立てが、自分の学びやすさに合わせて提供されるため、子どもたちは「楽しい！」「好き！」と感じ、「もっとやりたい！」と前向きに学習に取り組めるのだと思います。つまり、子どもたちは、苦手なことも嫌いになることなく、楽しく学び続けることができるのです。

●合理的配慮から、UDL（学びのユニバーサルデザイン）の授業へ

　障害者の権利に関する条約に批准して以降、「インクルーシブ教育システム」の構築を目指し、各個人に必要な「合理的配慮」を提供することが求められています。こうした観点から考えた場合、MIMは読み書き障害の子どもはもちろん、その周辺にいる子どもたちにとっても、まさに「合理的配慮」「基礎的環境整備」となり得るものであると考えます。

　例えば、MIMを通して確実に読める力を高めるこ

とは、あらゆる教科学習の内容理解を保障することにつながり、「学習上又は生活上の困難を改善・克服するための配慮【合理的配慮の観点（1）—1：教育内容】」（文部科学省, 2012）となります。また、どの子の学び方にもカスタマイズすることが可能なパッケージを各校に配置することは、あらゆる子どもたちの学びを支える教材の配置に当たり、「情報・コミュニケーション及び教材の配置【合理的配慮の観点（1）—2：教育方法】」（文部科学省, 2012）と言えるのではないでしょうか。

また、多様なニーズの学習者に多様なアプローチで対応し、全てに等しく学習の機会を提供できるUDL（Universal Design for Learning：学びのユニバーサルデザイン；CAST, 2011）という考え方にも匹敵するものであると言えます。読み書きの困難さをもつ子どもたちへの合理的配慮として、MIMはなくてはならないものであると考えています。

● **指導者の立場によって、活用の仕方は無限大**

カスタマイズが可能であることは、教師の側の視点から見ても同じです。MIMを活用する教師が、通常の学級担任であっても、通級指導教室担当であっても、特別支援学級担任であっても、特別支援教育コーディネーターであっても、子どものニーズに合わせ、柔軟に工夫することが可能です。既存の教材の扱い方を工夫するのはもちろんのこと、MIMの原理原則はそのままに、新しい教材やゲームを創意工夫し、生み出すこともできます。それは、子どもの笑顔を通して、教える側の「楽しい」「好き」にもつながっていくと考えています。

MIMの課題

平成27年度から東京書籍の国語科1年の教科書でMIMの指導法が導入されました。

これで、全国の子どもたちにMIMが届くようになったわけですが、指導する教師の側がMIMについて理解を深めることが求められると思います。

6 町全体でのMIMの取り組み

町内全ての小学校へのパッケージの配置

本町では、町内全ての小学校にMIMのパッケージを配置するとともに、全ての小学校の「運営計画」や「教育課程」にMIMを位置づけ、通常の学級の国語科の授業の中で、1stステージ指導が計画的に実施できるようにしました。

多層指導モデルMIM指導者研修会

各校に設置されたパッケージが有効に活用されるよう、教育委員会主催「多層指導モデルMIM指導者研修会」を年に数回開催することにしました。保幼小中の連携を考え、保幼小中の特別支援教育コーディネーターと小学校の第1学年、第2学年の学級担任は必修の研修会です。初回は海津亜希子先生を招聘しての研修会を開催しましたが、現在は通級指導教室担当がその専門性を生かし講師を務めています。

保幼小の連携

「多層指導モデルMIM指導者研修会」の実践発表会の中で、保育所の参加者から、年長児の「ことば集め」や「しりとり遊び」の実践についての報告がありました。その中で気になる子どもたちがいることについても話がありました。本町では、MIMによる保幼小連携が可能となりつつあり、LDの可能性のある子どもが就学と同時に通級指導教室につながるケースが増えてきています。

MIMの可能性は無限大です。子どもたちに読みの楽しさを伝えたいという教師の思いとともに、一人でも多くの子どもたちのもとへ届くことを祈っています。

【文献】
● CAST (2011). Universal design for Learning guidelines version 2.0. Wakefield, MA: Author.
[キャスト（2011）バーンズ亀山静子・金子晴恵（訳）学びのユニバーサルデザイン・ガイドライン ver.2.0. 2011/05/10翻訳版］（2016年7月20日）
● 中央教育審議会初等中等教育分科会 特別支援教育の在り方に関する特別委員会（2012）．合理的配慮等環境整備検討ワーキンググループ報告—学校における「合理的配慮」の観点—. http://www.mext.go.jp/b_menu/shingi/chukyo/chukyo3/siryo/__icsFiles/afieldfile/2012/06/19/1322286_3_1.pdf（2016年7月20日）
● 小森 茂（代表）（2015）．新編あたらしいこくご. 東京書籍.
● 文部科学省（2015）．平成26年度通級による指導実施状況調査結果について．http://www.mext.go.jp/a_menu/shotou/tokubetu/material/1356210.htm（2016年7月20日）
● 村井敏宏（2010）．通常の学級でやさしい学び支援2巻 読み書きが苦手な子どもへのつまずき支援ワーク. 明治図書.
● 日本LD学会（2007）．新版LD・ADHD等の心理的疑似体験プログラム.

3-1
管理職としていかにMIMを校内支援体制の中に位置づけたか

千葉県南房総市教育委員会（元・南房総市立小学校） **真木 泉**

1 なぜMIMが必要なのか

　MIMとの出会いは、2012年に民間機関が実施した夏の研修会でした。「先回りの支援」という言葉に心が大きく動いたのを覚えています。「つまずく前に支援する」「つまずかせるわけにはいかない」「支援は平等でなくとも、学ぶ楽しさは平等に与える」という海津先生の熱い思いに触れ、すぐに実践してみたいと思いました。「効果的な指導を行い、子どものニーズに応じて指導方法を変えながら学習を進める」「子どもの学びを最大限に保障し、課題は最小限にする」こんな学習ができたらすばらしいと思いました。MIMは「読み」に視点をあてていますが、考え方はすべての学習に共通のものであると思います。

　今、ユニバーサルデザインの視点を取り入れた学習環境の整備の必要性が言われています。MIMの考え方はまさしくこれであると感じています。「あると便利で助かる。わかりやすい。あっても邪魔にならない」基礎的な学力の定着や学力向上のための授業改善に必要な手法でしょう。

　教師は授業で勝負しなければなりません。日々の実践の中で満足のいく授業ができず、指導方法に悩む教師も少なくありません。自分自身で授業を振り返るにも、MIMは優れています。「効果的な指導に結びつく項目」のチェックリスト（MIMのパッケージ内に収録、図1）によって授業の自己評価ができるようになっているのです。自らの指導を振り返り、積極的に改善していくことで授業力アップの一助となります。

　ここからは、私のMIMへの取り組みについて紹介します。まずは、私自身がMIMの授業を1年生のクラスを借りて実践してみました。私がT1（主として授業を進める）として、そして1年生担任はT2（個々の子どもへの対応）として授業を行いました。

　MIMは初めてである職員が多かったので、朝の打ち合わせの時間に簡単に説明し、他の職員にも参観に来るよう伝えました。見てみなければどんなものかわからない。実際にやってみると「おもしろい」「楽しい」「わかりやすい」との声が挙がりました。特殊音節のルールの説明の授業とも言える1stステージ指導（本校の年間計画では6時間）と、ルールの確認（2時間）を行いました。

　T2である1年生担任は、2ndステージや3rdステージの児童を中心に指導にあたりました。また、朝の15分の帯で取ってある「学びタイム」には、MIMの「はやくちことば」や「ことば絵カード」「ちょっとプリント」等を使い、1年生担任と指導しました。

　MIMには、すばらしい教材がCD-ROMに収録されています。しかし、日々の授業や子どもの指導で多忙な担任は、それらの内容を把握し、印刷して使いこなす時間的な余裕がありません。そこで、それらを印刷して使えるように準備し、授業計画を立てる手伝いをしました。教材作りに時間がかかるので、「ルール説明用カード」やプリント等を、いつでも誰でも使えるように準備しておきました。

　また、「はやくちことばしゅう」は、人数分冊子にして低学年児童には持たせ、朝の学びタイムや家庭学習で練習できるようにしました。すべての教材をプリントすることで、学校共有の財産となり誰でも使えるようにしておくことは重要です。

　子どもの伸びを捉えるためのMIM-PMの実施と採点・入力についても、担任の手伝いをしました。実際にはデータの管理をし、担任と分析を行いました。普段の国語の授業での読む・書く・話す場面の様子も観察しながら、今後の指導・支援についての方法を探りました。

　さらに、小集団での学習・個別指導をしながら、その時々にあった丁寧な指導・支援を心がけるようにしました。MIM-PMの結果を見ながら、普段の授業の様子（国語に限らず他教科も）を観察し、指導・支援を提供していくことが、子どもが伸びる大きな力となります。つまり、MIM-PMの結果を検証していくことが、提供した指導・支援が効果的であったかを科学的な根拠を持って評価できることになるのです。そして、教師も共通のものさしで、子どもの実態を把握することができます。

　以上のような関わりをしながら、本校のMIMを推進してきました。読みの流暢性が学力向上につながることを子どもの様子から感じ、日々実践しています。最初の年はうまく進みませんでしたが、慣れてくると教師はもちろんですが、2年生になった子どもが1年生にMIMを教える場面も見られるようになりました。大きな成果です。

図1
「効果的な指導に
結びつく項目」の
チェックリスト

図2 100文字作文

2 1stステージ指導の工夫・秘訣

　1stステージ指導で大事なことは、国語科の年間計画にきちんと位置付けることです。本校では、授業で取り上げるMIMは年間8時間、さらに年間11回のMIM-PMも位置付けています。国語の教科書の中に、特殊音節の指導が挙げられているので、それに合わせて計画しています。

　視覚化・動作化を通して音節構造を徹底的に理解させていったルール理解は、繰り返し練習し、定着させることが重要です。そして、50音表や授業で使用した「ルール説明用カード」は教室に掲示し、いつでも見られるようにしておきます。また、学習したことを日常の隙間時間で活用することも心がけています。国語の学習のみならず指導者がMIMを意識することで、さまざまな教科への広がりが期待できます。

●**友だち紹介をしよう**：学年はじめの生活科の学習で、2年生が「1年生となかよくなろう」という単元があります。そこでの自己紹介はMIMを学んでいる2年生が1年生に動作化を使い名前を紹介します。清音の多い名前は動作化しやすいのでMIMの導入として扱えます。

●**日直の名前は？**：帰りの会での日直の引継ぎは、カードに書いてある名前を読みながら動作化を使って友だちの名前を紹介します。

●**給食なあに？**：毎日の給食のメニューの紹介をホワイトボードに日直が書き、給食の時間には動作化を使ってみんなで声に出して言います。

●**音読タイム**：朝の学びタイムで「はやくちことば」に挑戦します。はやくちことばに慣れてきたら、自分で早口ことばを作ってみます。他学年にも紹介して、一緒に楽しみます。校内に掲示もします。

●**100文字作文**：朝の学びタイムで100文字作文を書きます（図2）。自分の言いたいことを100文字で書き表します。特殊音節の表記に間違いがないか確認します。

3 2ndステージ指導の工夫・秘訣

　2ndステージ指導では、人と時間がキーワードになります。基本的な指導内容は1stステージと同じですが、一斉指導の中で重点的に指導対象の子どものところへ行って、できていないところを確認し、その場で修正しながら定着を図ります。通常の学級での指導の中で行われるので、担任だけの指導ではなかなか難しい面もあります。いつ、誰が「お助け先生」として指導できるかを明確にして、管理職や特別支援学級担任等が協力して実施していきます。

　指導内容について計画を立てる中で、必要不可欠なのがMIM-PMです。どこが習得できていて、どこが苦手であり未習得なのかを明確にしながら、ピンポイントで集中して指導していくことが大切です。そうすることで一人ひとりに応じた適切な指導をし、伸びの様子を捉えていきます。

　MIM-PMは2種類のテストが短時間で簡単にできるアセスメントです。このアセスメントにより、教員同士が根拠を持って子どもたちの状態像を語ることができます。また、アセスメントの結果を子どもと共有することもできます。子どもと相談しながら目標設定することで達成したときの自信につながり、自己有能感が高まります。

隙間時間を使って

　授業が少し早く終わったとき、朝始業前の時間、帰りのスクールバスを待つ時間等を使って、希望者を対象に指導します。強制的に学ばせるのでなく、あ

くまでも「やりたい」という子どもを参加させます。教師側から参加してほしい子どもには、個別に言葉かけをして、できるだけ自主的に参加したような体制を作りながら引き込むようにしました。

基本的には2ndステージの子どもが対象であるので、指示は丁寧に行い、簡単にできるものを実施します。「ことば絵カード」を使って5分程度の短い時間で行いました。慣れてくると、子ども同士でも問題を出し合ったりできるようになります。最後は「すごいね」「がんばったね」の言葉かけをするようにします。

雨の日の昼休みに

雨の日は外で遊べないので、教室で過ごすことになります。その時は、チャンスです。楽しくできるゲーム（ちっちゃい『ゃ』『ゅ』『ょ』の「かるた」「マッチングゲーム」「バスケット」）（2章参照）を中心に行います。この場合も、参加に対する意思確認をしてから始めます。たくさんの子が参加する場合は、指導者は2ndステージの子どもを重点的に指導するようにします。

4 3rdステージ指導の工夫・秘訣

このステージでは、人・時間・場所がキーワードになります。指導内容は変わりませんが、より丁寧に、より個に対応して、集中的に指導を進めていき、定着を図ります。

集団での指導ではなく、個に対応するため、1対1で行います。場所は、特別支援学級や図書室等のスペースで2ndステージの場合と同じく学習する時間の工夫と「お助け先生」の存在が有効になります。そこで、教頭・特別支援学級担任・支援員等、職員間の連携が重要になってきます。

また、この場合は個別の取り出し学習をしていくので、慎重に進めていく必要があります。保護者への説明と本人の意思確認をし、「なぜ私だけここで学習するの」という質問に対してもきちんと話をします。決してマイナスのイメージを与えず、自己肯定感を下げぬよう配慮しなければなりません。この段階になると、他の学習でのつまずきの可能性もあるので、実態把握を丁寧に行います。

「学びタイム」での取り出し指導

朝の15分間の学習時間に、特別支援学級を使ってルール理解と「ことば絵カード」「ちょっとプリント」「ことばあつめ」等の課題を行います。指導者は、通常の学級担任以外の「お助け先生」が実施します。「お助け先生」は管理職・特別支援学級担任・専科・支援員等をフルに活用します。

学習した内容や様子に関しては、担任や保護者にも伝え、共通理解を図ります。

給食の準備時間の活用

この場合も通常の学級ではない別の場所で「お助け先生」と個別指導を進めます。内容については、上記と同じ要領で行います。ルール理解については必ず行うようにします。

取り出しの指導については、慎重に扱いつつ、子どもに「お得感」を持たせることも大切です。「なんかちょっと得しちゃった」と感じられるよう、そして「できた」「わかった」と感じられるよう、指導の一層の工夫はもちろんですが、ごほうびシール等の提供もよいのではないかと思います。

5 校内への理解・啓発

校内支援体制の構築

MIM主任を1年生担任と教頭が担うことにしました。1年生担任は、MIMを実践していくので、校務分掌として位置付けるのは効果的です。教材作りや校外への発信等は、教頭が行います。また、学年を超えて使える教材なので、MIMの教材コーナーを設けることで、皆が使える共有財産になります。本市は、特別支援教育コーディネーターを2名指名することとし、1名は管理職および教務主任から、もう1名を教諭からとしています。教頭として特別支援教育コーディネーターも担いましたので、しっかりと校内でMIMを位置付け、使命感を持ち、やるべきことの一つとしてMIMを推進しやすかったです。

校内研修

特別支援教育に関する研修の企画と情報発信を行いました。日頃、学級担任の相談役も担ってきたので、相談を受ける中で新たな取り組みの方法や授業のヒントが生まれることもありました。そこで、それらを校内研修で扱い、校内全体に情報の共有を行いました。

さらに、支援員向けの研修も行いました。MIMの理論研修に加え、教材の紹介や使い方の実践方

法、また子どもたちの見取りについても扱いました。MIM-PMによる科学的な根拠に基づいた支援の有効性から、MIM-PMは、学年を超えて実践してみる価値があります。低学年の子どもだけでなく高学年においても、特殊音節の表記につまずきを示している子どもがいます。その子に対しては、つまずいたままにしておかず、取り出し指導をしてMIMを使って学び直しをしていくことが大切でしょう。

教員間の連携と授業の振り返り

教員間の関係を風通し良くし、わからないことはすぐに聞ける雰囲気を作るよう心がけました。コーディネーターはもちろんですが、教員同士も良き理解者として、また相談役として応えられるようにしました。

「効果的な指導に結びつく項目」（図1）のチェックリストは、MIMに限らず全学年の授業に使えるので、授業の振り返りには使ってもらうようにしました。MIMは1つの考え方であり、他学年・他教科につながる部分が多くあり、その中で生かしていけるように発信してきました。

管理職として

管理職である教頭が自らMIMを進めていることで、校内での特別支援教育についての意識が高まってきました。ユニバーサルデザインを意識した教室環境づくりも実践しています（図3）。

また、一人ひとりのニーズに応えるべく、子どものニーズを具体的に知ること、つまり実態把握を大切にするようになってきました。研修を重ねる中で、全職員が「わかる」「できる」授業を意識するようになったのは大きな成果でしょう。また、地域における教頭研修の場を活用し、他校と情報交換をすることでMIMの拡がりが見られるようになっています。

保護者への理解・啓発

学校教育を進めていくうえで、家庭との連携は欠かせません。例えば、「MIMを取り入れた授業参観」「おたよりで紹介」「家庭学習で扱う」「PTA総会・保護者会で紹介（体験を含めて）」等、学校でどんな学習を何のためにしているのか、その意図と方法を伝える必要があります。MIMを実施していく上でも、ねらい・具体的な内容を保護者にも理解していただき、保護者と学校が同じ方向を向いて関わることで、子どもにとって理解しやすい指導となります。

また、苦手な部分についても保護者と学校とで連携し、情報を共有しながら進められるとより効果的であると思います。

地域への理解・啓発

小・中学校においては、基礎的な学力にかなりの差が見られました。そこで、市としても学力向上を図る教育施策の一つとしてMIMを位置づけました。小学校1年生からの読みの力をしっかり育てること、学び方や学力差に応じた指導の工夫が必要であると考えたからです。

そこで市主催のMIM研修会の講師を引き受け、2年間で3回の研修会を実施してきました。

第1回 MIM授業の実際（2014年6月）
・MIM-PM「めざせ よみめいじん」の実際
・促音ルール理解の授業体験
・研究協議会

第2回 MIMの基本的理解に関する研修と教材作り（2014年8月）
・MIMの基本的理解に関する説明
・教材作り（文字もじガッチャンコゲーム、ちっちゃい「ゃ」「ゅ」「ょ」のバスケット、ことばさがし、グリコゲーム　等）

〈文字もじガッチャンコゲーム（井上、杉本, 2011）（図4）〉
拗音の書かれたカードと清音や濁音の書かれたカードを用意します。それぞれ別の箱に入れ、拗音・清音・濁音を組み合わせ言葉を作ります。うまくカードをマッチングさせ、たくさんの拗音の入った言葉を作ります。

〈ちっちゃい「ゃ」「ゅ」「ょ」のバスケット（図5）〉
フルーツバスケットの要領で行います。参加する人は、拗音のカードを身につけます。はじめに「おもちゃ」など、拗音を含むカードを見せます。おにが、カードに書いてある言葉を声に出して読みます。全員で「おもちゃ」と復唱してから「ゃ」のカードをつけている人は移動します（MIMのガイドブックP88-89参照）。

〈ことばさがし（図6）〉
音声を視覚化したカードを作ります。清音・濁音を●、促音は小さい●、長音は棒、拗音は◉で表します。そのカードにある視覚化した音声表現にあった言葉を見つけます。例えば、「●●●」なら「たいこ」「すいか」「うさぎ」などです。

図3 MIMのルールを掲示した教室

図4 文字もじガッチャンコゲームカード

図5 ちっちゃい「ゃ」「ゅ」「ょ」のバスケット

図6 ことばさがし

図7 グリコゲーム

〈グリコゲーム（図7）〉

　じゃんけんのマークを視覚化したものを用意します。二人でじゃんけんをし、「グー」で勝ったら「グリコ」、「パー」で勝ったら「パイナップル」、「チョキ」で勝ったら「チョコレート」と清音、濁音・半濁音、促音、長音、拗音の動作化をし定着を図ります。

第3回 MIMを取り入れた授業の工夫（2015年9月）

（図8）

・国語科「はたらくじどうしゃ」授業参観
・研究協議会

　研修会への参加者は、低学年通常の学級担任、特別支援学級担任、通級指導教室担当者、管理職、国語主任、また小学校教諭のみならず中学校教諭や幼稚園教諭と多種多様な立場からの参加がありました。また、この研修会のことが近隣の市へも広がり、研修会の講師として呼ばれるようになりました。研修会へ行った際には管理職にも参加してもらい、理解・啓発を図りました。管理職が理解を示し、校内での相談・推進役として協力してくれると、その後のMIMを実践していくうえでスムーズに進むことが多かったです。

図8 市主催の研修会でのMIMの授業

　市主催の研修会後から現在まで、9小学校中5校がMIMに取り組み始めています。

6 MIMの効果と課題

学ぶことは楽しい！

　「たのしかった」「できるようになった」「もっとやりたい」がMIMを実践した後の子どもたちからの感想です。どの子も素直に、楽しい気持ちを表現していました。学びながら「わくわく・どきどき」し、学習意欲が喚起されるのです。

　人は学びを求めます。学校は、学ぶところであり「楽しくなければ授業じゃない」と思っています。わかること、できることが楽しいことにつながります。中学校で不登校になってしまった子の大半がその理由を「授業がわからないから」と答えるそうです。どの子も勉強が好きですし、「できるようになりたい」「わかるようになりたい」と切に思っています。その気持ちに私たち教員は応えなければなりません。

　MIMは、「目で見えないものを見えるようにする」「体を使ってリズムにのった動きで表す」こんな学習をしながら、わかりにくい特殊音節のルールを明確にしていきます。ゲームで遊んでいる感覚の中で、何度も繰り返し、楽しみながらいつの間にかできるようになっています。丁寧な指導と、一人ひとりの状態像をアセスメントで把握し、その子に合わせた指導をしていくのです。アセスメントが指導に根拠をもたらします。授業をする側も授業を受ける側も楽しいのがMIMです。

　このような考え方は、どの学習にもつながるものであり、MIMを経験することで他の教科での学習にも応用できるのではないでしょうか。どうしたらわかるようになるのか、一人ひとりに合わせた支援を生み出す工夫をしなければ、授業改善はできません。これは私たち教員としての使命でもあると思います。MIMは、いつでも授業において勝負できるよう、工夫改善していく際のヒントとなることでしょう。

まずは、やってみよう！

　研修会の講師をする中で、参加者からの一番多い感想は「やってみたい」という声です。まずは、挑戦してみてほしいと思います。黒板とチョークだけで行う授業でなく、MIMではさまざまな指導教材がパッケージになっており、CD-ROMに収録されているアセスメントや教材を印刷すればすぐに使えます。ま

た、その中には、実践事例集や指導の計画・評価方法も含まれています。

その反面、それを教材として準備したり、使いこなしたりするための時間がないという感想も多く、MIMを実践していく上での一つの課題となっています。

そのためにも、校内でのMIMのコーディネーター的な役割を担う担当者を位置付けることが重要であり、MIMを校内で支える体制の強化を図っていく必要があります。本校の場合は、先に記述した通り1年生担任と教頭が使命感を持ち、その役割を果たしてきました。教材の作成は、長期休みがチャンスです。比較的時間に余裕があるときに、作成するのがよいでしょう。校内研修の一環として、低学年のグループで行っていくと負担も大きくならずに済みます。

また、コーディネーターは、困ったときの相談役、そして良き理解者となることが重要です。それには、MIMについて熟知していなくとも、組織を動かせる立場にいる管理職が適役と思われます。それにより、情報を発信しやすく、年間計画の中にきちんと位置付けながら進めていくことが可能になります。

MIMの広がり

本市の小学校教頭は、幼稚園の副園長を兼務しているところが多いです。同じ敷地内に幼稚園があるので、日常的に幼稚園へ出向き、読み聞かせを行ったり、身体作りの運動に関わったりしています。そのような中で、文字学習の基礎となる音韻認識を育てる方法の一つとして、MIMを取り入れて実践してみました(図9、10)。

2文字のことばあつめ、3文字のことばあつめ等、清音を中心にして、視覚化と動作化を行いました。その後、さまざまな方法でことば遊び(ことばあつめ、しりとり、さかさまことば等)を行いました。子どもたちは、楽しみながらことば遊びに夢中になり、意欲的に参加していました。学習するということでなく、遊びの中で楽しみながら、音韻認識に関わる体験をすることで、小学校入学後の文字学習がスムースになるのではないかと感じました。そして、他にも遊びの中で、視覚機能や運筆にかかわる力も育てられると良いと考えています。

また、特殊音節の習得がなされないまま中学校に進学してしまった子にとっても、学び直しにMIMは有効でした。

MIMは、基本的には小学校低学年に向けての学習教材ですが、指導者が目的を考え、子どもの実態

図9 幼稚園での実践①

図10 幼稚園での実践②

にあった使い方をすることで、さまざまな子どもたちの学びの教材となります。

MIMとの出会いは、私の教員生活を大きく変えるものでした。これまでにも、指導法の改善に努め一人ひとりの実態にあった教材の工夫をしてきました。教科・領域の枠を超えた「学びのもと」を創り上げることに喜びを感じてきました。しかしながら、こんなにも子どもたちの反応が良く、伸びがわかる教材との出会いはありませんでした。海津先生の「読むことは人生を豊かにする」「わかる楽しさを伝えたい」という熱い思いを、地域の学校にも伝えていきたいと強く思うようになりました。

現在、独自で実践している学校も何校かあるので、それらの学校と積極的に情報交換し、点を線に、線を面にして安房地区全体に拡がることを願っています。

今後も、「支援は平等でなくとも、学ぶ楽しさは平等に」をモットーとして、MIMを広げていきたいと思います。そして、すべての学校で、すべての教員によって、すべての子どもたちに対して、丁寧な支援が行われるような教育をめざし、一層の努力をしていきたいです。

【文献】
● 井上賞子・杉本陽子(2011).特別支援教育はじめのいっぽ 国語の時間.学研教育みらい.

3-2

管理職としていかにMIMを校内支援体制の中に位置づけたか

宇都宮大学（元・栃木県鹿沼市立小学校）　原田 浩司

1 なぜMIMが必要なのか

学校経営上の課題からみたMIMの重要性

　昨今の学校教育上の課題の1つに「基礎学力の向上」があります。多くの学校では学力が身につきにくい児童に対する指導に苦慮しています。その対応として、漢字や計算スキルの学習を徹底させることが一般的に行われていますが、必ずしも低学力の子どもたちに有効な手立てとはなり得ていないと考えています。また、読みの力をつけるために、教科書を繰り返し読ませることを行っていますが、何年たっても読みの困難さが解消しない児童がいることも事実です。こうした基礎学力や読みの困難さを抱えた児童は、徐々に学習意欲や自信をなくし、通常の学級での授業についていけなくなる危険性をはらんでいます。そして、不登校やいじめ、非行などの二次的なつまずきへとつながるケースも残念ながらあります。

　こうした実態の背景には、基礎学力の評価の在り方に課題があると考えています。通常の学級においては、学習内容をどれだけ理解したかを評価することが一般的で、学力低位の児童には復習を課すことで対応しています。このような方法で改善する児童がいる一方で、努力が報われないまま、何年間も改善がみられない児童もいます。

　2007年度から特別支援教育が開始されたことで、こうした教育を根本的に見直す機会となりました。特に、通常の学級に在籍している発達障害のある児童に対しては個のニーズに応じた多様な対応をすることが求められています。このような教育現場のニーズを背景にして、研究者は基礎学力のもとになるさまざまなアセスメント・ツールを開発しています。

　MIMのアセスメント（MIM-PM）は、これまでの学校教育においてはあまり重要視されてこなかった「読みの流暢性」に着目し、さらには、特殊音節を視覚化・動作化することで楽しく学習する方法として画期的なものです。通常の授業の中で全児童を対象に学習できること、MIM-PMによる月に一度のアセスメントにより配慮すべき児童を早期発見することが可能となりました。このことは、教師にとって個に応じた多様な支援の手立てを考える機会となり、通常の学級における特別支援教育の意識を高める意味でも有益と考えます。

MIM導入前の課題意識の共有化

　私たちの小学校でも、以前から基礎学力をどのように定着させたらよいかが課題でした。以前には、毎月漢字と計算のテストを実施し、合格者に表彰状を渡し励ますということを行っていた時期もありました。そこで得点をあげるために、朝の学習時間に練習プリントを学習させます。しかし、数ヶ月たった頃、このような方法に疑問を感じるようになりました。それは、賞状をもらう子はほとんど同じメンバーであったこと、基礎学力をつけてほしい子どもの成績が伸びていなかったからです。また、朝の学習時間の取り組みの様子を見てみると、学力的に厳しい子たちは学年が上がるほど多くなりました。低学力の子どもたちは、当該学年の問題がわからずに困っていたのです。一方、教員は熱心に教えたり、意欲を失った子を励ましたりしながら、必死に取り組んでいました。基礎学力が身につかない児童の実態と教師の指導との行き違いが連続的に繰り返されていました。

　これらについて教員らと議論を行っていく中で、教員の方からも「高学年のクラスにも簡単な読み書きができない児童がおり、当該学年の問題をやらせるのはとても厳しい」「10分間の朝の学習時間に、20問を練習させているが、数名の子は2〜3問しかできていない。また、その時、教えても定着しないので、指導方法に悩んでいた」「従来の手法について、今まで疑問を感じずに継続してきたが、効果的かどうか調べることも必要な時期に来ているのかもしれない」等の意見が出されました。

　そこで、「基礎学力定着度テストを実施し、どの学年でつまずいているのかを調査すること」「児童にもテスト結果を伝え、2学年以上前（2年生までは1学年の差）からつまずいている場合には、どの学年から学び直しをしたいかについて教育相談を行うこと」としました。

　年度末に基礎学力定着度テストを実施してみると、「低学年でも簡単な読み書き、計算ができない子どもがかなりいる」「高学年の子どもで低学力状態にある子ども（約2割）は、3、4年生の内容から急激に得点が下がっていく」ことがわかりました。こうした結果をもとに、次年度からは次のような体制

- 一人ひとりの能力に応じたパワーアップタイムを新設する（図1）。
- 2学年以上の差がある児童に対しては、本人の希望と保護者の了解を得て、個に応じた学び直しを行う。
- 指導時間は朝の15分間。個別指導希望者は図書室で学習する。指導者は、学級担任以外の全教職員が担当して、一人ひとりのニーズに応じた学びを促進する。（通常の学級の約2割（計40名）が個別指導を希望した。5人の小グループに指導者を一人配置するために8人の指導者が必要になった。そのため、学級担任以外の全教職員に協力を依頼した。校長、教頭、教務主任、少人数指導教諭、生徒指導加配教諭、非常勤講師、養護教諭、事務長の8名が個別指導プロジェクトチームとして協力することになった。この中からチームリーダーとサブリーダーを選出し、管理職と連携を図りながら進めていった）
- 個別指導担当者を対象に研修会を実施する。（上記の個別指導担当者（8名）に対して、支援内容や指導法について研修会で学ぶ機会を設けた。また、担当する児童の特徴や困難さの実態と指導方法については、チームリーダーを中心とするミーティングを随時行う中で、徐々に個別指導の技法を身につけていった）

　この提案を企画委員会と職員会議で説明し、全員の同意の下に実施することが決定されました。実際に、2年生から6年生の約2割の子どもたちがパワーアップタイムに参加するようになりました。

　校長として、学力定着度テストを全校体制で実施したことで児童の実態把握ができ、危機的な学習状況の児童の多さに気づかされました。それを担任だけに押しつけるのではなく、全教職員で子どもたちをサポートしようという意識が芽生えてきました。学校に在籍する全ての児童を一人も落ちこぼさないという共通認識を全教職員で納得するまで話し合いました。こうしたプロセスが重要であったと考えています。このようなパワーアップタイムによって、児童一人ひとりへの手厚い支援体制はできました。しかし、そこでの指導内容は学び直しが中心であり、それだけで授業内容が理解できるわけではありません。そこで、授業中にできる支援を模索するという課題が残されました。

2 MIMを校内支援体制の中でどのように実践していったか

MIM導入までのプロセス－試験的導入期－

　MIMが必ず基礎学力の向上に直結する有効なものだと理解し、校内で取り組んでくれそうな教員（当時、特別支援学級担任。翌年から1年生通常の学級担任）にMIMの導入を勧めました。この教員は内容を理解し、快く同意したばかりか、すぐに精力的に取り組んでくれました。

　あわせて、校内研修においてもMIM導入について全教職員に理解を求めるため、次のような説明を行いました。

- 学力的に厳しい児童が多い本校では、従来の学習方法だけでは、基礎的な学力がつかない。その背景に、途中で飽きてしまったり、注意を何回も受け、徐々に学習意欲が低下してきて、結果、習得率が低下していくと考えられた。低学年から「読みの流暢性」を重視したMIMは画期的な指導法である。通常の授業でどの児童にとってもわかりやすく、楽しい活動を取り入れた指導内容であるので安心して活用できる。
- 学習に困難さを抱える児童がつまずいていてから指導するのではなく、つまずきを早期に発見でき、しかも、対応策が準備されているところに魅力がある。これは、RTI（米国で注目されているモデルであり、通常の学級で、アセスメントを基にしながら指導を階層化していくことで子どもの異なるニーズに対応していく）に立脚した指導法である。
- MIM-PMにより毎月のアセスメント結果が標準化されていて、指導と評価の一体化ができる。
- 使いやすい教材やプリントが豊富にあり、担任の負担感が少ない。
- 今年度は、支援学級で国語を専門とする教員が指導を試みている。次年度からは全面的に低学年の授業に導入していく。

図1　パワーアップタイムの様子

MIM導入2年目以降

実際にMIMを取り入れた1年生の授業を見てみると、児童が実に楽しそうに学んでいました（図2）。1年間のMIMの実践により意欲的に取り組む児童が増加し、MIM-PMの成績も向上する児童が多くなった反面、3rdステージの児童が約2割いることも明らかになりました。

この3rdステージの児童には、別室においてパワーアップタイムの15分間を使い、MIMの学習を集中的に行うことにしました。その結果、2年生の間に全員が3rdステージから1st、2ndステージになっていきました。

図2　1年生でのMIMの様子

MIM指導の初期の課題と対応
－特設「ことばのじかん」－

MIM導入3年目以降、通常の学級においては1年生の1学期を中心に特殊音節の指導時にMIMを積極的に活用することが定着し、MIM-PMのデータに基づいた指導も行われるようになりました。

しかし、2nd、3rdステージ指導を要する児童が多く、担任だけで指導することは人的・時間的にも厳しい面がありました。担任が休み時間や給食準備中に個別に指導はしていましたが、それだけでは効果が上がらない実態もありました。さらには、1年生においても「読み」の力の実態については、個人差が大きく、かといってどの時間を用いて個別的な指導を行えばよいのかということもありました。そこで、言語能力の育成に大きな課題があると考えられたことから、「ことばのじかん」の新設にふみきりました。MIMにおいても、「担任の意識による取組への温度差」「日々の学習内容とMIM指導との兼ね合い」「2ndステージ指導や3rdステージ指導を要する子どもの指導の場の確保」が課題としてありました。このように、しっかりと「読み」に対する指導時間を位置づけることで、確実な実践と担任教師の負担軽減にもつながると考えたのです。

そこで、新年度からは試行的に「学校裁量の時間（予備時数）」に「ことばのじかん」を教育課程に位置づけて、1学年は週2時間、2学年は週1時間、1st、2nd、3rdステージに分かれ、MIMを中心に読みの指導を集中的に行うことにしました。以下が「ことばの時間」の実施計画です。

1年生についても、4月下旬より「ことばの時間」が開始されます。ただし、最初はグループ分けは行わず、1年生全員を対象に1stステージ指導として、担任が主となり「ことばのじかん」の授業を行います。その際には、後にグループ指導の担当をする教務主任や通級指導教室担当教諭が1年生の教室に入り、チームティーチングで子どもたちの指導を行います。主にMIMの教材を使いながら指導していきます。例えば、「りんご」など、絵と言葉をマッチングさせたり、音節で手を叩くなどの動作化を行うことから始めます。その後、MIM教材を使い、促音、長音、拗音、拗長音の指導も全員に行いました。

グループ指導になるのは、6月末頃です。MIM-PMの結果に加え、他のアセスメントも組み合わせながらグループを決めて行きます。MIMについては、国語の授業の中で行うこともありますが、主に「ことばのじかん」に集中して行っています。こうして、2nd、3rdステージ指導の場が「ことばのじかん」に移っていくのです。

1stステージ指導でルールがしっかりと理解できる児童にも、その後少人数指導を行い、さらに読みの力が伸ばせるような指導を行っています。とにかく早期支援が重要であると考えているので、1学期から、一斉指導での反応、さらにはMIM-PM等の結果から各ステージに分かれて、子どものニーズに応じた指導を実施していきます。「ことばのじかん」では、MIMの指導に留まらず、「読み」に関する総合的な指導を行っています。

● 「ことばの時間」の目的
- MIMの効果的な活用を図り、1、2年生の「読み」の指導の充実を図る。
- 小学校2年生までの「読み」の能力育成の重要性に基づき、個人差に応じた「読み」の指導の充実を図る。

● 実施学年
　1・2年生

●実施時期および時数
・1学年：週2時間（1年間：68時間）
・2学年：週1時間（1、2学期：26時間）

●指導者および指導場所
　（6月末からのグループ別「ことばのじかん」の実施に先立っては、通常の学級において、担任が実施。ただし教務主任、通級指導教室担当教諭が入りチームティーチングの形で1stステージ指導を行う）
6月末からは
・1stステージ指導対象：教務主任（視聴覚室）
・2ndステージ指導対象：学級担任（教室）
・3rdステージ指導対象：通級指導教室担当（通級指導教室）

●グループ分け
　MIM-PMの結果や観察等により、指導者間で協議の結果、3グループに分け、それぞれの児童の「読み」の能力差に応じた指導を行う。

●指導内容
・「特殊音節」「ことばのまとまり」「流暢性」「語の想起」「語彙力」の育成を楽しみながらできる学習内容を工夫する。
・MIMのパッケージの教材を有効に活用する。
・市販教材や自作プリントも有効活用する。
・タブレット端末を導入し、個に応じたアプリケーションを活用する。

3 特設「ことばのじかん」におけるMIMの実践

1stステージ指導対象の子どもへの指導

　1stステージであるMIM-PMの得点が比較的高い児童のグループにおいては、複数の小刻みなメニューを行っています。
　その際、本校で取り組んでいる「マルチの力」を意識させ、ことばの学習を多様な脳の機能と関連させて考える力を育てています。なお、マルチの力とは一般に行われている知能を狭く捉えていると考え、人間には8つの領域の知能があるとしたアメリカのハワード・ガードナー博士の理論を基にしています。言語的知能、論理数学的知能、空間的知能、身体運動的知能、音楽的知能、対人的知能、内省的知能、博物的知能の8つを合わせてマルチ知能と呼び、それを支える力として、やる気（意欲）、注意・集中力、記憶する力の3つも併せて育てています（涌井, 2005）。

●指導の流れ

　ねらいの確認　本時の流れを黒板に掲示しておく
　↓
　フラッシュカード　特殊音節の入った単語の速読を電子黒板で行う（注意・集中力）。
　↓
　きもちをこめて　心情を表す絵から語彙を想起させ、コミュニケーションスキルを育てる（例「うれしい」「くやしい」「やさしい」）（内省的知能）。
　↓
　ならびかえ　特殊音節の入った単語をカットしたカードから、単語を想起させ完成させる（論理的知能）。（図3）
　↓
　神経衰弱　ペアで絵とことばのマッチング（空間的知能、対人的知能）。
　↓
　MIMかるた　机の上にMIMの「ことば絵カード」を並べ、数人の子どもが競い合う。教師が「次は1番！」と言うと、子どもたちは選択肢①の読みが正しい（正答である）カードを選び取る。これを1分間、教師の指示でカード選択する。カードの読みに集中させることで、特殊音節の正しい読みと速読の力、語彙力を育てる（注意・集中力、言語的知能）。（図4）
　↓
　プリント　書字力（ひらがな、カタカナ、漢字）（言語的知能）。
　↓
　デジタル端末　語彙力・語の想起・速読・リズム（言語的知能、音楽的知能）。

図3　ならびかえの課題

図4　MIMかるた

2ndステージ指導対象の子どもへの指導

2ndステージ指導の対象は、MIM-PMにおいて平均よりも下位の児童が中心であり、さまざまな課題を抱えています。多動・衝動性のある児童も含まれていて、行動面でも配慮を要する子どもが多いです。そのため、約5分間でできるメニューを8個前後準備しています。以下に、授業例を示します。

● 授業例「拗音・拗長音に特化した指導」の流れ

ねらいの確認 具体的には黒板に拗音の一覧表を示し、「しゃ」「しゅ」「しょ」の学習であることを確認する。一覧表は常に見えるところに掲示し、不注意傾向のある児童にも配慮した形式になっている。(図5)

ことばあそび 語の想起、語の意味、反対ことばを電子黒板で提示する。具体的には、プレゼンテーション・ソフトを活用して、隠れている場面を徐々に少なくし、「ことば」の想起を促す。答えが出た後で、意味を考えさせたり、動作化したりして語彙力を高める。こうした語を5種類、さらに反対語を考えさせる語を5種類用意する(「高いー低い」「遠いー近い」など)(言語的知能)。(図6)

MIMマグネットで特殊音節 動作化をした後で、マグネットを使い、正しい視覚化をする学習。「きょうしつ」「ちゅうりっぷ」等、3語を学習する。動作化、さらには、マグネットを操作し、視覚的にも理解させることで、多感覚を意識した学習を行う(言語的知能)。(図7)

三択カードで拗音の練習 教師の出題する問い(拗音)を聴き、「しゃ」「しゅ」「しょ」のカードから正しいカードを選択する。集中して聞くことで聴覚的に正しい拗音を判別する力を育てる(例:「読書の『しょ』は?」「種類の『しゅ』は?」など5種類の問題を行う)(注意・集中力)。(図8)

MIMことば絵カード 教師の出す問題(拗音が含まれた単語)をホワイトボードに書く。答えはペアで確認し合う(例:「びょういん」「やきゅう」「ぎょうざ」等、5問)(言語的知能、対人的知能)。(図9)

絵と文字のマッチング 絵と絵を表した正しい文字表記をつなげるプリント課題(言語的知能)。

神経衰弱 拗音、拗長音のマッチング課題。拗音や拗長音のみが書かれたカードと、拗音や拗長音を含む単語で特殊音節の部分を隠したカードが1セットになっている(2章参照)。これら2枚で読みが完成するカードを5~6セットを裏返しにして机に並べ、子どもは4人1組になって向かい合い、神経衰弱のように選んでいく。読みの正確さや集中力、語彙力

図5 2ndステージ指導においての本時のねらいの確認

図6 「ことばあそび」の課題

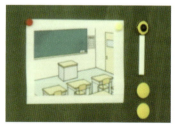

図7 「MIMマグネットで特殊音節」の課題

図8 3択カードで拗音の練習

図9 「MIMことば絵カード」を使って拗音の語を書く課題

図10 ことばかるた作りの場面

第3章　MIMを効果的に行うために

だけでなく、二人で正誤を確認することでコミュニケーション能力も育てていく（注意・集中力、言語的知能、対人的知能）。

ことばカルタ作り　百円ショップで購入したカルタを使用。ひらがな1文字が入った絵札を20枚程度机に並べ、2人1組で単語を作っていく。例えば、はさみの「は」と猿の「さ」とみかんの「み」を並べて「はさみ」という単語を完成させる。読みの力だけでなく、ことばを推理する力とコミュニケーション能力を育てる（言語的知能、論理的知能、対人的知能）。（図10）

3rdステージ指導対象の子どもへの指導

3rdステージ指導では、MIMの課題だけでなく、全般的に知的能力に課題のある児童に対し、通級指導教室担当教諭から個のニーズに応じた指導を受けることができます。学習内容も精選されたものでじっくりと学ぶことができる環境を整備しています。

●指導の流れ

本時のねらい　ホワイトボードで掲示する。

「きゃ、きゃ、きゃべつ」　拗音表の練習では、「きゃ」「きゃ」「きゃべつ」といったように、拗音を意識させて全員でリズミカルに読み合うようにする（言語的知能、音楽的知能）。（図11）

クイズ　単語を想起し文字化する（10問）（「宇宙に飛ばす乗物は何？」と発問し、児童に単語「ロケット」を想起させた後で、ホワイトボード上で文字化するようにする。（注意・集中力、言語的知能）。（図12）

プリント　文字を並び替えて単語に直す（10問）（文字の羅列から単語を想起するようにした（「じおうくょ」→「おくじょう」）。特殊音節の書字力を養うことをめざした。（言語的知能）。（図13）

デジタル端末　語の想起（「デジタル端末」を使った語彙の練習を学習の最後に行っている。例えば、漢字一文字が正しいか間違っているかを○×で選択していくゲームで、次々に漢字が提示される。例えば「男」の「田」の部分が「日」になっている等、部分的に間違っているものを瞬時に見つける力を育成する。楽しいキャラクターやリズミカルな音楽があり、子どもたちは夢中になって取り組む（「国語海賊」というアプリケーション）。（注意・集中力、言語的知能）。（図14）

4　校内への理解・啓発

本校では平成20年度から全校体制で特別支援教育の充実を推進してきています。毎年、年度初めには学校経営に関する説明の中で特別支援教育の必要性や具体策を全教職員で確認しています。そのため早期支援の有効な手立てのひとつとしてMIMは全教職員に理解されています。

図11　拗音の練習表（特別支援教育デザイン研究会）

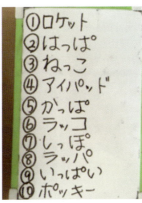

図12　「クイズ」での答えをホワイトボードに書く

図13　3rdステージ指導でのプリント学習（並び替え）

図14　デジタル端末を使った3rdステージ指導

5 保護者への理解・啓発

　本校は、発達障害等、特別な支援を必要とする児童が多く、以前から教育相談を通して一人ひとりのニーズに応じた支援を実践しています。また、学校だよりで本校の特別支援教育への取り組みを具体的に紹介しています。こうした積極的な啓発活動に努めてきた結果、保護者の理解度は高いといえます。

6 MIMの効果と課題

MIMの成果

- MIMを継続的に実践していることで、「読みの流暢性」の重要性を低学年だけでなく、全学年で理解し、通常の学級における特別支援教育がさらに充実してきています。
- 「流暢な読み」は基礎学力を支える重要な要因であることを教師が認識しているため、国語科だけでなく、学校教育全体の中で「読みの力」を育成しようとする意識が高まっています。
- 「ことばのじかん」の特設は、「MIMの教育をさらに充実させたい」という1年担任からの提案を学校全体で受け止め、教育課程に位置づけるまでに至りました。「個別支援が必要な児童を、全校体制の中でサポートする」という教師集団の意識が学校経営の充実につながりました。
- 「ことばのじかん」は従来の授業の概念を根底から問い直すものでした。入学時、読み書きが苦手であった児童にとっても「楽しい」「待ち遠しい」学びの時間となっています。その理由としては、一つ一つの課題が短時間で行われ、簡潔な指示で学ぶことができ、活動的で、協同的、また、ICT等を活用する等の工夫がなされているからと考えます。
- 「ことばのじかん」はチーム（1年担任＋教務主任＋通級指導教室担当）を組んで、協議をしながら進めています。必要に応じたグループ編成や教材開発を検討し合うことを通して、教師の指導力も向上していると考えます。結果として、チーム支援の理念が定着してきました。
- 昨年度までは1年生のMIM-PMで3rdステージの児童が多数いましたが、「ことばのじかん」開始直後から効果が出始め、半年後には3rdステージ指導を要する児童は外国とつながりのある児童1名のみになりました。
- 本校での成果が認められ、現在は鹿沼市内全36小学校においてMIMを導入しています。市内での実践を確かなものにするため、教育委員会と本校が協働してMIMに関する研修会を開催しています。

MIMの課題

- MIMは単語の読みの正確さと流暢性を高めるものですが、さらに「文章の理解」につなげていくための手立てが必要と考えます。特に、1stステージの児童に対して、「単語の読み」から「文章の読み」や「文章の理解力・読解力」までの指導法や教材の開発が必要だと考えます。
- 「ことばのじかん」は1、2年生に特化して効果が上がっていますが、3年生以降の児童に対する指導の継続を考える必要があります。

【文献】
- 原田浩司（2016）. すべては子どもたちの学びのために. あめんどう.
- 特別支援教育デザイン研究会（2014）. 拗音表. http://sn1.e-kokoro.ne.jp/kyozai/print/ko/P-012_youon-hyou/P-012_youon-hyou.pdf（2016年7月20日）
- 涌井 恵（2015）. 学び方にはコツがある！ その子にあった学び方支援. 明治図書.

第4章

地域ワイドでMIMに取り組む

1 MIM実践地域における調査結果から

地域でMIMを広げるために

MIMが一つの学級、学校といった取り組みから、地域内の学校、さらには自治体内全てでの取り組みといった広がりもみられるようになってきました。

2011年度には全国に先駆けて、福岡県飯塚市で市内全校（22の市立小学校）の一年生においてMIMが導入されました。

一クラス、さらには学校としてのMIMの取組を効果的かつ継続的・安定的なものとするためには、自治体としての支えが不可欠です。地域ワイドにおけるシステムとしてのMIMの取組が確固たるものとなれば、学習上のつまずき等に対する地域を挙げての予防的支援の効果も期待できます。

効果を最大限に高めるためにも、自治体として取り組む際の要点、さらには課題等を、先例から整理し、成功へと導く要因を明らかにすることが重要です。

そこで本章では、自治体としてMIMに取り組んでいる地域の事例から、「MIMを地域で取り組むに当たっての行政としての役割」「MIMに関する事業についての現時点での成果と課題」等について紹介したいと思います。

今回、調査にご協力頂いたMIMを自治体として実践している自治体（13）の人口は、政令指定都市レベル（人口 500,000人以上）が2件、中核市レベル（人口 200,000人以上）が1件、50,000人以上の自治体が6件、40,000人台が3件、10,000人台が1件でした。小学校数にすると、6〜131校の範囲、小学校の児童数では、763〜48,420名の範囲です。

MIMの実践における自治体としての支え

地域ワイドでのMIMの取組において、行政（教育委員会）が果たしている役割について尋ねました。その結果、大きくは「実践支援に関すること」「予算に関すること」「体制整備に関すること」「データ分析に関すること」「理解・啓発に関すること」「更なる支援の充実に関すること」の6つでした。表1にその具体についてまとめました。

MIMに関する研修の実施

●研修の実施回数

MIMを自治体として実践しているところ全てにおいて、MIMに関する研修が行われていました。年間実施数について尋ねたところ、「年間3回」が最も多く約46％と半数近くにのぼっていました。続いて、「年間4回以上」が約23％と、MIMに関する研修が年度内に複数回実施されていることがわかりました（図1）。

●研修内容（特徴）

研修の内容（特徴）については、「ステージ指導ごとに研修を組んでいる」「講義だけでなく、演習や実践報告会も行っている」「研修対象は（小学校1年生担任だけでなく）、様々である」といったことがわかりました（表2）。

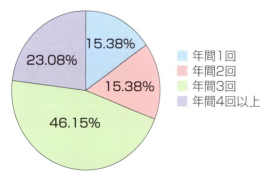

図1 MIMを実施する自治体のMIMに関する研修の実施回数

表1　地域ワイドでMIMの取り組みを実施している自治体での行政の役割

実践支援に関する役割

- 研修の実施
  - MIM担当（低学年）を対象とした研修の実施
  - 校内支援体制を構築するために管理職を対象とした研修の実施
  - 一貫した支援の重要性を鑑み保育所・幼稚園・中学校教員等の参加も奨励
- 授業研究会の開催
- MIMについての情報交換会、担当者会の開催
- 学校訪問によるMIMの実施状況の確認と支援
- 各校の実践の収集と他校への紹介、MIMに関する報告書の作成

予算に関する役割

- 予算措置
- MIMパッケージの配布
- MIMの指導やアセスメント、結果の処理に必要な器材や消耗品の配置

体制整備に関する役割

- MIM推進室の設置・運営
- モデル校の指定
- MIM地域コーディネーター・MIM担当者等の指名・派遣
- MIM担当の校務分掌への位置づけ
- 教育施策への位置づけ
- 教育課程への位置づけ

データ分析に関する役割

- MIM-PMデータの管理と分析
- MIM指導に関する年度末時点での効果検証

理解・啓発に関する役割

- 校長会・教頭会等での成果と方針の説明
- MIMに関する通信の発行
  - 各学校に対しての啓発活動
  - 保護者に対しての啓発活動
  - 市民に対しての啓発活動

更なる支援の充実に関する役割

- 教材の作成
- 個別の指導計画の作成支援
- さらに詳細なアセスメントの実施
- 他課との連携による更なる支援の提供
- 専門家・関係機関等との連携

表2　地域ワイドでMIMの取組を実施している自治体での研修内容（特徴）

ステージ指導ごとに研修を組んでいる

- 1学期の早い段階で、MIMの概論と1stステージ指導に関する研修
- 夏休みに2ndステージ指導に関する研修
- 冬休みに3rdステージ指導に関する研修

講義だけでなく、演習や実践報告会も行っている

- 特に演習については、既に地域でMIMを実践している教員が担当する場合も多い
- アセスメントについても実際に体験し、ステージ指導についても模擬授業を行っている
- 実際に教材づくりやMIMの指導案づくり等も行っている
- 1学期、夏休みはMIMの講義や演習を組んでいるが、2、3学期になると実践校からの報告やMIMに関する公開授業を研修に盛り込んでいる
- MIMに関する情報交換会を研修と同時に組んでいる

対象

- 1年生担任
- 管理職
- 特別支援教育コーディネーター
- 通級による指導担当
- 希望者
- 連続講座の場合は、連続して参加できることを条件としている

MIMに関する研修についての参加者の声

研修後の参加者アンケートで「有益であった」との声が聞かれた内容についても以下にまとめました（表3）。研修内容で評価が高かったのは、「講話、演習、情報交換、公開授業等、様々な形態を盛り込むこと」「具体的な手立て、すぐに実践できそうな指導の仕方や教材の活用例の紹介があること」「MIMの理論（開発の背景、ねらい、重要性、効果・有益性）についての紹介」「実践紹介」「MIMを理解する上での基礎となる学習の概念・理論」でした。

地域ワイドでのMIMを進めてきたことによる成果

地域ワイドでのMIMに関する事業を進めてきたことによる成果についても尋ねました。その結果、「子どもの変容」「特別な教育的ニーズにある子どもへの支援の充実」「特別な教育的ニーズのある子どもの早期把握の実現」「学校の積極性」「指導・支援の一貫性」「教員の意識、専門性の向上」「校内支援体制の構築」「自治体としての支援体制の構築」が挙げられました（表4）。

表3　研修参加者によって有益と回答された研修の内容

講話、演習、情報交換、公開授業等を盛り込むこと
- 実際に話を聴いたり、体験したりすること
- 模擬授業
- 指導についての演習
- 教材作り
- 他校の実践報告、他校との情報共有、意見交換
- MIMパッケージ内のCD-ROMを使った実践的な演習

具体的な手立て、すぐに実践できそうな指導の仕方や教材の活用例
- 各ステージにおける具体的な話
- 日常的な事柄、実際の子どもを思い浮かべて具体的に支援がイメージできる内容

MIMの理論（開発の背景、ねらい、重要性、効果・有益性）
- 早期支援、予防的支援の重要性
- 実践に関する理論的な裏付け

- 具体的な効果の説明
- 支援が必要な子どもへの早期の気づきの視点と方法、解釈、重要性
- アセスメントの有効性、活用（結果をいかに解釈し、支援につなげるか）
- ニーズのある子と同時に、中間・上位層の子どもへの対応の在り方
- 校内での支援体制構築の重要性と方法
- 他学年でのMIMの活用法

実践紹介
- 実際の授業の様子の紹介
- 実践校における実践の紹介
- 実際の子どもの変容

MIMを理解する上での基礎となる学習の概念・理念
- 学習のつまずきへの対応の重要性
- 読み書きの力の重要性
- 読み書きの指導・支援法
- 特殊音節の特徴・指導の意図

表4　地域ワイドでのMIMをすすめてきたことによる成果

子どもの変容
- 多くの児童が興味・関心・意欲を持って取り組むことができ、習得することができた
- 1年生が楽しく学習を進められた
- 全校の児童がこれまでよりもことばに親しむことができた
- 子どもたちが意欲的にMIMに取り組めた。動作化やゲームは有効であった
- 読みが速くなってきた

第4章 地域ワイドでMIMに取り組む

- 促音や長音を身体で表現するのは、どの子にとっても楽しみながらできる活動であった
- 読み方、書き方のルールの理解がし易かった
- 児童たち自身で動きを考えるなど、発展的に楽しく取り組めた
- ことば遊び（ゲーム）のような感覚でカードを使った学習に楽しく取り組めている
- 宿題にも活用し、語彙が広がっている
- 子どもたちの「読みの力」の向上に指導の成果が見られた。特に、国語の偏差値、読む力が向上している
- 2学期よりMIM地域コーディネーターによる各小学校への巡回指導において、授業参観および指導助言を行った。その結果、3rdステージの児童の割合が30％超えている学級が、5月に44クラス中39クラスあったのに対し、12月には5クラスにまで減っている
- クラスレポートの月別の結果を分析すると、1stステージ（一斉指導により効果が見られる）の学級が増え、2ndステージ（通常の学級内での補足的な指導と配慮が必要）および3rdステージ（より特化した個別指導が必要）の学級が減少している
- 教科書の音読につまずく児童がほとんどいなくなった
- 一文ずつリレー形式で音読しても、自分の箇所がわからない児童がいなくなった
- 教師の話や問題文の理解ができるようになってきた
- 特殊音節に関する表記の間違えが圧倒的に少なくなった
- 小学校1学年担任からは特殊音節の定着が例年より早くなっているとの感想が多く寄せられている

特別な教育的ニーズのある子どもへの支援の充実

- 学習障害等により言葉の習得が遅れがちな子どもに対しても、全体指導の後、個別に動作化を交えながら指導することにより、読みの定着につながった
- 通級指導学級（教室）において、学習面（読み書きを中心とした）のつまずきに関し、MIMによる取組の方法を導入することができた
- 読み書きに課題のある児童を早期発見できるだけでなく、個別指導につなげることで定着を図ることができた

特別な教育的ニーズのある子どもの早期把握の実現

- 読みに困難がある児童をすばやく把握でき、つまずきに対する支援が少しずつ進められた
- 通常の学級における指導に関し、MIMによる客観的なアセスメント（MIM-PM）を実施することができた
- MIM-PMを実施することにより、子どもたちの客観的なデータが得られ、どの子どもに、どんな個別指導が必要なのかが明らかになった
- 通級指導教室で導入したが、特殊音節、なかでも拗音の中のどの文字が苦手なのかが把握でき、有効だった
- 特別支援学級の児童や上学年の児童の実態把握に役立った

学校の積極性

- MIMによる指導を行いたいという学校が現在実施中のモデル校以外にあり、各学校で自主的に取り組む学校もみられるようになった
- 研修会後、教育委員会主導でなく、独自にMIMに取り組み始める学校がみられた
- 対象となる1年生のみならず、他学年にもMIMの考えを導入する学校がみられた
- MIM-PMの実施により、支援を要する児童の把握ができ、詳細な課題や背景についてアセスメントしようとする学校が出てきている

指導・支援の一貫性

- 保育所で取り組んでいるケースが見られてきている
- MIMのパッケージを全小中学校37校に配置し、さらに全小学校低学年において、MIMの指導を実施することができた

教員の意識、専門性の向上

- ひらがなの読み書きの習得の遅れや、特殊音節のルール理解に関するつまずきが、その後の読み書きの困難につながるといった、つまずきの早期発見、早期支援の必要性を市内教員が理解することができた
- 特殊音節の考え方が統一できて、指導しやすくなった
- 教職員の意識が高まり、授業の工夫にもつながっている
- 一番の成果は、「読むことは人生を豊かにす

- る」「わかる楽しさを伝えたい」「つまずかせるわけにはいかない」という思いに共感し、参加した多くの教員が「目の前にいる子どもを何とかしたい」という思いをもつことができた
- 学習内容に合わせて、一斉・グループ・個の学習形態が組め、授業が単調にならず、児童が意欲的に取り組めた
- チーム・ティーチングで授業をすることで、テンポよく進められた
- MIM-PMの実施により、読めていない児童の把握ができた。低学年だけでなく、全学年で実施している学校もあり、読めていない児童の存在が明確になり、教員が支援の必要性を実感している

校内支援体制の構築

- 小中学校管理職対象の研修会で、本事業における管理職のリーダーシップについての講話があったことで、MIMの活用について学校全体での推進が図られた
- 学力向上の視点から導入した。毎月のMIM-PMの結果について管理職とも共有し、改善点について話し合いを持つことができた
- 教育関係の諸機関の注目が学力向上に向けられていることもあり、研修会には管理職も一部ではあるが参加した。管理職が参加した学校では、MIM-PMの結果が良くなっていく傾向がみられ、参加した管理職もそれを実感している
- 研修会へ管理職の参加も求めたことにより、2ndステージ、3rdステージの取組を全校体制で行うことができた
- MIMの取組を1年生担任だけに任せるのではなく、指導方法工夫改善教員や専科教員なども加わって、組織的に指導する体制づくりが進んできた
- MIM-PMの実施により、支援を必要とする児童が明確になり、学級担任以外の教員も参加しての、朝の学習や昼の時間の学習支援を始めた学校が出てきた

自治体としての支援体制の構築

- 教育委員会内にある教育指導室が責任をもって指導する体制ができた。学校に対する指導と支援が組織的に行えるようになったことは大いなる前進である
- MIMの理解や実践内容は学校それぞれであるが、全校でMIMに取り組むようになったことは大きな成果といえる
- 指導主事が、学校訪問をしながら授業参観したり、MIM-PMの実施状況を把握したりして、必要な学校には指導と支援をすることができるようになった
- 2学期から作成される、2nd、3rdステージ指導対象の子どもへの有効な支援ツールである「個別の配慮計画」の活用も、指導主事を通して、徹底するように指導ができるようになった
- 学校の指導体制を整備し、学習面で困難を示す児童生徒に対して早期支援や個に応じた指導を行うことによって、子どもたちの「読みの力」の向上がみられた

地域ワイドでのMIMを進める上での課題

一方、地域ワイドでのMIMに関する事業を進めてきた上での現時点での課題は、「予算面」「校内支援体制」「具体的な指導法」「効果の検証」「アセスメントの活用」「学級間および学校間の差」「理解・啓発」「リーダー養成」「自治体としての支援体制」が挙げられました（表5）。

表5　地域ワイドでのMIMを進める上での課題

予算面

- 研修会後、多くの学校でMIMの取組を実践したいという声が聞かれたが、MIMのパッケージの調達が予算的に難しかった
- MIMに関する教材費等の予算措置をさらに進める必要がある

校内支援体制

- 1年生の指導で取り入れたが、授業の工夫は

- 個々の担任に任せていて、情報交換や共有して研究会を実施するなどができなかった
- 校長、教頭もかなりの人数（半数位の学校）がMIMの研修会に参加し、どのようなものかについてはいくらか理解していると思われる。しかし、MIMを実践する教員と一体となって校内で推進する力に未だなっていない現状がある。更なる管理職研修、MIMを校内で支える体制の強化を図っていく必要がある
- MIMを組織的に指導する校内の体制づくりを進める必要がある
- 計画的・継続的に実践していくために校内組織づくりの在り方をより具体化していく必要がある
- 各学校においてはMIM教材の共有化や、授業の予定を組んだり、MIM-PMデータを管理したりするMIM主担者を中心とする推進組織の強化が必要である
- どうしても「MIM＝特殊音節」というイメージがあるので、小学校1年生だけが取り組めば良いという雰囲気がある。一日も早く、他教科、他学年での指導例が普及することを願っている

具体的な指導法

- 2ndステージ指導、3rdステージ指導の支援方法がつかめていない
- 2ndステージ指導、3rdステージ指導をどのような時間、どのような場で、どのような指導体制で行っていくのか
- 実施における時間・人的課題
- MIMの教材（CD-ROM）の活用が不十分
- 3rdステージ指導後の取組。明らかに学習障害と考えられる児童についての対応
- ICT等を活用した支援方法

効果の検証

- 研究がしっかりされている指導方法なので、独自に効果の検証をしていないが、教員のモチベーションを高めていくためには、必要であると感じる。どの客観的手段を用いたらよいのか、比較検討をどうすればよいか悩んでいる
- 実施時間の確保については、朝の学習や、国語科の年間指導計画に位置付けての実施、さらに特設時間の創設による実施と、各学校においては試行錯誤しながら取り組んでいる。実践結果を検証し、教育課程への位置付けを検討していきたい

アセスメントの活用

- MIM-PMの処理については、実施後、教育委員会が集計処理を行い、完了後、各学校に結果を配付するようにしている。したがって、速やかにアセスメント結果および個別の配慮計画を返送できていない。個別の配慮計画に沿った支援を開始するまでにタイムラグも生じてしまっている。各学校が各自で集計処理を行うことで即時支援ができるような方向が望ましい

学級間および学校間の差

- 学級担任など、指導者による指導スキルの差が見られる
- 実践（理解、取組状況、アセスメントの活用など）に学校間の差がある。どこまで引き上げられるか

理解・啓発

- MIMの研修等の回数がまだ少なく、MIMの有効性について、教員の認知、理解が十分ではない。啓発に努め、有効性の認知度を高めたうえで、教員が自発的に取り組む姿勢を広めていく必要がある

リーダー養成

- 自前でできる研修体制の構築を目指し、モデル校での指導者養成を図っていきたい
- MIMの推進リーダー養成をどのようにしていくか

自治体としての支援体制

- 学力向上の視点でMIMの実践をいかに行っていくかを検討することが必要である。教育委員会内での方針の決定が急務である
- 校長、教頭のMIMの研修会参加を要請し、MIMを校内で支える体制の強化を図っていく必要がある
- ブロック協議会・ブロック研修会の開催
- さらに支援を充実させるための関係機関との連携

注）なお、これらの調査は、2013～2016年度JSPS科研費基盤研究（B）「多層指導モデルによる学習困難への地域ワイドな予防的支援に関する汎用性と効果持続性」（課題番号 25285262, 研究代表者：海津亜希子）を受けて行われました。

2 地域ワイドでの実践事例
福岡県飯塚市でのMIMの取り組み

福岡県飯塚市では、2007年度に市内1校でMIMに取り組み始めました。そこでの実践の様子や効果が周りにも広がり、2011年度には市内全小学校（22校）でMIMの実践が始まり今に至っています。

飯塚市でここまで継続可能な学力指導モデルとしてMIMが定着したことのポイントとしては以下のポイントが挙げられると考えます。

- 体系的・継続的なMIM研修（例：各ステージの話3回 & 実践発表会）
- MIM地域コーディネーターの存在（各学校の相談役、研修講師、実施モデル）
- MIM-PMデータの管理システム（学校の負担削減、自治体としてのバックアップ）
- 地域で支える仕組みづくり（ブロック会議、他機関との連携）

これらの内容を含みながら、飯塚市でのMIMの取り組みを紹介します。

飯塚市教育委員会からの報告

飯塚市における基礎情報

（2014年5月1日現在、人口を除く）
人口：131,178名
学校数：市立小学校 22校　市立中学校 10校
児童・生徒数：小学校 6,556名　中学校 3,238名
通級指導教室および特別支援学級の設置状況：
〈小学校〉
通級指導教室
　LD・ADHD……2校　2教室
特別支援学級
　知的障害……17校　19学級
　自閉症・情緒障害……9校　9学級
　肢体不自由……2校　2学級
〈中学校〉
通級指導教室
　LD・ADHD……1校　1教室
特別支援学級
　知的障害……10校　11学級
　自閉症・情緒障害……7校　7学級
　肢体不自由……2校　2学級

飯塚市におけるMIMの取り組み

●MIMに取り組むことになった経緯

飯塚市の通級指導教室においては、利用する児童生徒数が年々増加傾向にありました。さらに、通常の学級においては発達障害の可能性のある子どもが多く在籍していると思われます。

それらの子どもに「生きる力」、特に基礎学力をつける基盤として、「読みの力」が大きく影響していると考えます。ただし、その重要性は認識しつつも、これまで十分な対応がなされているとはいえませんでした。読みでつまずいた場合、国語の学習のみならず、他の学習、さらには、日常の生活にまで支障をきたすことは十分に考えられます。また、つまずきの深刻化に伴い、勉強がわからないことに起因する自尊感情ややる気の低下といった二次的なつまずきへと発展してしまう懸念もあります。

そこで、早期の段階で、子どもがつまずく前、またはつまずきが深刻化する前に、指導・支援を行うことをめざした多層指導モデルMIMを採り入れることにしました。

この背景には、既に2007年度よりMIMを学校内で実践し、成果を上げている市内の小学校があったこと、それが近隣の小学校にも広がりつつあったこと、こうした成果が校長会で話題に上ったことがありました。

このように、当初は、各学校での取組として実践されていましたが、その成果が認められ、2011年度より22校の小学校全てでMIMを実践していくことになりました。

●地域ワイドでのMIMにおける行政（教育委員会等）の具体的役割

a) MIM地域コーディネーター等専門家との連携
- 市内全小学校へ出向き、発達障害の可能性のある子どもの早期支援の在り方やMIMの具体的な指導を行うMIM地域コーディネーターの指名
- MIM地域コーディネーターの指導助言を生かした施策立案
- MIM地域コーディネーターとのアセスメント（MIM-PMおよび個別の配慮計画等）データの共有を行うことによる効果的な支援体制の構築
- MIM地域コーディネーター等専門家の活用によるMIM指導者研修会の実施
- 関係機関等（こども発達支援センター、スクールカウンセラー等）との連携
- MIM指導に係る教材の整備

b) MIM担当者研修会の実施
- MIM担当者（小学校1学年担任または指導方法工夫改善教員）への指導方法の周知徹底
- 管理職への校内支援体制整備の構築に関する指導助言

c) 指導の効果を確かめるアセスメントMIM-PMのデータおよび個別の配慮計画の集約と結果のフィードバック。結果に基づいた指導助言

d) 近隣小学校で組織したブロック会議の実施、ブロック単位での研修会や成果・課題の共有（ブロックは、1～2中学校区に1ブロックを組織）

e) 地域への理解・啓発
- 教職員だけでなく、保護者、一般市民対象の研修会の開催
- 保護者向けの多層指導モデルMIM啓発リーフレットの作成（図2-1、2-2）

f) 教育課程上での位置付けや指導方法の確立
- 教育課程のどこにMIMの指導が関連しているのかの資料を提供するとともに、授業実践の交流を通してよりよい指導方法を市内に広める

g) 効果の検証
- 「読みの力」定着の検証のための効果測定の実施

MIMに関する研修例

日　程	研修会の内容
4～5月初旬 14:00-17:00	第1回　MIM指導者研修会 MIMについての説明および1stステージ指導について
8月初旬 10:00-17:00	第2回　MIM指導者研修会 1stステージ指導の振り返りおよび2ndステージ指導について （1stステージ指導に関する他校との情報交換のためのグループ協議、自校の教員同士による協議での2ndステージ指導の計画立案）
1月初旬 10:00-17:00	第3回　MIM指導者研修会 2ndステージ指導の振り返りおよび3rdステージ指導について （2ndステージ指導に関する他校との情報交換のためのグループ協議、自校の教員同士による協議での3rdステージ指導の計画立案）
2月 15:00-17:00	MIM実践交流会 （1年担任、管理職、指導方法工夫改善教員等、様々な立場からの発表）

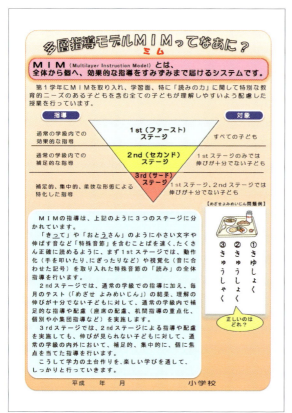

図2-1 保護者向けの多層指導モデルMIM
　　　 啓発リーフレット①

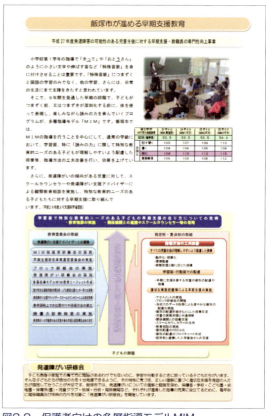

図2-2 保護者向けの多層指導モデルMIM
　　　 啓発リーフレット②

MIM-PMデータの管理システム

　MIM-PMの実施に際しては、採点までは各担任が分担し、その後のデータ入力を教育委員会で行っています。こうすることで、全てのクラスが協調して参加しやすいこと、教育委員会の方でも、データの結果を根拠にしながら支援に入りやすいこと等が利点として挙げられます。

　具体的には、月末までに採点したMIM-PMを教育委員会に提出し、それから数日後に、教育委員会から各学校へクラスレポートを返却するという段取りです。

　ただ、やりとりに時間がかかるので、早く結果を算出し、支援を行いたいという学校は、学校独自でデータ入力までしているところもあります。このように将来的には、学校独自でデータ処理までできることを目指しています。

地域で支える仕組みづくり（ブロック会議、他機関との連携）

　飯塚市では、3～6校がブロックとなるブロック会議を年に数回（3回程度）実施しています。そこでは、合同研修会や各学校での実践を紹介し合い、良い実践を自校に活かす等の試みがなされています。

　全部で5ブロックありますが、各ブロックでリーダーを決め、ブロック長会議も開催しています。ブロック長会議には、教育委員会、MIM地域コーディネーターも出席し、挙げられた課題について、共に考えていきます。またその場が、教育委員会にとって教育現場から出されたMIMの実践に関する要望を聞く場にもなっています。地域でのより良いMIMの実践には、こうした仕組みづくりも有効だと思います。

地域ワイドでのMIMに関する成果

これまでの取組により、子どもたちの「読みの力」の向上に成果が見られました（標準学力検査「国語」にて、「読み」については、108から115に上昇）。

また、ある年は、3rdステージの児童の割合が30％超えている学級が、5月時点で44クラス中39クラスあったのに対し、12月には5クラスにまで減らすことができました。こうした傾向は、MIMを実施した年度全てにおいてみられています。

以下に自治体として行ってきたことに対する成果とその要因を挙げました。

○複数回の研修の実施
→成果をあげた大きな要因の一つは研修の実施でした。MIMの実践知を豊富に積んできた教員による指導・助言や、各小学校が指導の成果と課題を持ち寄り、交流する機会を設けることにより、指導者の専門性の向上がなされています。

○年度当初からのブロック協議会の実施
→4月初めの第1回MIM指導者研修会において、ブロック協議会の年間計画を立てることで、自主的に日程調整し開催することができました。ブロック協議会では各校の成果や課題を共有することで、より効果的な実践へとつなげることができました。

○MIM地域コーディネーターの積極的活用
→4月当初より、MIM地域コーディネーターの巡回指導を行うとで、MIM-PMアセスメントと連動した支援を行うことができました（MIM-PMの結果の解釈と指導への活かし方を各学校へ具体的に伝えることができた）。

○MIM実践事例集の作成
→市では、毎年度末にテーマを決めてMIMの取組に関する報告書を各校で作成しています。例えばある年度のテーマは「管理職等が効果的なMIMの実践を校内でいかに支えたか」というものでした。全校が原稿を作成することもあり、これを機に校内支援体制の整備ができました。

地域ワイドでのMIMに関する課題

○学校間での実践の格差
MIMの取組状況については、学校間に差があり、全ての学校で同じレベルの充実した取組までには至っていません。

○関係機関との連携
3rdステージ指導を実施してもなお、伸びのみられない子どもや、更なる詳細なアセスメントを必要とする子どもに対する市の確固たるシステムが構築できていません。

今後MIMを実践しようとしている自治体へのメッセージ

担任が「させられている」という感覚でMIMに取り組むと、明らかに、MIM-PMの結果において、子どもたちの力が発揮されていない傾向が現れます。そこで、MIMについて全ての先生方が正しく理解し、子どもたちの読みの力を伸ばすということを共通理解して、取り組む必要があります。

例えば、MIMの実践を始める前には、必ず先進的に取り入れている学校の授業場面や実践を参考にするとよいでしょう。

そして、教材作りも含めて、担任のみに任せるのではなく、学校全体での取組としてMIMを理解し、支援体制を構築することが大切です。

なお、MIM-PMの結果処理については、結果をすぐに支援に活かせるよう、データの入力処理に関する研修を行っておくのも有効です。

> MIM地域コーディネーターからの報告（杉本陽子）

MIM地域コーディネーターの実践

ここからは、飯塚市内全ての小学校でMIMを導入することになった立役者ともいうべき、飯塚市立飯塚小学校で通級指導教室を担当している

杉本陽子先生のご報告を紹介します。杉本先生がMIMを実践されたのは2007年度からになりますが、その後、2011年度からは市内22校全てでMIMが導入されました。その際、市内の学校でMIMをすみやかに実践できるよう地域コーディネーターとしてご尽力くださいました。

● ひとつの学校での実践から市内全校への実践へ

数年前、一実践者としてはじめてMIMに取り組みました。振り返ると、この間のさまざまな実践が、今の飯塚市全体の取り組み、市のMIM地域コーディネーターとしての役割につながっているように思えます。

例えば、校内では、これから読みにつまずきそうな子どもを早期に発見し、早い段階で支援を行うことで、つまずきを深刻化させずに済みました。明らかに読みでつまずいている子どもがいたときには、アセスメントの客観的なデータをもとに心理検査の実施等へとつなぎ、保護者に入級の必要性を理解してもらうことで、私の担当するLD・ADHD通級指導教室への入級にスムーズにつながったりしていきました。

MIMに取り組むようになって、1年生担任の先生方とアセスメントという共通のものさしで、子どもの読みの力について共通理解し、指導方法を一緒に考え、日々の指導に役立てていけるようにもなりました。

学校外では、飯塚小学校での実践の確かな手ごたえが、仲間を増やしたいという気持ちに変わり、やがて身近な友人に紹介したり、校内研修の講師として出向いた小学校で、MIMについて紹介をしていったりするようになっていきました。

多くの先生方にMIMの良さを知らせたいと考え、海津先生が研究協力校でもあった飯塚小訪問の機会を捉えて、毎回「MIM公開校内研修会」と銘打って、飯塚小だけでなく、他校の先生方も参加ができる研修会を開きました。

こうして、当初、一人で始めたMIMの実践が、飯塚小の1年生の先生方とのチームでの実践になり、それが他校の先生方の実践へと広がり、今では市全体への取り組みへと広がっています。

その背景には、飯塚市内で先駆けてMIMを実践した学校の校長先生らがその良さを十分理解し、市の教育委員会へと熱心に働きかけてくださったこと、教育長自らが飯塚市の子どもたちの学力向上を目指した取り組みの一環としてMIMの話をじっくり聞いてくださり、評価してくださったこと等、多くの支えがあったと思います。

● MIM地域コーディネーターとして大事にしてきたこと

市内全体でMIMを実践するにあたり、それまでの数年間、MIMを実践してきた立場から、これから初めてMIMを実践していく先生方への身近な相談窓口として飯塚市MIM地域コーディネーターを担うこととなりました。

MIM地域コーディネーターを担うことになってまず考えたことは、「これから実践を始める先生方にとって必要なことは何か？」ということでした。

自分がMIMの実践を始めた頃のことを振り返ると、MIMの実践に関する研究協力者として、自分と同様の研究協力者である全国の先生方と一緒に、MIMについての説明を海津先生より受けた経験が有益であったことが思い浮かびました。研究協力者らとの協議の中では、わからないところをみんなで出し合い、MIMを行っていく上でのイメージや、大事にすべきことなどが明確になっていきました。年に2回ほどの、こうした協議会によって、それぞれの実践を持ち寄り、討議する中で、自分の実践を振り返り、その後の指導に取り入れてきました。また、実践を始めていく中で、新たに出てくる疑問点もありました。その場合には、その都度、海津先生に連絡を取り、疑問を解決してきました。

このように、自分がMIMを学んできた工程と同じように飯塚市での取り組みが進められるよう、次のことが課題であると考えました。

・指導方法や内容が具体的に示されたMIMのパッケージはあるが、それを各学校に配布しただけでは確かな実践につながりにくいのではないか。
・書いてあることが具体的にイメージできるために演習が必要ではないか。
・MIMのパッケージにはどんな教材があるのかを知らせ、その教材の個に応じた使い方も知っ

図3-1　授業ビデオの上映

図3-2　教材の体験

> ておくと、さまざまな子どものつまずきに応じた指導が充実できるのではないか。
> ・ちょっと質問をしたいことがあれば、いつでも気軽に聞くことのできる窓口が必要ではないか。

そこで、コーディネーターとして、次のようなことに取り組んでいきました。

● MIM地域コーディネーターとしての実践の具体例

MIM指導者研修会での授業演習を担当（図3-1、3-2）

教育委員会が主催するMIM指導者研修会は、実践報告会の他に各学期のスタート時に、各ステージの指導の内容や指導方法の確認をするために年間3回実施されていました。その3回の研修会ごとに、具体的な授業演習を担当しました。MIMの指導の様子をビデオで見てもらったり、それぞれのステージで使用する教材を実際に体験してもらったり、活用方法などを伝えたりすることで、「これはあの子にとって有効な教材かも？」「こんな方法で指導すれば、クラスの子どもたちの理解が進むかも？」などと、これからの指導のイメージをより担任が実感できるよう工夫していきました。

飯塚小でのMIMの授業公開

MIMを実践しようとしている先生方の中には、自身が授業をする前に、実際の授業や授業を受けている子どもたちの様子を見たいという要望も多くありました。授業をイメージすること、子どもたちの反応を予測することはとても重要です。そこで、可能な限り日程調整をし、授業を公開していきました。

授業そのものをみることで、子どもの反応や授業の雰囲気など、文章や言葉では伝わりにくいものが実感できると思われました。また、「自分のクラスだったらこんな風に言おう」「こんなことをやってみよう」ということが考えやすくなるようでした。授業後には、より実践的な質問が参観した先生方より出され、それぞれの学級での指導内容の深まりが感じられました。

自作の応用教材の開発と提供（2章参照）

より個に応じた指導を充実させたいと考えた時、MIM教材に加えて「個々の子どものニーズに応じた教材の活用」が必要だと考えました。そこで、以前より特殊音節の指導で活用してきた教

図4　指導教材の貸し出し（変身ボックス）

材の中から、目の前の子どもたちに使用できるものがないかを検討したり、新たに必要な教材の開発も行ったりしていました。研修会では、これらの教材の活用方法の紹介と、その教材がなぜ必要かなども説明していきました。また、これらの教材の中で、市内全ての小学校でも共通して有効活用できるものについては、教材を作成するための原本も提供していきました。

印刷すれば直ぐに使えるものを数多く提供することで、「やってみよう」「使ってみよう」という先生方の意欲を支えることができたと考えます。

指導教材の貸し出し（図4）

2ndステージや3rdステージでは、子どもたちが繰り返し活用しながら定着を図っていくための教材が多く、貸し出しは困難でしたが、1stステージ指導では、一斉指導で1度だけ活用する掲示用の教材が多くありました。そのため、教材作成にかかる時間を短縮し、指導内容の吟味に時間がかけられるよう、貸し出しを行いました。

貸し出しをした教材は主に、大型の具体物です。学校によっては、「これから先も毎年使うものだから」と言って、教頭先生が貸し出した実物を見ながら、同じものを作成したところもありました。作り方を聞いただけでは難しさがある教材作りも、実物を見ながら作るのは、取り組みやすいようでした。

研修会に参加した先生方と共に教材の作成

研修会の演習で、「はやくちことばの作り方」の演習を行い、先生方にも作ってもらいました。その作品の中から11作品をみんなで選定し、はやくちことばに合うイラストを添えた『飯塚市MIMはやくちことばしゅう』（図5）を作成しました。先生方に自分で作ってみたり、人の作品を読み合ったりする楽しさを味わってもらいました。このように、特殊音節に親しんでいくことを自ら体感してもらうことで、より特殊音節が身についていくことを実感してもらいました。また、完成したはやくちことばを集めて「はやくちことばしゅう」にすることで、子どもたちの指導に活用できる教材を増やし、授業に役立ててもらえることをねらいました。

質問のための電話窓口

日常の授業で、ちょっとしたことを尋ねたい時、教育委員会にわざわざ問い合わせるにはハードルが高い場合もあります。そこで、気軽に質問ができるように、研修会ではMIM地域コーディネーターとして直通の電話番号を知らせ、電話で質問を受けることにしました。

先生方からの質問は、年間を通して寄せられ、その内容もさまざまでした。MIM-PMの結果の見方や活かし方などのアセスメントに関するも

図5　研修会に参加した先生方と共に作成した『飯塚市MIMはやくちことばしゅう』

のや、教材の活用方法の問い合わせも多かったです。

指導方法についての個別の相談窓口

市内には、単学級の学校も複数あるため、同学年で相談ができない担任もいました。そのため、「一人で悩まない」「担任にも楽しくMIMに取り組んでもらう」ことをめざして、指導方法についての相談窓口にもなりました。

事前に電話で相談内容を聞き、相談日の調整後、本校に来校してもらいました。MIM-PMの結果などを参考に、子どもへの指導方法を一緒に検討していきました。1年目に比べると2年目は相談件数が減っていき、校内でMIMの指導経験者がいることが大きな支えになっていると考えられました。その一方で、質問の内容は1年目よりも2年目の方がより深く、MIMに関する相談内容から、日常での授業支援についての相談へと相談内容が変化していきました。

各学校でのMIM校内研修会講師

MIMは、担任の力だけで実践するのではなく、校内体制を整えながら、個別や小グループでの指導の実施を実現していくことが重要です。そのためには、1年生の担任だけがMIMを理解しているだけでなく、全職員の共通理解が不可欠になります。そこで、各学校からの要請があれば積極的にその学校に赴き、校内研修会でMIMについて話をしていきました。

教育委員会との連絡調整

教育委員会では年間4回研修会を計画していました。限られた回数なので、どのような研修にするのかを検討することは重要と考えました。そのため、事前にどのような内容にするのか、どのようなスケジュールで進めるのかなど、その都度綿密な打合せをしました。

研修会では、各担任に指導内容を伝えるだけでなく、その良さを実感してもらうこと、安心して明日の実践に結びつけられるようにすることを大事にしたいと考えました。特に工夫した点は、内容の理解だけでなく、明日の授業を具体的にイメージできる、その授業でどんな教材を使えばよいのか、どのような配慮が必要かなどについて、授業レベルで考えられるようにすることでした。

また、負担感の軽減も大事な視点です。

MIMの実践をすることで、「やらなければならないことが何か一つ加わった」ではなく、「MIMは、従来やってきた指導内容をより充実させるための取り組みであること」を強調しました。さらには、各学校の実践が交流でき、先生方の明日からのエネルギーになるような時間の持ち方についても十分な吟味ができたと考えています。

●成果と課題

これまでの成果と課題をまとめます。

【成果】
- MIMの学習が飯塚市の1年生全体で行われるようになった。
- 年間4回の研修会の中身が整えられてきた。
- アセスメントによって学習が組まれることの大切さを、1年生の担任に捉えてもらうことができた。アセスメントに基づいた指導が市内全部の学校に根付き始めてきた。
- MIMへの質問が減ってきていることから、自校の中で相談し合う土壌ができたのではないか。
- 実践事例集等の成果物が積み上がってきている。
- 実践発表会では、各学校の充実した取り組みが出されるようになった。
- 担任だけの立場でなく、管理職の立場で取り組んできたこと、指導方法工夫改善教員の立場で取り組んできたこと等、様々な立場で、今子どもにできることを探し、支援を充実させている。
- 各学校の取り組みにも広がりが見られ、学校独自で作られた教材の紹介がなされるようになってきた。
- 市内全部の1年生担任が、MIMを学んでいる子どもたちについて話をする時、共通のものさしで話ができるようになってきている。これは大きな成果である。
- 子どもを見る目も、点数や赤（3rdステージを表す）や黄色（2ndステージを表す）のマーカーで一喜一憂していた時から、個々の子どもの伸びを比較し、それに応じた必要な手立てを探るようになってきた。MIMの結果を、MIM

の指導だけでなく、日常の授業での配慮にまで結びつけてきている様子がみえる。

【課題】
・1年生終了時に、3rdステージだった子どもたちへのフォローについては、各学校からのニーズが高い。そこで、コーディネーターとして、この件に今後どうかかわっていくか。また、飯塚市全体として、この件について、どう支援体制を作っていくか。
・MIM地域コーディネーターをどう増やしていくか。
・市内全部の学校で、同じようなレベルでMIMの実践がなされるようにするためには、どのような支援がさらに必要であるか。

そこで、最後に、MIM地域コーディネーターとして大切にしてきたことを2つ挙げたいと思います。

一つは、「実践が形だけで終わらないようにすること」です。いわば、飯塚市としては、市の教育委員会主導でMIMの導入が決まったため、私自身がMIMに出会い実践を始めた時のように、「これをやりたい！」という気持ちで、市内全部の学校がMIMをスタートしたわけではありませんでした。そこで、担任の先生方に、「やってみたい！」と思ってもらえるような応援を、同じ教師の立場でできることはないかと考えて行動してきました。それには、実践者任せにしないということです。そこで、「担任を一人にしない」「困った時に相談できる」「やり方が具体的にわかる」「授業ですぐに活用できる教材がある」、これらのことにこだわりながらコーディネーターとしての仕事を進めてきました。

もうひとつは、「市内全部の学校の実践に学ぶ」ということです。各学校間でMIMの実践を交流することで、各学校の取り組みがよくわかります。それらの実践を互いに聞き合いながら、「自分の学級でもやってみる」「使いたいと思う教材があれば使う」「学級の実態に応じて作り替えてみる」ことなどが促されたのではないかと考えています。

MIMのWebサイトのご紹介

http://forum.nise.go.jp/mim/

　念願のMIMのWebサイトが開設されました。これまで、多くの先生方から「MIMをしています！」といった嬉しいお声を頂くようになりました。しかし一方で、「学校にMIMのパッケージはあるけれども…」といったお声も頂くことがありました。また、実際に使ってくださっている先生方から「こういう時はどうすればよいの？」「MIMについてこういう情報が欲しい！」といったご質問、ご要望を受けることもありました。そこで、MIMの効果的な実践につなげるための支えが継続してできればとの思いから、このWebサイトが完成しました。Webサイトでは、MIMの説明や資料、MIMに関する新たなお知らせ、各地域で行われているMIMの実践等をご紹介しています。さらに、Q&Aでは、これまで実際にお寄せ頂いたご質問へお答えしています。このWebサイトでは、サイトに関するご意見とともに、MIMの実践についても情報を募っています。みなさんのお力もお借りしながら、活用できるWebサイトになっていけば嬉しいです。

多層指導モデルMIMの実践を通して

福岡県飯塚市教育委員会 教育長　片峯 誠

　これまで多くの方々に、多層指導モデルMIMをはじめとする教育プログラム導入に至った訳を尋ねられてきた。話すと長くなるし、きちんと説明すると高慢だと思われそうだったので、「たまたまです。結果的に良かったのでラッキーです」と答えてきた。この度、海津先生から推進体制づくりも含めた飯塚市でのMIMの取り組みをまとめたい旨のお話があったので、先生へのご恩返しとして、きちんと語ることにした。

　2011年3月、多層指導モデルMIMと出会った。

　すでに、自校で実践していた2校の校長が「ぜひ、会わせたい人がいる」とのことで機会を得た。当時、私は、特別支援教育に熱心な先生が、その赴任校で指導に活かすために取り入れているプログラムという程度の認識しかなかった。

　今だからこそ言えるが、実は、お会いして、話を聞く間中私の胸はドキドキしっぱなしだった。子どもたちを大切に思うからこそ生まれた緻密なプログラムの素晴らしさはもちろんのこと、「学習初期の段階からの子どもたちのつまずきをなくしてあげたい。発達障害の子どもたちに早く気づき適切な支援ができるようにしたい」と熱く語られる海津先生の情熱に心を打たれてしまったのだ。

　家庭環境の厳しい子どもたちが多数いるこの地域の教育力向上のためには、義務教育9年間の子どもたちの学びと育ちに一本筋をとおした教育方法のプログラム化が必要だと考え、情報収集する過程で様々なパーツと出会っていたが「子どもたちの学びを保障する基礎の基礎」といえるものだけが不足していた。

　そのタイミングで、すばらしい「もの」と「ひと」に出会ったのだから、神様のご啓示だったにちがいない。4月から、市内22小学校全てで試行させていただきたいと、こちらから海津先生にお願いしスタートした。

　効果は、私の予想をはるかに上回るものだった。

　まず第1に、子どもたちの「読みの力」の向上だ。読解力の基礎向上だけでなくコミュニケーション力の向上にもつながったことは、読みの診断テスト調査結果のみならず、国語科の徹底反復学習や協調学習の場面での活動の活発化からも明らかだった。

　第2に、先生方の意識の向上だ。定着できていない子どもの見取りと対応を即座に行う学校風土が進化した。特に、これまで、学習不振の子どもが気になりつつも、放課後の取り出し学習以外になかなか手立てを講じることができていない自分自身に焦りを感じていた先生方が、水を得た魚のように熱心に取り組んでくれた。

　第3に、これは多少身勝手な分析だが、MIMの取り組みが有意義だったことで、教育委員会の教育方針に信頼が増し、他の学習プログラム導入に対し

ても学校現場の理解が得やすくなった。

　これまでそうであったように、子どもたちへの指導方法は本来、教育現場に委ねられるべきものであると私も思う。しかしながら、教育ニーズの多様化とともに教師の指導力量も多様化してしまっている今日、子どもたちとって享受できる教育の質を担保することを、学校や校長のみに責任を押し付けてはならないとも考えている。

　学校や学級での指導の格差を生じないためには、学校現場の意見も汲みいれつつ、地域の教育委員会として、教育方針や指導プログラムの概要を示すことも現代においては必要ではないかと思う。

　インクルーシブ教育システムの構築やユニバーサルデザインを意識した授業づくりが求められる今日、MIMが全国に広がることは想定内であったが、こんなに早く小学校教科書に取り入れられたことは嬉しい誤算だった。おかげで、本市ではこれまでMIM指導に使っていた時間で定着を目指した指導が実施できるようになり、子どもたちの一層の学力向上と教師の負担軽減を併せて実現できた。これはやはり、幸運としか言いようがない。

　取り組み始めて5年になる本市ではあるが、学校のMIM指導の習熟度は微妙に異なる。その実情も含めて、本市での取り組みは、これから取り組みを始める学校や市教委にはむしろ大いに参考になるのではないかと思うし、それらの学校や自治体に対し、できることは何でも協力していきたい。そのことが、海津先生へのご恩返しの一つになれば幸いだし、「1年生初期段階から学習につまずき始めてしまう、そんな子どもたちの手助けがしたい」という海津先生の夢にお付き合いすることは、なんだか楽しそうである。

　最後に、新しい何かに出会った時、できそうにない要素を気にするより、できるためにどうするかを考えるほうが未来は拓けてくる、そんなことも教わった海津亜希子先生との4年間だった。

おわりに

　私は、MIMに出会うことで子どもたちへの指導で大切な、「アセスメントに基づいた指導」の視点を学ぶことができました。それは、ただ単に「アセスメントが必要」ということではなく、「アセスメントを行うことで、今、困っている子どもを見つけることができる」「その子どもへの応援方法を考えることができる」ということです。クラスレポートで「その子が、どれくらい困っているか」という度合いがわかり、「支援を後回しにしない」という意識を持つことができるようにもなりました。これらの学びは日々の指導に役立っています。

　私が何よりMIMの指導に夢中になれたのは、MIMを通して子どもたちの笑顔をいっぱい見ることができたからです。「この学級にとって何が必要か」「この子にとってどんな学びが大切か」がわかることで、自分が何をしたらいいのかが見えてきます。その見えてきた課題をどう解決するかを考えることは、私にとっては、仕事を超えた楽しみでもありました。

　「こんな活動を入れたらAちゃんは飛びついてくれるかな？」「こんな方法でやってみたらBちゃんはわかりやすいかな？」と子どもたちの顔を思い浮かべて考えるとき、いろいろなアイデアが次から次に浮かんでワクワクします。実際に指導を行い、子どもたちの喜ぶ姿や意欲的な姿を見るのはとても嬉しいものです。

　何よりありがたかったのは、指導の成果を自分の主観で判断するのではなく、客観的なアセスメントによって実感できるということです。そしてそれを子どもたちと共有することができることです。自己満

足に終わることなく、うまくいかなければ次の応援を考える、その応援方法で良かったかどうかを次のアセスメント結果で確認する。このサイクルはとてもシンプルでモチベーションが上がるものでした。

　また、MIMを通して、全国の先生方とお話できる機会を頂けたことも大変ありがたいことでした。どの先生ともすぐに心が通じ合う、そんな力がMIMにはあります。この本を手に取り、こうしてこの「おわりに」を読んでくださっている今、私たちはもう心を通わせ合っているのかもしれません。もし、お目にかかる機会がありましたら、どうぞ遠慮なくお声をかけてくださいね。みなさんと一緒にMIMのお話ができる日を楽しみにしています。

　MIMに出会って10年の月日が経ちました。この間、たくさんの学ぶ機会と、多くの方々とのつながりを作ってくださった、MIMの開発者である海津先生に心から感謝の気持ちをお届けしたいと思います。

　また、いつも筆者の思いを共有して作成してくださる学研教育みらいの編集部のみなさま、さらに日頃から温かいまなざしで支え、応援してくださる地元飯塚市の片峯誠教育長をはじめとする教育委員会のみなさま、市内のＭＩＭの実践を広めるために共に手を取り歩んできた諏訪ひろみ先生に、心よりお礼申し上げたいと思います。

2016年8月

杉本陽子

付録CD-ROMの使い方

1 CD-ROMドライブに付録CD-ROMをセットし、その内容を表示させます。

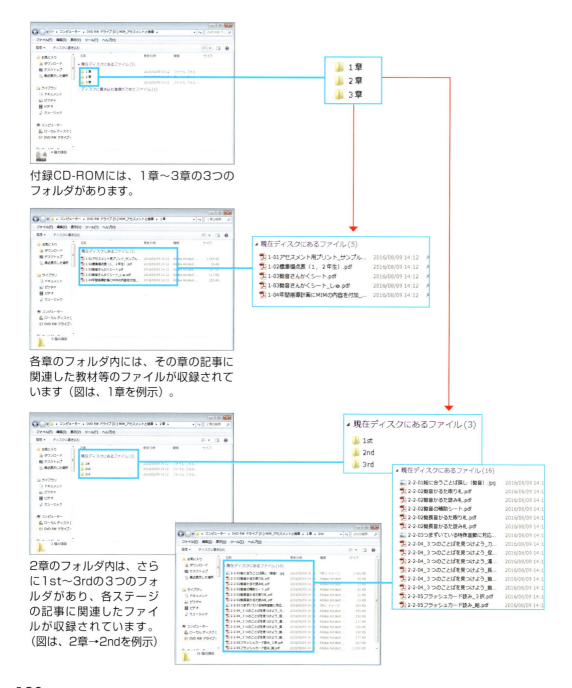

付録CD-ROMには、1章～3章の3つのフォルダがあります。

各章のフォルダ内には、その章の記事に関連した教材等のファイルが収録されています（図は、1章を例示）。

2章のフォルダ内は、さらに1st～3rdの3つのフォルダがあり、各ステージの記事に関連したファイルが収録されています。（図は、2章→2ndを例示）

2 各フォルダに収録されているファイルをダブルクリックして開き、
提示教材やプリント教材としてお使いください。

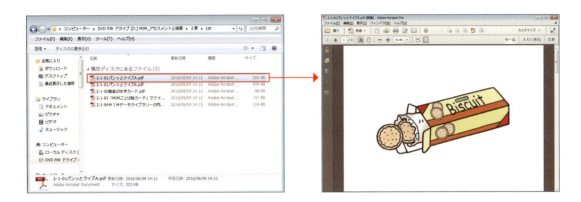

収録教材例

◆ファイル形式　　Adobe Reader（pdf）、JPEGファイル
◆動作環境　　　　対応OS：Windows7／8.1／10
　　　　　　　　　※付属CD-ROMに収録されたファイルは、上記3つのOS環境において動作を確認いたしました。なお、多様なコンピュータで利用できる汎用的な形式（pdf形式やjpeg形式）で収録しております。ですから、上記以外のOSでも利用可能と思われますが、どのOSで利用可能かは、編集部ではお答えしかねます。ご了承ください。
　　　　　　　　　ディスク装置：CD-ROMディスクが読み込みできるもの
　　　　　　　　　アプリケーション：AdobeReader、MicrosoftEdge等のpdfファイルが読み込み可能なもの。Windowsフォトビューアー等のJPEG形式ファイルが読み込み可能なもの。

■警告　このディスクは「CD-ROM」です。音楽CDプレーヤー等のデータCD読み込みに対応していない機器で再生しないでください。大音量によって耳に障害を被ったり、スピーカーなどに破損を生ずることがあります。

多層指導モデル MIM
アセスメントと連動した効果的な「読み」の指導

著者紹介

海津亜希子（かいづ・あきこ）
独立行政法人 国立特別支援教育総合研究所 主任研究員
博士（教育学）、特別支援教育士スーパーバイザー、臨床心理士、学校心理士

杉本陽子（すぎもと・ようこ）
福岡県公立学校教諭。小学校の普通学級担任、特別支援学級担任を経て、平成19年度からLD・ADHD通級指導教室担当。特別支援教育士

栗原光世（くりはら・みつよ）	東京都西東京市立小学校 教諭	
三澤雅子（みさわ・まさこ）	栃木県総合教育センター 副主幹	
片山真喜代（かたやま・まきよ）	滋賀県彦根市立小学校 教諭	
齋藤 忍（さいとう・しのぶ）	十文字学園女子大学 准教授	
真木 泉（まき・いずみ）	南房総市教育委員会 主任指導主事	
原田浩司（はらだ・こうじ）	宇都宮大学 准教授	

※著者のプロフィールは、第1刷発行当時（2016年）のものです。

【館外貸出不可】
※本書に付属のCD-ROMは、図書館およびそれに準ずる施設において、館外へ貸し出すことはできません。